FACULTÉ DE DROIT DE PARIS

ACTION INSTITORIA

EN DROIT ROMAIN

LA NATURE ET DES FORMES

LETTRE DE CHANGE

DANS LE DROIT FRANÇAIS

LES PRINCIPALES LÉGISLATIONS ÉTRANGÈRES

POUR LE DOCTORAT

PAR

Maurice CHOTARD

Avocat à la Cour d'appel.

PARIS

IMPRIMERIE MOQUET

RUE DES FOSSÉS-SAINT-JACQUES, 11

1887

FACULTÉ DE DROIT DE PARIS

DE L'ACTION INSTITORIA

EN DROIT ROMAIN

DE LA NATURE ET DES FORMES

DE LA LETTRE DE CHANGE

DANS LE DROIT FRANÇAIS

ET DANS LES PRINCIPALES LÉGISLATIONS ÉTRANGÈRES

THÈSE POUR LE DOCTORAT

Soutenue le Jeudi 15 décembre 1887, à 1 heure

PAR

Maurice CHOTARD

Avocat à la Cour d'appel.

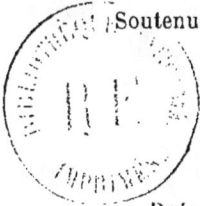

Président : M. Lyon-Caen, Professeur

SUFFRAGANTS	MM. Duverger	PROFESSEURS
	Renault	
	Jobbé-Duval	AGRÉGÉ

PARIS

IMPRIMERIE MOQUET

11, RUE DES FOSSÉS-SAINT-JACQUES, 11

1887

A MON PÈRE

———————

A MA MÈRE

DROIT ROMAIN

DE L'ACTION INSTITORIA

BIBLIOGRAPHIE

Accarias. — *Précis de Droit romain*, 2 vol. — 3ᵉ édit. Paris, 1882.

Baron (Dʳ I.). — *Abhandlungen aus dem Roemischen Civilprozess* : T. II, *die adjecticischen Klagen*. — Berlin, 1882.

Cujas. — *Opera omnia*, 10 vol. — Neapoli, 1722.

   T. II, *Comment. in responsa Papiniani*.

   T. IV, *Paratitla in codicem Justiniani*.

   T. VII et VIII, *Comment. in Pandectas*.

Duruy (V.). — *Histoire des Romains*, nouv. édit. — Paris, 1870-1876.

Doneau. — *Opera omnia*, 10 vol. — Romæ, 1828.

   T. VII, *Comment. in codicem Justiniani*.

Gérardin. — *Etude sur la solidarité* (*Nouv. Revue hist.*), 1885.

Grande Glose. — Lyon, 1627.

Heineccius. — *Opera omnia*, 9 vol. — Genevæ, 1768.

   T. V, *Recit. ad institutiones*. — T. VI, *Ad Pandectas*.

Jhering. — *Esprit du Droit romain*, traduit, sur la 3ᵉ édit., par Meulenaere, 4 vol. — Paris, 1877-78.

Keller. — *De la procédure civile et des actions chez les Romains*, traduit par C. Capmas. — Paris, 1870.

Labbé. — *Appendices aux explications histor. des Instituts de Justinien*, par J. Ortolan, 12ᵉ édit.

Lauterbach. — *In Pandectas*, 4 vol. (t. 1). — Tubingæ, 1763.
Dissertationes juridicæ, 4 vol. (disp. 147). — Tubingæ, 1728.

Mandry. — *Das gemeine Familiengüterrecht*, 2 vol. — Tubingen, 1876.

Mommsen. — *Histoire romaine*, trad. par Alexandre, 8 vol. Paris, 1864.

Niebuhr. — *Histoire romaine*, trad. par de Golbéry, 7 vol. Paris, 1830.

Ortolan. — *Explication hist. des Instituts de Justinien*, 3 vol., 11ᵉ édit. Paris, 1880.

Otto Lenel. — *Das Edictum Perpetuum ein Versuch zu dessen Wiederherstellung*. — Leipzig, 1883.

Pardessus. — *Collection des lois marit. antér. au* xviiiᵉ *siècle*, 6 vol. — Paris, 1828.

Philippon. — *Des actions exercitoire et institoire*. Thèse de doctorat, - Paris, 1880.

Puchta. — *Pandekten*. — Leipzig, 1877.

Rudorf. — *Roemische Rechtgeschichte*, 2 vol. — Leipzig, 1857. *De Jurisdictione edictum*. — Leipzig, 1869.

De Savigny. — *Le droit des obligations*, trad. par MM. Gérardin et Jozon, 2 vol. — Paris, 1863.

Théophile. — *Paraphrase des Instituts*, trad. en latin par Otto Reitz, 2 vol. — Hagæ, 1751.

Troplong. — *Du mandat* (préface). — Paris, 1846.

Vinnius. — *Institutionum Imperal. comment.*, 4° édit. — Amstelodami, 1765.

Vinnius castigatus, 2 vol. (t. II). — Valentiæ, 1779.

Voët. — *Comment. ad Pandectas*, 2 vol. — Coloniæ, 1778.

DROIT ROMAIN

DE L'ACTION INSTITORIA

INTRODUCTION

CHAPITRE PREMIER

DE LA RÈGLE DE LA NON-REPRÉSENTATION A L'ORIGINE
DU DROIT ROMAIN

Le vieux droit romain est essentiellement et pardessus tout formaliste ; en cela, il ressemble au droit
que l'on retrouve à l'origine de tous les peuples, où
la puissance du mot trahit le défaut de maturité du développement intellectuel. De cette toute-puissance du
mot, qui se rencontre à Rome plus que partout ailleurs, découle une double conséquence : formalisme
dans la naissance des conventions, interprétation littérale de ces mêmes conventions une fois contractées.
Au reste, cette exigence de la formule, dont on n'a-

perçoit que les bizarreries ridicules et les incommodités gênantes dans un état avancé de civilisation, est presque nécessaire à l'enfance des nations. « *Ennemie jurée de l'arbitraire, la forme est la sœur jumelle de la liberté* », dit Ihering (1). C'est à Rome particulièrement qu'on pourrait dire à propos de tous actes juridiques que disait plus tard la philosophie scolastique : *forma dat esse rei.*

Et non seulement ce sont des paroles solennelles qu'il faut prononcer pour engager un lien juridique quelconque, mais ce formalisme rigoureux entraîne cette autre conséquence que dans tout acte doivent figurer et ne peuvent figurer que ceux qui y sont intéressés (2). Tout acte produit ses effets dans la personne de ceux qui y sont parties. « *Comment l'auteur d'un acte ne serait il pas le sujet actif ou passif des effets de cet acte* » (3)? C'est ce qu'explique très clairement Troplong dans sa préface *Du mandat* : « Sous l'empire « du droit primitif de Rome, de ce droit religieux et « aristocratique, chargé de formules et de mots sa-

---

(1) V. Ihering, *Esp. du Dr. rom.*, *passim* — t. III, ch. ii, sect. ii, p. 50.

(2) V. Paul, L. 11; D., XLIV, 7 : « Quæcumque gerimus, cum ex nostro contractu originem trahunt, nisi ex nostra persona obligationis initium sumant, inanem actum nostrum efficiunt ; et ideo neque stipulari, neque emere, vendere, contrahere, ut alter suo nomine recte agat, possumus. »

(3) V. Ortolan, *Explic. hist. des Inst.*, 12ᵉ édit. Note Labbé, Append. IX, liv. III.

« cramentels, la présence matérielle de la personne
« intéressée était indispensable. Il fallait qu'elle
« comparût elle-même pour prononcer les expres-
« sions consacrées, auxquelles était attachée une
« vertu obligatoire ».

En d'autres termes, le principe de la non-représentation est d'une application absolue dans le droit primitif de Rome. Pour montrer la généralité de la règle,
il nous suffira d'envisager la représentation sous la
triple forme où elle se présente dans nos sociétés modernes : représentation des incapables, représentation
dans les actes judiciaires, représentation dans les
actes extrajudiciaires.

Le tuteur autorise son pupille, et par l'adjonction de
son *auctoritas*, le rend capable de figurer dans un lien
de droit. Mais, quant à agir en son nom, à administrer
pour lui, à acquérir des créances ou contracter des
obligations dont l'effet se reporte sur sa tête, la loi s'y
oppose; et si le pupille est encore si jeune qu'il ne
puisse, même matériellement, paraître dans l'acte et
prononcer machinalement les paroles solennelles qui
doivent le rendre débiteur ou créancier, point de remède à son incapacité.

En justice, sous le système des *actions de la loi*, les
actions sont des formules solennelles, contenant, autant qu'on en peut juger par les échantillons parvenus
jusqu'à nous, une affirmation ou une négation, affirmation ou négation portant sur le droit ou sur le fait de la

personne même qui les prononce. Par son essence, cette procédure exclut donc toute représentation : *nemo alieno nomine agere potest.* On ne plaide pas ou on plaide soi-même (1).

Enfin, les parties doivent contracter elles-mêmes, figurer en personne dans tous les actes qui les intéressent ; et, ici encore, cette règle de la non-représentation s'explique d'autant mieux que toutes les obligations dérivent de paroles solennelles, dont la forme seule indique qu'elles doivent être prononcées par celui qui en aura le bénéfice.

Ce principe de la non-représentation, qui subsista si longtemps à Rome, et, sapé de toutes parts, ne disparut cependant jamais tout entier, trouve plusieurs explications.

La première, plus générale, qui se présente aux débuts de toute société, alors que le sens de la justice et du droit ne fait que sortir des formes rudimentaires et que l'intelligence juridique d'un peuple est encore à l'état d'enfance, c'est la bizarrerie même que présente l'idée de représentation : « Au fond, le principe de « la représentation n'est autre chose que la sépara- « tion de la cause et de l'effet de l'acte : cause, l'acte « concerne la personne du représentant ; effet, le droit « concerne le représenté ». Cette analyse, très simple

(1) V. Accarias, *Précis de Dr. rom.*, 3ᵉ édit., t. II, nᵒˢ 740 et 930.

et en même temps très juste, que nous donne Ihering (1) de la représentation, ne fait-elle pas comprendre que cette institution ne rentre pas dès l'abord
dans les mœurs d'un peuple, encore peu rompu aux
difficultés des abstractions juridiques? L'acte juridique
est un tout unique et indivisible, qui doit produire ses
effets dans la personne de son auteur : voilà l'idée
simple qui se présente de prime abord à la conception
et à l'application.

Du reste, à l'origine de Rome, il n'était guère besoin de représentation. Cette institution est utile surtout dans un grand empire, aux vastes relations commerciales : le négociant, qui envoie ses navires à
travers les mers lointaines, ne peut être présent dans
chaque port pour acheter les denrées dont a besoin
son équipage, ou vendre les marchandises de sa car-
gaison ; le riche propriétaire, dont les domaines sont
répandus aux quatre coins du monde connu, ne peut
abandonner la culture de ses terres pour se présenter
au juge et faire valoir lui-même ses moyens d'action.
Aux premiers temps de l'histoire romaine, rien de
tout cela. La Rome primitive ne renferme qu'un peuple d'agriculteurs et de soldats : tous ses historiens
sont unanimes à cet égard. Si l'on en croit Denys
d'Halicarnasse (liv. II, 28), Romulus défendit aux
hommes libres toute autre profession que les armes

(1) *Espr. du Dr. rom.*, t. IV.

et la charrue, laissant aux esclaves industrie et commerce. Varron n'est pas moins explicite quand il nous dit que les premiers Romains consacraient tout leur temps à la culture de leurs terres, ne laissant qu'un jour sur neuf aux occupations de la ville. « *Annum ita diviserunt ut nonis modo diebus urbanas res usurparent, reliquis VIII ut rura colerent* » (1). L'agriculture est, et restera longtemps encore, la base de l'ordre social. Le commerce est si peu de chose que, durant les trois premiers siècles de Rome, le besoin ne s'est pas fait sentir de battre monnaie : on se sert, comme intermédiaire dans les échanges, de bétail (2) ou de cuivre livré au poids. Nous nous trouvons ainsi en présence d'un peuple laboureur, cantonné dans un étroit rayon autour de la cité, sans expansion commerciale, sans rien, en un mot, ni dans ses travaux, ni dans ses mœurs, qui puisse empêcher chaque citoyen de figurer en personne dans toutes les opérations qu'il entreprend.

Enfin, la dernière cause qui vient obvier aux inconvénients de la règle de la non-représentation, c'est la constitution de la famille romaine. Cette famille est formée sur un type à part, un moule particulier, qui

(1) *De re rustica*, liv. II, p. 5.
(2) De là ce nom de *pecunia* donné plus tard à la monnaie. Longtemps, en souvenir de ce qui en tenait lieu à l'origine, les pièces de monnaie portèrent l'empreinte d'une brebis ou de quelque autre animal domestique.

fait résider toute son existence dans la personne du seul *paterfamilias*. Tous les autres membres de la famille, depuis le fils, qui deviendra lui-même un jour le giron d'une nouvelle famille, jusqu'à l'esclave qui en est le dernier échelon, toutes ces autres personnalités s'absorbent dans la personnalité du père, sorte de membres agissant sous l'impulsion d'un chef unique, qui est la tête. Or, l'esclave comme le fils sont, de par la loi bien plus encore que de par la nature, les représentants du *paterfamilias* : « *Vox filii, vox patris.* » Ce que le fils ou l'esclave acquièrent est acquis au père ; ce qu'ils possèdent est possédé par le père. Figurent-ils comme sujets actifs dans une stipulation, c'est le père qui devient créancier ; qu'ils soient victimes d'un délit, c'est encore dans la personne du père que naît l'action, à lui qu'en ira le bénéfice. C'est là une représentation naturelle, mais en même temps fatale, parce qu'elle ne peut pas ne pas se produire, et dont l'existence fait sentir moins vivement, dans nombre de cas, le besoin d'une représentation conventionnelle.

CHAPITRE II

Nous venons de voir qu'à l'origine la faible extension de l'empire romain et le minime développement
de ses relations commerciales, ne faisaient sentir que
faiblement les inconvénients de la règle de la non-représentation.

Peu à peu cependant le commerce s'accroît : ce
sont d'abord de simples marchés hebdomadaires,
institués à ce neuvième jour dont parle Varron; puis
une foire considérable s'établit au commencement
d'août (1). La ville se peuple et étend son enceinte; en
même temps, officines et boutiques apparaissent aux
coins des rues. A mesure que le luxe s'introduit dans
les mœurs, les riches cherchent à retrouver dans des
opérations fructueuses leur fortune qu'ils dissipent

(1) En l'an 259 U. C. il se fonde un collège de marchands
qui prend le nom de *Mercuriale*, du temple de Mercure, où
se font les sacrifices. Un autre, dit *Capitolinum*, est créé bientôt après.

dans les jouissances du superflu. Mais l'exercice du commerce est toujours regardé comme une profession méprisable; aussi ce sont leurs fils et leurs esclaves qu'ils placent à la tête d'entreprises, dont ils sont seuls à toucher les bénéfices.

C'est un fait curieux, et qu'on s'explique pourtant avec un peu de réflexion, que ce mépris général des peuples anciens pour le commerce, sans lequel ils ne sauraient vivre. Bizarre contraste du fait et de l'opinion! Etrange aberration des mœurs, qui faisait qu'à Rome par exemple, il n'y avait pas un patricien, pas un riche plébéien, qui n'eût sous ses ordres nombre d'esclaves se livrant pour son compte à toutes sortes d'exploitations commerciales, et que cet homme regardait comme la dernière entre les dernières cette même profession de commerçant. Et cependant ce mépris a son explication toute naturelle dans l'existence de ce fléau social, de cette plaie morale qui s'appelle l'esclavage. Qu'il s'agît de commerce ou d'industrie, tout ce qui était activité laborieuse était laissé à l'esclave. L'esclavage avait déshonoré le travail. Seule l'agriculture avait échappé à cette réprobation générale qui pesait sur la tête du travailleur, et encore lorsque le rude Caton prêchait de la voix et de l'exemple à la jeunesse de Rome le retour à la vie patriarcale des premiers temps, paroles et exemples tombaient dans le vide. Ça été là l'empreinte fatale, ineffaçable, qu'a gravée la servitude sur l'ancien monde, que ce dégoût du travail, c'est-à-dire de la plus noble fonction de l'homme. Aussi comme orateurs et philosophes, poètes et historiens, traitent avec les mêmes paroles de mépris tout ce qui est industrie, tout ce qui est commerce (1). « *Les métiers ruinent le corps et laissent l'âme sans énergie* », dit Xénophon (*Econom.*, IV). Aristote refuse aux artisans le droit de cité (*Polit.*, III, 3) et Platon leur dénie le droit de travailler aux terres, en même temps qu'il les condamne à un mois de prison (*Lois*, VIII). Cicéron ne reste point en arrière de ses maîtres grecs (2), et dans toute l'antiquité pas une voix qui ne fasse chorus à l'unanimité du concert.

A Rome, l'industrie est nulle ou presque nulle; c'est dire que tout le commerce est un commerce d'importation. Mais cette branche de commerce prend une importance considérable, à mesure que l'Italie, se couvrant de villas de luxe et de maisons de campagne improductives, ne donne plus le blé qui peut nourrir ses habitants. De tous les coins du monde civilisé des vaisseaux apportent à Rome les produits de ses sujets. Les patriciens font construire des navires,

---

(1) V. Duruy, *Hist. des Rom.*, nouv. édit , t. III, ch. XL.

(2) V. *De officiis*, I, 42 : « Inliberales autem et sordidi quæstus mercennariorum omnium, quorum operæ, non quorum artes emuntur; est enim in illis ipsa merces auctoramentum servitutis.... Opificesque omnes in sordida arte versantur; nec enim quicquam ingenuum habere potest officina.

qu'ils envoient par delà les mers ; et comme l'État
cherche à encourager ce mouvement qui nourrit l'Italie et l'assure contre l'inculture de son sol, la construc-
tion d'un navire devient la source de certaines faveurs,
telles que l'acquisition du droit de cité. Mais cet immense commerce lui-même est avili, tombé qu'il est
aux mains de la population servile.

A côté de ces entreprises colossales et dont l'exploitation demande la mise en jeu de capitaux énormes, existe-t-il une classe intermédiaire, représentant
ce qu'on appelle la petite industrie et le petit com--
merce? C'est cette classe qui forme vraiment la ri-
chesse d'un Etat, parce qu'elle y représente non plus
l'exception, mais la moyenne, l'ensemble de la population laborieuse, agissant par elle-même et arrivant
par son travail quotidien et ses lentes épargnes à
l'aisance d'abord, puis à la fortune. Cette classe
moyenne des marchands et fabricants indépendants,
Rome ne la connaît pas. « Son absence tient à la con-
« centration précoce et démesurée des capitaux d'une
« part, à l'esclavage de l'autre. Les esclaves sont pré-
« posés aux petites opérations du négoce urbain,
« de même les affranchis. Le produit du petit com-
« merce retournait ainsi dans les coffres des ri-
« ches » (1). C'est comme un envahissement immense
des vastes entreprises, monopole gigantesque dans

_____

(1) V. Mommsen, *Hist. rom.*, liv. II, ch. VIII.

lequel viennent se perdre toutes les manifestations de l'activité humaine : « *obéissant à une force irrésistible, l'agriculture, le gouvernement lui-même ne seront bientôt plus que de vastes entreprises financières* » (1).

Peut-être nous sommes-nous par trop étendu sur ces caractères du commerce à Rome, mais il nous semblait utile de bien faire comprendre ce point tout particulier : l'existence d'entreprises colossales, toutes réunies entre les mains d'un très petit nombre de capitalistes, n'ayant d'autre but que d'acquérir d'énormes fortunes dans des exploitations de toute nature, et ce, non seulement sans exercer eux-mêmes aucune opération, mais même sans aucune direction spéciale sur les opérations de leurs préposés.

D'après cela il est aisé de voir l'obstacle presque infranchissable, que devait apporter au négoce la vieille règle de la non-représentation. Tout le commerce est fait par des préposés, sans solvabilité aucune pour la plupart, et il n'est pas possible à ses préposés d'engager directement ou même indirectement ceux dont ils gèrent les affaires. Ils peuvent bien acquérir pour lui; mais l'obliger, non. De prime abord cette situation semble éminemment favorable aux préposants : pour eux pas de risques à courir, tout à gagner sans rien à perdre, puisqu'ils n'ont qu'à accepter les bénéfices des contrats de leurs préposés et à en rejeter les obliga-

(1) V. Mommsen, *Hist. rom.*, liv. III, ch. XII.

tions. Mais pour qui va au fond des choses, la question change vite de face, et, il est facile de s'apercevoir que ces soi-disant avantages nuisent en premier lieu à ceux-là mêmes qu'ils semblent protéger. Qui donc en effet voudra traiter avec eux, n'ayant dans le résultat de l'opération d'autre garantie que leur bonne foi ? C'est vraiment trop risquer que de conclure un marché avec cette pensée qu'on va l'exécuter et qu'il suffira d'un changement d'idées, d'une parole prononcée par son cocontractant, pour le dispenser, lui, de remplir ses obligations.

Dans de pareilles conditions, pas de commerce possible, et la nécessité d'une règle plus en rapport avec les besoins nouveaux se faisait sentir. Aussi voyons-nous des institutions successives venir battre en brèche l'antique principe de la non-représentation.

Il était un cas, où dès l'origine, la représentation avait été admise, et c'était alors une véritable représentation légale, la loi elle-même nommant à l'esclave qui revendiquait la liberté un représentant officiel, l'*assertor libertatis*. Ce qu'on avait fait pour l'esclave, ne pouvait-on le faire pour un autre incapable, également dans l'impossibilité d'exercer par lui-même les actes utiles à ses intérêts, le pupille? Il est vrai que le tuteur a pleins pouvoirs pour administrer son patrimoine ; mais tous les actes qu'il fait à ce titre, il en est seul responsable, et non seulement il est personnellement obligé, bien plus, il n'a aucun recours contre le pupille. Aussi le préteur intervient d'abord en autorisant ce recours si éminemment équitable (L. 1, d'Ulpien, *pr.* D., *De contr. tut.*, XXVII, 4), puis va plus loin, et dès la fin du second siècle on admet qu'une fois le pupille majeur, c'est à lui-même ou contre lui-même que compéteront, à titre d'actions utiles, les actions issues des contrats de son tuteur (LL. 2, 7, 8, D., XXVI, 9).

En fait de procédure, les actions de la loi disparaissent pour faire place au système formulaire. Désormais l'on pourra plaider par procureur. C'est là un grand progrès au point de vue des facilités données aux parties : il faut pourtant noter que le principe de la non-représentation n'est en rien atteint. C'est qu'en effet le *procurator* dans les actes judiciaires ne représente pas, au sens propre du mot, son mandant, il agit pour son propre compte, sauf à reporter ensuite sur la tête de celui-ci les bénéfices de son intervention. Et la preuve en est que l'unique mode de cession de créances consistera à nommer pour l'exercice des actions qui en découlent un *procurator* qu'on dispensera de rendre compte : c'est la *procuratio in rem suam.*

Reste un cas où la vieille règle du formalisme romain reste debout avec tout son cortège d'inconvénients : il est vrai que ce cas est de beaucoup le plus fréquent, c'est celui des actes extrajudiciaires. A propos de l'acquisition des droits réels, la réaction commence de bonne heure, et bientôt s'introduit la règle

que la possession s'acquiert *per extraneam personam*.
Dans la possession deux choses : l'*animus* et le *corpus*.
Pour la détention du *corpus*, presque dès l'origine on
admet qu'elle peut se réaliser par l'intermédiaire d'une
tierce personne ; et plus tard pour l'*animus* on finit par
se contenter chez celui qui doit en bénéficier d'une
intention toute générale, s'appliquant à l'ensemble des
objets que pourrait détenir, à titre particulier, son
représentant. Reconnaître l'acquisition de la possession par autrui, c'était reconnaître l'acquisition de la
propriété : c'est qu'en effet la tradition, qui engendre
la possession, donne également naissance à l'usucapion pour les choses *mancipi*, à la propriété directement acquise pour les choses *nec mancipi*.

Mais ce progrès, qui se produisit assez rapidement
pour les droits réels, n'apparaît point le même à propos des droits personnels. C'est pour ces derniers que
l'ancienne règle subsiste jusqu'à la fin ; seulement peu
à peu les préteurs y sont venus porter des adoucisse-
ments de plus en plus nombreux : le premier de ces
tempéraments, dans l'ordre des temps, comme au
point de vue de son importance, est la création des
actions *institoria* et *exercitoria*.

PREMIÈRE PARTIE

NATURE DE L'ACTION INSTITORIA

CHAPITRE PREMIER

ORIGINES DE L'ACTION INSTITORIA

§ 1. *Raisons qui lui ont donné naissance.*

A qui étudie l'action institoire, il est difficile de ne pas parler en même temps de l'exercitoire, tant on les trouve partout réunies par leur origine, leur but, leurs effets et jusque par les textes qui en font mention. Aussi bien nous arrivera-t-il fréquemment, dans le cours de cette étude, de nous appuyer à propos des détails de la première sur les explications que les jurisconsultes donnent de son analogue, et qu'ils ont jugé inutile de répéter à propos de celle-là. C'est qu'en effet ces deux actions ont un même but d'équité : donner au tiers, qui a traité avec le préposé d'un négociant, une action contre ce négociant. S'il s'agit d'un commerce quelconque, c'est l'action institoire qui prendra naissance; l'action exercitoire au cas spécial où le négociant est armateur et son préposé capitaine, *magister navis*. Mais pourquoi protéger ainsi les tiers en faisant retomber sur l'*exercitor* tout le poids de cette protection? Pourquoi le rendre responsable des faits de son employé? En d'autres termes, quels motifs légitiment la création de nos actions ? Doneau en indique deux : c'est d'abord que le contrat a été fait par ordre du maître, et de plus que le profit lui en revient (1).

Le contrat a été fait par ordre du maître, il est donc éminemment juste qu'il subisse les conséquences de l'ordre qu'il a donné. L'action *quod jussu* dérive aussi de ce fait que l'esclave ou le fils de famille agit par ordre du père; seulement ici l'ordre est spécial, tandis que dans les actions *institoria* et *exercitoria*, c'est plutôt qu'un ordre une délégation d'autorité, embrassant tout un ensemble d'opérations. C'est ce que fait observer très judicieusement Pardessus (2), lorsque distinguant de l'action *quod jussu* l'action exercitoire, il dit : « l'action *quod jussu nascitur ex potestate*, l'action *exer-* « *citoria nascitur ex præpositione*; elle est fondée sur « la présomption qu'un armateur ne prépose un patron « que pour que celui-ci fasse ce que lui-même il ferait « s'il gouvernait son navire, avec l'intention d'accom- « plir ce que le préposé aura promis *intra fines præpo-*

---

(1) V. Doneau, t. VIII, *Ad titulum*, XXV, 13.
(2) V. Pardessus, *Lois maritimes antér. au xviiiᵉ s.*, t. I.

« *sitionis.* » Les derniers mots de cette explication ne
sont que la paraphrase du texte d'Ulpien, placé en tête
du titre qui a trait à l'action exercitoire : « *æquum fuit*
« *eum, qui magistrum navi imposuit, teneri* » (L. 1,
proœm. D., XIV, 1).

Nous avons dit en second lieu qu'ayant le profit des
engagements contractés par ses préposés, le maître
en devait subir les charges. C'est l'idée qu'Ulpien met
en lumière quand, envisageant d'une façon générale
la raison d'être de l'action *institoria*, il dit : « *Æquum*
prætori visum est, sicut commoda sentimus ex actu insti-
torum, ita etiam obligari nos ex contractibus ipsorum et
conveniri » (L. 1, D., XIV, 3). Vinnius répète presque dans les mêmes termes cette règle d'équité :
« *Est hoc æquissimum ut quorum ex contractu com-*
moda publice percipimus, eorum quoque in eadem causa
facta agnoscamus » (1).

Enfin il est une troisième raison, que l'on peut donner à la création par le préteur de l'action *institoria*,
c'est la situation particulièrement favorable où se
trouve le tiers qui traite avec un préposé dont il ne
connaît ni ne peut connaître la solvabilité, parce qu'au
fond il ne fait que suivre la foi du préposant, « *domini*
fidem secutus ».

Du reste, en créant cette action contre le préposant,

_____

(1) V. Vinnius, *Instit. Imp. comm.*, liv. IV, t. VII. — De
même Voët, *Compend. juris, ad lib.* XIV, *Pandect.*, t. III, § 1.

bien loin de nuire à son crédit, le préteur n'a fait que l'assurer : « En donnant action aux tiers contre le père « de famille préposant, plus solvable évidemment que « son fils ou son esclave, on augmente le crédit du « préposé, on imprime à l'entreprise un essor favo- « rable à sa prospérité » (1).

Quant au nom qu'ont reçu nos actions, tout bizarre que cela puisse paraître, elles ne se tirent pas d'une même source. L'action *exercitoria* est ainsi appelée du nom de l'*exercitor*, c'est-à-dire de l'armateur, de celui contre qui elle rejaillira; l'action *institoria*, au contraire du nom de l'*institor*, c'est-à-dire du préposé. C'est qu'on ne rencontre pas à propos de commerce quel-conque un nom générique s'appliquant au maître qui l'exerce, et nous nous verrons par la suite obligé, pour le désigner, d'employer ce mot tout français de préposant, faute de trouver dans les textes un autre terme plus technique.

§ 2. *Son ordre d'introduction par le préteur.*

Au point de vue de leur origine, les actions en droit romain se divisent en deux grandes classes. Elles sont

(1) V. Ortolan, *Explic. hist. des Inst.*, 12ᵉ édit. Note Labbé, liv. III, Append. IX, 5.

civiles ou prétoriennes : civiles, c'est-à-dire créées de toutes pièces par la loi, pour la défense d'un droit qu'elle reconnaît ; prétoriennes, c'est-à-dire issues de l'édit du préteur, qui vient par elles compléter, adoucir ou corriger la législation civile.

L'action *institoria*, il est à peine besoin de le dire, est d'origine prétorienne. Son but n'est autre que d'adoucir un vieux précepte rigoureux du droit civil : or, à Rome, jamais ou presque jamais la loi ne défait ce qu'a établi la loi. Ainsi, nous voyons à cette époque classique de la jurisprudence, où la science du droit est arrivée à son apogée, toutes les règles de jadis, les plus vieilles, celles-là mêmes qui figuraient sur les Douze Tables, encore inscrites au frontispice des livres des juristes ; seulement à mesure que les usages ont changé, que d'autres mœurs ont battu en brèche les institutions surannées, les magistrats, les préteurs, usant de la puissance législative implicitement contenue dans leur *imperium* (1), ont introduit de nouvelles règles modifiant d'abord, puis changeant complètement, renversant même ces anciens principes, si bien

_____

(1) Le principe de la séparation des pouvoirs, tel que l'a établi la philosophie du xviiie siècle, était inconnu à Rome. L'*imperium* du magistrat lui permettait tous actes propres à assurer l'ordre dans la cité : pouvoir législatif et pouvoir exécutif étaient donc confondus en sa personne, à cette seule restriction près qu'il était à sa sortie de charge responsable des actes accomplis pendant la durée de ses fonctions.

que du droit primitif qui subsiste toujours dans le livre d'or de la théorie, en pratique il ne reste rien ou presque rien. C'est ce qui arrive ici : le préteur ne touche pas à la règle de la non-représentation, il la laisse debout, intacte, mais avec des exceptions qui permettent d'échapper presque complètement à la gêne de ses conséquences.

L'action *institoria*, comme sa voisine l'action *exercitoria*, fait partie d'un groupe auquel les interprètes ont donné le nom générique d'actions *adjectitiæ qualitatis*. Les autres, qu'il faut ranger sous cette même rubrique, sont les actions *quod jussu, de peculio, de in rem verso, tributoria*. Toutes ont ce trait commun que le recours s'exerce contre le *dominus*, bien qu'il n'ait pas été partie à l'acte, à l'occasion du fait commis par son fils, son esclave ou son préposé. Toutes ces actions, issues d'une même idée générale d'équité, durent être introduites par le préteur à peu près à la même époque, encore faut-il savoir dans quel ordre.

L'action *quod jussu* semble avoir apparu d'abord : les termes des Institutes de Gaius en font foi. L'action *quod jussu* est la première qu'il cite, et il est à présumer qu'il l'indique la première, parce qu'elle est d'origine plus ancienne. Le mot *imprimis*, dont se sert le jurisconsulte, exprime la même idée ; et cette opinion s'affirme quand, parlant des actions institoire et exercitoire, Gaius ajoute : « *eadem ratione comparavit duas alias actiones* », deux *autres* actions, c'est donc qu'il

en existait déjà une du même genre. Ces trois actions
en effet procèdent de la même idée, à savoir que le
créancier qui traite avec le préposé suit en réalité la
foi du préposant : « *quia qui ita negotium gerit, magis
patris dominive, quam filii servire fidem sequitur* »
(Gaius, Com. IV, 70). Le même ordre existe dans les
Institutes de Justinien (L. IV, t. 7), et c'est l'avis formel de Théophile dans sa paraphrase des Institutes
(L. IV, t. 7).

Tout ce que nous venons de dire à propos de l'action *quod jussu* peut s'appliquer aux deux actions *de
peculio* et *de in rem verso*. Les trois actions en effet, à
consulter les textes, doivent leur commune origine au
même édit : « *Est autem triplex hoc edictum ; aut enim
de peculio, aut de in rem verso, aut quod jussu, hinc
oritur actio* » (L. 1, § 1 ; D., XV, 1). Telle n'est pourtant
pas l'opinion de Mandry (*Das gemeine Familien gü-
terrecht*, t. II, n° 72, p. 217). D'après ce jurisconsulte
il n'est pas vraisemblable que l'action *de in rem verso*
ait été introduite dans la même clause de l'édit que
les actions *de peculio* et *quod jussu*. « Ce n'est pas,
« dit-il, une action qui découle des mêmes principes
« juridiques ; mais elle se présente comme créée pour
« le complément de l'action *de peculio*. La vraisem-
« blance est donc qu'elle a été introduite après l'action
« *de peculio* et l'action *quod jussu*. » Cet argument de
vraisemblance ne nous paraît pas suffisant pour échapper aux termes par trop formels du Digeste, et nous

persistons à regarder les trois actions comme contem-
poraines, par suite antérieures toutes trois à l'*institoria* et à l'*exercitoria*.

Quant à l'action *tributoria*, rien de bien sûr à propos
de son origine ; tout ce que l'on peut dire, c'est qu'elle
fut introduite peu de temps après l'action *de peculio*,
dont elle n'est à tout prendre qu'une sorte de développement. Bekker la place plutôt avant qu'après ; mais
cette opinion ne paraît pas exacte. Vraisemblablement
la création du pécule est antérieure à celle de la *merx
peculiaris*, qui, ainsi que le fait remarquer Baron
(*Abhandlungen aus dem Roemischen Civilprozess*, t. II,
die adjecticischen Klagen, § 15, p. 188 et s.), n'en est
qu'un dérivé.

Nous nous sommes contenté, jusqu'ici, de comparer aux autres actions *adjectitiæ qvalitatis* les actions
institoria et *exercitoria*, sans les séparer l'une de l'autre, et, de cette comparaison, nous avons conclu
qu'elles avaient dû apparaître les deux dernières dans
l'ordre chronologique. Quant à la date approximative
de cette création, elle semble remonter au temps de la
république. En effet, l'action *exercitoria* se rencontre
chez Ofilius (L. 1, § 9 ; D. XIV, 1) ; l'action *institoria* chez
Servius (L. 5, § 1 ; D., XIV, 3) et aussi chez Labéon
(même loi, § 2). Reste à nous demander entre les deux
à qui le pas comme ancienneté d'origine. Sur ce point
les interprètes ne sont pas d'accord. Certains ont cru
que l'*institoire* avait été d'abord introduite, l'*exercitoire*

n'en ayant été qu'un perfectionnement avec des règles
spéciales pour des cas spéciaux. Les partisans de cette
opinion s'appuient sur un texte du Digeste au titre *De
exercitoria actione* : c'est la loi 1, *proœmium*. Ulpien
explique l'utilité de l'action exercitoire : « Incapables
« que nous sommes de reconnaître la solvabilité du
« capitaine avec qui nous traitons, il est juste que
« nous puissions nous adresser à celui qui a mis ce
« capitaine à la tête du navire »; et il prend une comparaison : *ut tenetur qui institorem tabernæ vel negotio
præposuit.* Donc, conclut-on, l'action institoire existait
la première, puisque c'est par analogie avec elle et
par un *a fortiori*, le texte d'Ulpien en fait foi, que
l'exercitoire a été créée. On peut voir dans le même
sens, employant une comparaison identique, la loi 4
au Code, tit. XXV.

L'argument ne semble pas très fort; le jurisconsulte
établit une comparaison entre les deux actions, voilà
tout. Il fait ressortir que l'une a plus de raison d'être
encore que l'autre : pourquoi en conclure que celle-ci
existait la première! Du reste, un texte du même
Ulpien contredit formellement celui que nous venons
de citer. Le jurisconsulte se demande si plusieurs préposants, qui ont choisi le même esclave comme *institor*, peuvent, à raison des faits de celui-ci, être pour-
suivis pour le tout ou seulement pour partie, et il
répond que chacun peut l'être pour le tout, comme
dans l'action exercitoire, *exemplo exercitorum* (L. 13,

§ 2; D., XiV 3). Le mieux est donc de faire à la fois abstraction de l'un et l'autre de ces textes, en ne voyant dans les termes employés par le jurisconsulte qu'une simple comparaison, qui ne fait préjuger en rien de la priorité de l'une ou de l'autre action.

Dès lors, la question reste entière, et nous croyons pouvoir la trancher, en donnant le pas à l'action exercitoire. Tout d'abord, il est à remarquer que la plupart des textes, qui parlent à la fois des deux actions, et ils sont nombreux, citent toujours l'action exercitoire la première. Il suffit, pour s'en convaincre, de jeter les yeux sur les *Institutes* de Gaius et de Justinien (1). Même ordre dans les *Sentences* de Paul : le titre VI du livre II traite *De exercitoribus*, le titre VIII *De institoribus*. Le Digeste, qui, presque partout, suit pas à pas l'édit du préteur, consacre le titre I de son livre XIV à l'action exercitoire, ne laissant à l'action institoire que la seconde place, au titre III; et il est bien probable que l'édit du préteur classait toutes les actions de même nature suivant leur ordre d'ancienneté, chacune y étant inscrite au moment de sa création.

A toutes ces raisons de textes, qui, si elles ne forment pas une certitude absolue, établissent au moins de grandes probabilités, il en faut ajouter une autre, qui tient de la comparaison même entre

(1) V. Gaius, *Instit.*, IV, 71. — Justinien, *Instit.*, IV, 7, § 2.

la nature des deux actions. Évidemment, celle qui
s'imposa la première, dont l'utilité, on pourrait dire
la nécessité, se fit tout d'abord sentir, ce fut l'action exercitoire. Ici, en effet, il s'agit de capitaines
de navires, qui vont traiter au loin, sans communication possible avec l'armateur qui les a pris à son
service; pour les tiers aucune ressource, si les en_
gagements contractés par ses mandataires ne re-
jaillissent pas sur le mandant. Le *magister navis* ne
va plus trouver aucun crédit; plus de commerce
maritime possible! Au contraire, dans le négoce
usuel, dans ces boutiques jetées aux quatre coins
de Rome, le tiers qui veut traiter avec l'*institor* a
une ressource, c'est d'aller trouver le maître, qui
n'est jamais bien éloigné, et de contracter directement avec lui. Et cette différence entre nos deux
actions, tous les jurisconsultes l'ont bien aperçue.
Il suffit d'écouter Ulpien, qui, parlant de l'utilité de
l'action exercitoire et la comparant à son analogue,
ajoute : « *Cum sit major necessitas contrahendi cum
magistro quam institore, quippe res patitur ut de
conditione quis institoris despiciat et sic contrahat, in
navis magistro non ita, nam interdum locus, tempus
non patitur plenius deliberandi consilium* » (L. 1,
proœm., D., XIV, 1).

D'ailleurs, si l'action institoire avait existé la première, à quoi bon créer l'autre? Celle-là est générale,
par suite embrassait tous les cas, s'appliquant auss

3

bien au capitaine de navire, qui n'est qu'un *institor* dans des conditions spéciales, qu'à toute autre espèce de préposé. Nous savons bien qu'il est quelques différences entre nos deux actions, différences sur lesquelles nous aurons occasion de revenir, et qui ne portent que sur des points de détail. Mais il nous semble difficile d'admettre qu'un préteur, trouvant déjà dans l'édit une action générale, telle que l'action institoire, en eût créé de toutes pièces une autre absolument semblable, mais applicable dans un cas particulier, et ce parce qu'il devait exister entre les deux quelques minimes différences de détail.

Pour nous résumer en quelques mots, l'action institoire ne nous paraît avoir été qu'une extension, une généralisation, pour ainsi dire, de l'action exercitoire, dont on avait été déjà à même d'apprécier toute l'utilité. Ce qui nous confirme dans cette opinion, c'est d'abord la place qu'elle occupe dans nombre de textes, notamment dans des ouvrages de doctrine particulièrement destinés à l'enseignement de la jeunesse, tels que les Instituts de Gaius et de Justinien, c'est encore et surtout la nature même de ces· actions, le besoin de l'exercitoire ayant dû se faire sentir le premier, tandis qu'elle eût été d'une utilité très problématique après l'existence de l'institoire.

CHAPITRE II

DE LA PRÆPOSITIO

Nous venons, au commencement du chapitre précédent, de donner sinon une définition, tout au moins une description de l'action *institoria*. Elle permet aux tiers de passer par-dessus la tête du préposé pour atteindre immédiatement le préposant. Dès lors la base indispensable, le *substratum* nécessaire de notre action, c'est l'existence d'une *præpositio*.

La *præpositio* est le fait de la part d'une personne de confier à une autre la direction d'une entreprise, dont elle se réserve les bénéfices. Cette *præpositio* peut suivant les cas revêtir des formes diverses. Tantôt, et c'est l'hypothèse la plus fréquente, le maître prépose à son commerce son esclave ou son fils, tantôt il emprunte les soins d'une personne étrangère. Au premier cas entre le père et le fils, entre le maître et l'esclave, l'idée de convention ne saurait même intervenir : c'est un ordre que reçoit la personne sous puissance, et qu'elle est tenue d'exécuter. En vertu de ce *jussus* qui l'a fait *institor*, le fils ou l'esclave est devenu le représentant du père ou du maître. Au contraire, s'il s'adresse à une personne étrangère, le préposant ne pourra le faire que par un contrat, contrat qui variera d'après les circonstances. Ce sera, par exemple, un mandat ou un louage de services.

Cette diversité du caractère juridique de la *præpositio*, suivant les hypothèses, ne présente aucun intérêt quant aux relations directes qui interviendront entre le préposant et les tiers. Mais l'importance de la distinction apparaît lorsque le maître pour agir est obligé d'emprunter l'intermédiaire de son *institor*. S'il a affaire à son fils ou esclave, les créances contre les tiers auront pris directement naissance sur sa tête ; au contraire, s'il a pour *institor* un *extraneus*, c'est au profit de ce dernier que les actions sont nées, et le préposant pour pouvoir les exercer devra se les faire céder.

On ne peut donc, on vient de le voir, caractériser *a priori* et d'un seul trait, au point de vue juridique, cette institution qui a nom *præpositio*. Du moins est-il facile de décrire rigoureusement les conditions indispensables à son existence. Etant donné le *jussus* du père à son fils ou à son esclave, ou bien le contrat par lui conclu avec un étranger, quelles sont les conditions requises pour qu'il y ait réellement *præpositio*? Existe-t-elle par cela seul qu'une personne en charge une autre d'une mission quelconque, fût-ce de l'accomplissement d'un seul fait? Evidemment non. Il peut y avoir là mandat, mandat civil, mais qui ne saurait donner naissance à l'*actio institoria*, sans quoi il n'y aurait plus seulement échec à la règle de la non-re-présentation, il y aurait destruction même de cette règle. Il faut donc quelque chose de plus dans la mission confiée à l'*institor* : comme nous l'avons donné à entendre dans le préambule de cette étude, il faut faire intervenir l'idée de commerce. C'est cette idée seule qui montre l'utilité de la *præpositio*, de cette institution toute spéciale munie d'une action spéciale. Et suffira-t-il qu'il s'agisse d'une opération commerciale isolée, pour que naisse l'action institoire ? Non, et toujours par la même raison : s'il s'agit d'un acte isolé, le tiers a pu s'informer avant de contracter ; par cela même que l'acte n'est pas dans les pouvoirs habituels de celui avec qui il a traité, il a dû se tenir sur ses gardes ; s'il a passé outre, il est en faute et n'a qu'à s'en prendre à lui-même de sa négligence ? Que s'il s'agit au contraire, non plus d'un acte isolé de commerce, mais d'une série de ces actes, comme la position du préposant change ! Ne pouvant ou ne voulant diriger lui-même les opérations de son commerce, il a choisi un *institor* qu'il a mis en son lieu et place, le chargeant de faire pour lui toutes les opérations que comporte son négoce ; en même temps il semblait dire aux tiers : « Voilà l'homme qui me remplace, traitez avec lui « en toute confiance, car en réalité c'est avec moi que « vous traitez. »

Donc, deux idées essentielles à la *præpositio* : qu'il

s'agisse d'opérations commerciales, et que la *præpo-sitio* porte non sur un acte isolé, mais sur toute une suite d'actes, sur une véritable entreprise. Cette double idée fondamentale, qui préside à la délivrance de l'action *institoria*, nous la retrouvons dans les textes. Remarquons tout d'abord que dans les exemples qui nous sont donnés, il est toujours question non d'un fait particulier, mais d'une véritable exploitation commerciale. Les jurisconsultes reviennent à tout instant sur l'esclave qui est préposé à un comptoir de banque, *mensa*, ou à une boutique de vente, *taberna*. Ailleurs, on nous parle de celui qui est chargé d'acheter des marchandises, « *ad emendas merces præpositus* », sorte de commissionnaire acheteur, qui, les termes mêmes du texte en sont garants, n'est pas chargé d'un seul achat. L'*institor*, c'est donc le mandataire chargé d'une suite d'opérations commerciales, et devant réaliser des bénéfices pour le compte de son mandant : « *Qui a do-mino vel vires ejus gerente, negotiationi quæstuariæ, universaliter administrandi gratia, est præpositus* ». Sur cette définition tous les interprètes sont d'accord, ce caractère d'être préposé à un ensemble d'opérations étant le point essentiel qui sépare l'*institor* du simple *procurator*. C'est la distinction que fait la Grande Glose : « *Institor dicitur is qui præponitur alicui adminis-trationi quæstuariæ universali, procurator vero qui ad unum actum præponitur* » (29, D., 12). Lauterbach s'exprime de même (1) (*In Pandectas*, XIV, 3, § 10).

A ces deux caractères principaux de la *præpositio*, commercialité de l'acte, généralité de l'entreprise, vient s'en ajouter un troisième, qui n'est que la suite du premier : le but du contrat doit être un bénéfice à réaliser. Les diverses définitions que nous venons de donner de l'*institor* s'accordent sur ce point; à côté des mots *negotiatio* et *universalis* se retrouve celui de *quæstuaria*. C'est aussi l'avis de Cujas quand il dit : « *institor quæstui faciendo præponitur* ». C'est là un nouveau point qui distingue l'*institor* du *procurator*; ce dernier peut être chargé d'un simple acte n'entraînant pas nécessairement l'idée d'un gain : contracter une obligation, paraître en justice, toutes opérations qui peuvent avoir lieu sans bénéfice aucun. Il n'en est pas de même de l'*institor*, qui placé à la tête d'une entreprise commerciale, n'a qu'un but, réaliser des bénéfices pour son maître.

Il s'est trouvé pourtant un interprète justement accrédité des lois romaines, pour ne pas faire reposer la distinction entre l'*institor* et le *procurator* sur les idées que nous venons d'indiquer : à savoir l'universalité des opérations dont est chargé l'*institor*, et le but de profit commercial qu'il poursuit. Pour Doneau, ce qui distingue le *procurator* de l'*institor*, c'est le caractère

(1) « Procurator datur ad actus judiciales et negotia æconomica, etiam ad unum actum; institor tantum ad negotiationes quæstuarias universales. »

synallagmatique des opérations dont ce dernier est
chargé ; le premier, au contraire, ne figurant jamais que
dans des actes unilatéraux. Que cette distinction se
produise parfois, cela peut être, d'autant que le commerce, mission propre de l'*institor*, a pour manifestations principales l'achat et la vente, deux contrats
synallagmatiques au premier chef. Mais admettre cette
théorie d'une façon absolue, les textes ne nous le permettent pas ; à chaque instant on y fait mention d'un
institor figurant dans un contrat unilatéral (L. 5, § 2 ;
19, § 1 ; D., XIV, 3), et, en sens inverse, d'un *procurator* chargé d'une opération synallagmatique (L. 8,
§ 6 et 10 ; 12, § 9 ; D., XVII, 1).

Maintenant que nous avons jeté un coup d'œil d'ensemble sur les traits généraux de l'institution que nous
étudions, il nous reste à en voir les détails et le fonc-
tionnement. Et d'abord, nous l'avons dit en commençant ce chapitre, la *præpositio* peut avoir lieu sans contrat proprement dit, le père choisissant son fils, le
maître son esclave pour *institor*, et, pour ce choix, un
ordre suffit. Que si l'*institor* est *sui juris*, on ne se
trouve pas sous la puissance du préposant, entre eux
interviendra une convention qui sera, suivant les cas,
un contrat de droit commun, mandat ou louage, parfois même simple gestion d'affaires (1). La volonté ex-

(1) V. Lauterbach, Disp. 147, *De inst. act.*, § 3 : « Consti-
tuuntur institores præponentis commissione et præpositi

presse du préposant n'est pas nécessaire, et il n'y a point à s'en étonner : nous sommes ici dans une matière prétorienne, partant toute d'équité, et qui n'a rien à voir avec le formalisme rigoureux du droit civil. Donc la volonté même tacite du préposant sera suffisante : « *Sufficit autem ad institoris præpositionem etiam tacita præponentis voluntas* » (Lauterbach, disp. 147 *ad lib.* XIV, t. III, § 3).

Mais, s'il n'est exigé aucune volonté formellement exprimée, du moins faut-il que l'objet principal de la *præpositio* soit la gestion d'une entreprise commerciale ; en d'autres termes, il faut que l'*institor* ait été préposé *principaliter* à un négoce quelconque. Nous en trouvons un exemple dans une loi assez curieuse de Paul, qui est la loi 16 à notre titre. Il s'agit d'un fermier, et le jurisconsulte nous dit très nettement que l'*actio institoria* ne saurait être délivrée contre le maître. Au premier abord, cela semble renverser la règle : le fermier n'est-il pas le représentant du propriétaire, et n'est-ce pas en son nom qu'il vend les fruits recueillis de l'immeuble ? Soit, mais ce n'est pas cette vente qui est le but principal de sa mission : il est chargé de cultiver la terre, non de vendre les récoltes : « *Quia villicus propter fructus percipiendos, non propter quæstum præponitur* ». Qu'à l'occasion de sa

receptione : hæc contitutio interdumin nullum incidit contractum. »

mission première, il fasse des opérations lucratives, cela se peut, mais n'est qu'une circonstance accessoire. C'est ce qu'explique Doneau : *Villicus non est institor, quia villicus mercibus vendendis principaliter præpositus non est, sed per consequentiam villicationis : nos autem in omni contractu initium contractus spectamus et causam (ad titul.*, XXV, 13). Ce qu'il faut regarder dans un contrat, ce n'est pas son résultat, mais son origine même et sa cause. Aussi que le maître vienne à modifier sa *præpositio*, qu'il y énonce formellement pour le *villicus* la mission de vendre les fruits récoltés, l'action *institoria* ne naîtra pas encore, toujours parce que ce n'est pas à cette vente que le *villicus* est préposé *principaliter*, seulement on accordera l'action quasi-institoire : *Tamen villicum distrahendis quoque mercibus præpositum habuero non erit iniquum, exemplo institoriæ, actionem in me competere.*

Du reste, quand les diverses conditions que nous venons d'énumérer se retrouvent, il y aura toujours lieu à l'action institoire, quel que soit le genre d'affaires dont il s'agisse : « *Cuicumque igitur negotiationi præpositus sit, institor recte appellabitur* » (L. 5, pr., D., XIV, 3). Et les textes nous citent les exemples les plus variés. Nous avons déjà vu plus haut des préposés aux comptoirs de banque, aux boutiques (*mensa, taberna*), aux achats de marchandises (*ad merces emendas*). D'autres sont chargés de prêter les capitaux de leur maître, *pecuniis fœnerandis*, ou d'en emprunter pour lui, *mutuis pecuniis accipiendis*. Le boulanger a un *institor* qui va vendre son pain (L. 5, § 9) ; l'entrepreneur de funérailles en a un pour habiller les cadavres (L. 5, § 8). Tout genre d'opérations, en un mot, est capable de contenir une *præpositio* : « *Nec multum facit tabernæ sit præpositus an cuilibet alii negotiationi* » (Ulpien, L. 3 ; D., XIV, 3).

La *præpositio* qui a pris naissance soit par l'ordre du maître à une personne sous puissance, soit par un véritable contrat avec une tierce personne, comment va-t-elle finir? Et d'abord, cela va de soi, par la mort du préposé. Elle est aussi anéantie par la révocation de l'*institor* ; mais une simple révocation ne suffit pas, encore faut-il qu'elle soit portée à la connaissance des tiers. Aussi bien c'est pour eux que l'action a été introduite, et quelle faute ont-ils à se reprocher d'avoir traité avec un tiers dont ils ignoraient la révocation? La révocation doit donc être expresse ; mais ne semble-t-il pas qu'elle doive aussi résulter tacitement de la mort du préposant? Non, et ici les textes sont formels. Tant que l'*institor* n'aura pas été révoqué par l'héritier, ce dernier restera tenu, et cela est vrai, même si l'héritier est impubère : à ses tuteurs, s'ils le jugent à propos, de signifier au préposé sa révocation : *removendus enim fuit a tutoribus, si nollent opera ejus uti* (L. 11, pr.; D., XIV, 3). Paul exprime la même opinion dans la loi 17, § 2, au même titre, et fait dans le paragraphe suivant application de la règle au cas d'un

héritier *furiosus* ; et toujours la même raison d'équité :
non enim imputandum est ei qui, sciens dominum deces-
sisse, cum institore exercente mercem contrahat.

Ce que nous venons de dire de la mort du préposant,
doit également s'entendre de l'affranchissement du
préposé, c'est-à-dire qu'il n'y a pas là de révocation
tacite (1).

(1) V. Papinien, L. 19, § 1, au D., XIV, 3 : « Si dominus,
qui servum institorem apud mensam pecuniis accipiendis habuit, post libertatem quoque datam, idem per libertum negotium exercuit, varietate status non mutabitur periculi
causa. » Cujas, *in lib.* III ; *Resp. Papin.*, t. IV, *ad legem* « Si dominus. »

CHAPITRE III

Ce n'est pas le tout qu'un maître place à la tête de son commerce un esclave ou un homme libre, un *institor*, en un mot, et par cette convention tacite de représentation, accepte les conséquences des actes de son représentant. Encore faut-il savoir jusqu'à quel point l'*institor* va représenter le préposant ; quelles sont les limites de ce mandat tout spécial de *præpositio*. S'il est juste, en effet, que le tiers qui traite avec l'*institor* croie traiter avec le préposant lui-même, il serait inique, d'un autre côté, que le maître supportât toutes les conséquences des actes de son préposé ; qu'il suffît à ce dernier de dissiper follement les deniers du préposant, de contracter en son nom toutes sortes d'obligations sans rapport aucun avec le commerce dont il est chargé, de vouloir en un mot ruiner son maître pour que son maître fût ruiné. En conséquence une double condition s'impose : la première dans les rapports entre le préposant et son *institor*, c'est qu'un titre spécial vienne régler l'étendue des pouvoirs con-

férés à celui-ci ; la seconde entre le préposant et les
tiers, c'est que ce titre soit porté à la connaissance du
public, en sorte que chacun n'ait à accuser que son
imprudence d'avoir traité avec un *institor* dont les pouvoirs étaient limités au vu et su de tous. C'est là l'objet
de ce que les textes appellent la *lex præpositionis* :
« *igitur præpositio certam legem dat contrahentibus*», dit
Ulpien (L. 1, § 12 ; D., XIV, 1) ; et ces clauses de la
præpositio doivent être strictement observées : *conditio
autem præpositionis servanda est* (Ulpien, L. 15, § 5 ; D.,
XIV, 3).

I. — Quoi de plus simple, en effet, que le maître
fixe à son *institor* certaines limites, au delà desquelles
s'arrêtent ses pouvoirs ; et au delà de ces limites comment serait-il tenu, puisqu'il n'y a plus trace aucune
de mandat, exprès ou tacite. Donc, pas de doutes sur
ce point : le préposant n'est et ne saurait être tenu
qu'à l'égard des actes qui rentrent dans la *præpositio*.
Comme dit le jurisconsulte, ce n'est pas toute obligation contractée par l'*institor*, mais celle-là seulement à
l'occasion de l'entreprise dont il est chargé qui va donner naissance à l'action *institoria* (Ulpien, L. 5, § 11 ;
D., XIV, 3). Les exemples pullulent dans les textes : « Si
« j'ai chargé quelqu'un de la vente de marchandises,
« dit Ulpien, *ad mercium distractionem*, je serai tenu de
« la seule action *ex empto*; de l'action *ex vendito*, au
« contraire, si mon *institor* a pour mission d'acheter :
« *sed neque si ad emendum, et ille vendiderit, neque si*

« *ad vendendum, et ille emerit, debebit teneri* » (L. 5,
12 ; D., XIV, 3).

Il ne faut pas cependant exagérer les termes de la
lex præpositionis ; car il est aisé de comprendre qu'un
mandat, donné pour certains actes, embrasse par là
même tous les faits nécessaires à la bonne fin de l'entreprise. Et c'est ici qu'apparaît dans l'organisation de
l'action institoire l'esprit si judicieusement libéral du
préteur : ce que n'eût sans doute pas fait le droit civil,
si l'action était issue de son organe, le préteur va pouvoir le faire, et puisqu'il se trouve en pleine matière d'é-
quité, consulter avant tout l'équité dans l'application
de la règle qu'il édicte. Voilà par exemple un *institor* préposé à l'achat de marchandises, et qui n'a pas l'argent nécessaire pour faire cet achat. Il en emprunte ; que va-t-
il advenir ? D'après la *lex præpositionis*, ce préposé
n'avait qu'une mission : acheter des marchandises, et
si l'on s'en tenait rigoureusement à la lettre du mandat, ses pouvoirs ne sauraient aller au delà de ce droit
d'achat. En empruntant, il a outrepassé ses devoirs,
partant pas d'action institoire. Mais ce serait là un
échec trop direct à l'équité, et n'est-il pas plus naturel
de supposer qu'en chargeant son esclave d'acheter
des marchandises, son maître l'a, par là même, autorisé à faire tous les actes nécessaires à cet achat, à
emprunter dans le cas dont s'agit ? Oui, certes, et le
jurisconsulte répond : *locus est institoriæ* (Ulp., L. 5,
§13 ; D., XIV, 3). Même décision pour un cas analo-

gue : il s'agit d'un préposé à des ventes et achats d'huile, à qui de l'huile a été prêtée. Ici encore on sort des termes, non de l'esprit de la *præpositio* : *dicendum erit institoriam locum habere* (L. 5, § 14 ; D., XIV, 3). Il nous est donc permis de généraliser la règle, comme nous l'avons fait plus haut, et de dire avec Vinnius : *Utique præpositio ad ea quoque extenditur, quæ sæpe incidenter et per consequentiam rei principaliter commissæ veniunt* (*Vinnius, castig.*, tome II, liv. IV, 3) (1).

Une circonstance qui se retrouve fréquemment dans la *lex præpositionis* est l'indication de plusieurs *institores* : tantôt le préposant accepte l'obligation contractée par eux tous ensemble, tantôt par un seul d'entre eux : *item si plures habuit institores, vel cum omnibus simul contrahi voluit, vel cum uno solo* (L. 11, § 5 ; D., XIV, 3). D'autres fois il divise leurs fonctions : *cæterum si officia fuerint divisa, tunc pro distincto cujusque officio exercitor obligatur* (Lauterbach, disp. 147, *De exerc. act.*, § 11). Ou encore il indique un d'entre eux avec lequel il sera défendu de contracter à propos de certains actes, tandis qu'il aura pleins pouvoirs pour certaines autres opérations. Et toujours *conditio*

(1) Dans le même sens, Lauterbach, Disp. 147, *De inst. act.*, §§ 2-3 : « Præpositus autem censetur institor non tantum illis quorum in ipsa præpositione expresse facta est mentio, sed etiam illis quæ ad illorum executionem sunt necessaria vel utilia. »

præpositionis servanda est. Mais si à l'un des *institores*
le préposant défendait de contracter en aucun cas, il
n'y aurait plus là de *præpositio* : *sed si in totum prohi-
buit cum eo contrahi, præpositi loco non habetur* (L. 11,
§ 6), et la raison le texte nous la donne, c'est qu'alors
le préposé est plutôt qu'un *institor* un gardien qui n'a
droit de vendre aucune marchandise ni quoi que ce
soit dans la boutique : *cum magis hic custodis sit loco
quam institoris, ergo nec vendere mercem hic poterit,
nec modicum quid ex taberna.*

II. — Nous venons de voir ce qui a trait aux rapports
entre le préposant et le préposé et les limites qui peuvent être apportées aux pouvoirs de ce dernier. Mais
nous savons déjà qu'il ne suffit pas de la limitation
plus ou moins formelle de ces pouvoirs pour que les
tiers se voient refuser l'action *institoria*, il faut en
outre qu'ils aient pu avoir connaissance de cette limitation. C'est donc une véritable question de publicité
qui se pose ici, question de publicité à laquelle se
trouve étroitement liée celle d'équité. Si les tiers ont
ignoré, sans qu'il y ait faute de leur part, que l'*institor*, valable représentant du maître pour certains actes,
ne pouvait le représenter pour d'autres analogues, ils
ont droit à protection. Par cela seul qu'un maître a
pris un préposé, il est censé lui avoir donné pouvoir
pour tous les actes intéressant le commerce dont il l'a
chargé, et s'il veut restreindre ces pouvoirs, encore
faut-il que chacun en soit averti. L'expression qu'em-

4

ploient les textes, *proscribere palam*, indique bien
cette idée de publicité. Mais comment se fera cette
défense aux yeux de tous? De nos jours les modes de
publicité sont bien perfectionnés : à côté des affiches
dans les lieux publics, tels que maison commune ou
tribunaux, la presse porte aux quatre coins du monde
la connaissance du fait qu'on veut mettre à la portée
de tous. A Rome il n'en est pas ainsi, mais on se
trouve en présence d'un mode de publicité tout naturel, on pourrait dire rudimentaire. La plupart des
institores sont chargés d'une boutique : on affichera
la *lex præpositionis* à la porte de la boutique, en caractères bien lisibles, en termes bien clairs, *claris litteris*,
et cela non pas dans quelque recoin qui n'attire pas
l'attention, mais dans un endroit qui saute tout d'abord
aux yeux. Ainsi ceux qui rentreront n'auront qu'à jeter
un coup d'œil sur cet écrit pour être renseignés sur
l'étendue des conventions qu'ils peuvent utilement
former. Que s'ils ne le font pas, à eux la faute, et le
préteur pourra sans injustice leur refuser l'action
(L. 11, § 3 ; D., XIV, 3).

Mais il nous faut, avec les jurisconsultes, entrer plus
avant dans les détails de cette publicité. C'est ainsi
que nous voyons Ulpien se demander si c'est en grec
ou en latin que devra être faite l'affiche ; et la réponse
est bien simple : cela dépendra des lieux, en telle
sorte que jamais personne ne puisse alléguer son
ignorance : *litteris utrum græcis an latinis? Puto secun-*

dum loci conditionem; *ne quis causari possit ignorantiam litterarum* (L. 11, § 3). Mais, bien entendu, il suffira que l'affiche soit à la portée de tous les yeux et de toutes les intelligences, et par cela seul qu'un tiers ne sachant pas lire ou ne parlant qu'une langue barbare viendra se plaindre de n'en avoir pas eu connaissance, sa plainte ne saurait être écoutée (L. 11, § 3, *in fine*).

Outre qu'elle doit être en termes suffisamment clairs, c'est à demeure que la *lex præpositionis* doit être affichée. Que si elle vient à être arrachée par quelque passant, détériorée par le vent ou la pluie, à disparaître en un mot d'une façon quelconque, le tiers n'en a plus connaissance, partant il n'est plus en faute de ne s'y être pas conformé. Aussi bien c'est au préposant à veiller à ce que la publicité des clauses de la *præpositio* subsiste pleine et entière, à lui à encourir les risques du défaut de publicité. Bien plus, le préposant sera responsable de l'enlèvement de l'affiche, alors même que c'est son *institor* qui l'aurait arrachée en personne, à moins bien entendu qu'il n'y ait fraude de la part du tiers contractant. C'est ce que nous dit Ulpien au § 4 de la loi ci-dessus énoncée : *Proscriptum autem perpetuo esse oportet*, etc.

Pour résumer brièvement ce que nous venons de dire, voilà ce qu'il faut penser de la *lex præpositionis* : elle fait loi absolue dans les rapports du préposant et du préposé, avec cette restriction tout équitable qu'il faut s'en tenir non à la lettre stricte, mais à l'esprit de

la clause. Quant aux rapports du tiers avec le préposant, c'est encore la *lex præpositionis* qui les régit, sous
cette unique condition qu'elle ait été portée d'une
façon suffisante à la connaissance de tous, que personne ne puisse alléguer un juste motif d'ignorance.

Cette théorie, telle que nous venons de l'exposer et
que nous croyons devoir l'admettre à la suite des nombreuses autorités citées à l'appui, n'est cependant pas
sans avoir été combattue. Dans une autre opinion soutenue en Allemagne par J. Baron (*Abhandlungen aus
dem Rœmischen Civilprozess.*, t., II, *die adjecticischen
Klagen*, § 15, p. 210 et s.), de ce qu'on regarde l'*institor* comme un véritable mandataire, non un simple
commis, on conclut qu'il est vis-à-vis des tiers indépendant comme son maître : aussi les restrictions
ajoutées à son mandat sont sans effet à leur égard, à
moins qu'on ne puisse leur opposer l'exception de dol
à raison de la connaissance qu'ils en avaient.

Une première objection à cette thèse naît des textes,
que nous verrons exiger de la part du tiers une certaine
diligence lors du contrat conclu avec l'*institor* : c'est
donc que cet *institor* est soumis à une limitation de ses
pouvoirs, et que le tiers doit s'occuper de la connaître.
Voici la réponse de Baron : « Les textes où l'on parle
« d'examen par le tiers de l'exécution de l'affaire ont
« trait à un prêt fait, soit au capitaine, soit à l'*institor*.
« Ces textes veulent simplement dire que l'*institor* et
« le capitaine n'ont pas pouvoir d'emprunter (c'est là

« qu'est la seule restriction faite à leur contrat); ils ne
« le peuvent que comme *negotiorum gestores*, par suite
« qu'au cas d'une affaire nécessaire, ou tout au moins
« utile, et dans cette hypothèse seulement le tiers
« aura l'action adjectice contre le préposant » (p. 217).
D'après cette explication les pouvoirs de l'*institor* ne
sont nullement limités ; il agit en pleine indépendance ;
seulement quand il emprunte, ce n'est pas en qualité
d'*institor*, mais de simple *negotiorum gestor*, d'où nécessité de certaines conditions pour faire constater l'u-
tilité de cette *negotiorum gestio*.

Quant aux termes employés par les textes, *conditio
præpositionis*, ils n'expriment plus, comme dans l'ancienne théorie par nous admise, et comme il paraît
au premier abord, des restrictions apportées à la *præpositio* ; ils se confondent avec la nature, l'essence
même de la *præpositio*, et les mots *æquissimum erit id
servari in quo præpositus est* (L. 11, § 5 ; D., XIV 3),
qu'on trouve ailleurs, signifient qu'il s'agit non de restriction, mais du genre d'affaires assigné à l'*institor*.

A cette nouvelle conception de la *lex præpositionis*,
on peut d'abord, ce nous semble, répondre que c'est
un peu jouer sur les mots. Indiquer d'une façon précise l'objet de la *præpositio*, n'est-ce pas tracer la limite
des pouvoirs de l'*institor* : en dehors des affaires qui
lui sont spécialement assignées, dire qu'il n'agit plus
en qualité d'*institor*, revient au même que refuser
l'action au tiers, avec qui il aura traité en dehors

de ses pouvoirs. Et quant à ce qui est des restrictions apportées aux pouvoirs de ce préposé, leur existence n'est-elle pas suffisamment prouvée par le soin avec lequel les jurisconsultes exigent l'affichage à la porte de la boutique de la *lex præpositionis*, affichage permettant aux tiers de se rendre un compte exact de l'étendue des pouvoirs de l'*institor*?

CHAPITRE IV

En principe, toute personne peut être préposant. C'est ce que nous dit Ulpien à propos de l'action exercitoire, et nous avons déjà vu que tout ce qui est vrai de cette action l'est aussi de l'institoire, à une ou deux exceptions près sur lesquelles nous aurons occasion de nous expliquer : « *Parvi autem refert qui exercet, masculus sit an mulier, paterfamilias an filiusfamilias, vel servus* » (L. 1, § 16; D., XIV, 1). La seule chose qu'on exige, si c'est un pupille, c'est l'*auctoritas tutoris* : « *Pupillus autem si navem exerceat, exigemus tutoris auctoritatem* ». Nous ne trouvons pas de texte aussi général à propos de l'action institoire, mais nous savons que la même règle s'y applique (1), mention expresse n'ayant point manqué d'en être faite, s'il en eût été autrement. Envisageons tour à tour les diverses personnes énumérées par Ulpien.

Et d'abord pour ce qui est du père de famille, c'est

(1) V. Lauterbach, *Ad Pand.*, liv. XIV, t. III, § 98.

lui le préposant par excellence, c'est à son propos que l'action a été introduite, et ici comme en ce qui regarde toutes les institutions du droit civil, s'il est majeur, on ne conçoit même pas que sa puissance soit limitée. Elle l'a été cependant, au moins dans certains cas, et par un motif d'ordre public. Nous avons vu en étudiant le commerce à Rome, que c'étaient avant tout les riches patriciens qui avaient accaparé tout le négoce entre les mains de leurs préposés. Sénateurs et chevaliers tiraient de là des fortunes colossales; et la conscience publique finit par s'alarmer de cette rage de spéculation chez ceux-là mêmes qui étaient appelés à conduire l'Etat. La loi *Claudia* vint défendre aux sénateurs et à leurs fils d'exercer le commerce maritime, et par là même d'avoir des préposés chargés de ce commerce, car *quicunque vero negotiationem quæstuariam exercere prohibentur, illi nec per institorem negotiari possunt, cum etiam illi qui per institores mercantur vel negotiantur mercatores et negotiatores dicuntur* (Lauterbach, *ad Pand.*, liv. XIV, tit. III, § 7), Et cette défense expresse pour le commerce de mer, on se demande comment elle ne s'appliquerait pas en même temps au commerce de terre (1).

A cette exception toute spéciale, tirée de motifs d'ordre public, faut-il en ajouter une autre plus géné-

(1) V. dans ce sens, Tite-Live, 21-23. — Dion, LV, 10, § 5. — Asconius, *In or. in toga candida*, p. 94. — Mommsen, *Hist. rom.*, ch. XII, p. 144.

rale tenant à l'incapacité de la personne *sui juris*? Non ;
les textes sont formels en ce qu'ils prévoient, soit un
impubère, soit un mineur de vingt-cinq ans chargeant
un *institor* d'un commerce quelconque. Seulement au
premier cas, s'il s'agit d'un pupille, sa capacité devra
être comme accrue de ce surcroît de capacité qui lui
vient de l'*auctoritas tutoris* : « *Verum si ipse pupillus
præposuerit, si quidem tutoris auctoritate, obligabitur, si
minus, non* » (L. 9, D., XIV, 3). S'il s'agit d'un mineur de vingt-cinq ans la *præpositio* sera valable, il y
aura lieu à l'action *institoria*; mais le mineur ici,
comme dans tous les actes de la vie juridique, pourra
recourir à la protection accordée à la faiblesse de son
âge, à la *restitutio in integrum* : « *Sed si minor viginti
quinque annis erit, qui præposuit, auxilio ætatis utetur,
non sine causæ cognitione* » (L. 11, § 1 ; D., XIV, 3).
Ces derniers mots, *non sine causæ cognitione*, nous indiquent ce caractère particulier de la *restitutio in integrum*, remède essentiellement prétorien, et qui pour
cette raison même n'est accordé par le préteur qu'a-
près examen de la cause : à la différence des actions
civiles que le magistrat doit délivrer par cela seul
qu'on est dans les circonstances prévues par la loi,
pour la *restitutio*, même dans les cas prévus, le préteur
ne la promet que si après examen cet octroi lui paraît
d'accord avec l'équité.

A côté des personnes *sui juris*, nous trouvons la
classe des personnes *alieni juris*, classe bien plus nom-

hreuse, comprenant les fils de famille et les esclaves.
Pour les premiers, ils peuvent toujours être préposants; nous n'en trouvons pas la règle expressément
formulée, mais supposée, lorsque le jurisconsulte
Ulpien (L. 1, § 20; D., XIV, 1) comparant la situation
du fils de famille préposant dans les actions institoire
et exercitoire, déclare que dans celle-ci seulement
l'action rejaillira contre le père : c'est bien établir que
le fils peut être préposant dans l'une comme dans
l'autre action, mais que dans un cas il sera seul soumis au recours du tiers, tandis que dans l'autre y sera
également soumis celui sous la puissance de qui il se
trouve. De même que pour les sénateurs, au principe
de la libre exploitation d'un établissement commercial
une exception est apportée pour les fils de sénateurs :
exception bien motivée, car il eût été par trop facile
aux nobles personnages de se faire remplacer par
leurs fils dans la direction générale de leur négoce.

Il est vrai que ce qu'ils ne pouvaient faire par leurs
fils, ils le faisaient par leurs esclaves, et c'est ce qui nous
explique la quantité de personnes serviles que l'on voit,
exercitores à la tête d'un commerce de mer, *préposants*
à la tête d'un commerce de terre. Quelle solvabilité,
quelles garanties offrent-ils ? Aucune, si ce n'est qu'ils
tiennent la place d'un maître riche et puissant, qui
par délicatesse ou scrupule n'a pas voulu mettre son
nom dans le commerce, à condition de continuer à
en toucher les bénéfices. Aussi le tiers, qui a contracté

avec cet esclave sur la foi du maître, se retournera
contre ce dernier et aura contre lui l'action exercitoire (L. 1, § 19; D., XIV, 1). En sera-t-il de même pour
l'action institoire ? Non, et comme lorsqu'il s'agit
d'un fils de famille, la protection accordée par le préteur est bien moindre : le maître ne sera pas plus tenu
du fait de son esclave préposant que du fait de son fils
préposant, et le tiers imprudent n'aura, pour l'atteindre indirectement, qu'à recourir aux actions de droit
commun *quod jussu, de peculio* ou *tributoria*, s'il y a
lieu, en tout cas à l'action *de in rem verso*. Aussi bien
n'a-t-il qu'à s'en prendre à lui de son imprudence, les
mêmes raisons d'imprévu et de soudaineté n'ayant pas
coutume de se produire dans le commerce de terre
que dans le commerce maritime.

Reste une troisième catégorie de personnes, les
femmes. Pour ne pas qu'il y ait doute à leur égard, un
texte spécial déclare qu'elles sont tenues de l'action :
« *Nam et si mulier præposuit, competet institoria* » (L. 7,
§ 1; D., XIV, 3) (1). Supposons même un cas particulièrement favorable, celui où la femme commerçante
jouit des bénéfices de son sexe. Par exemple, l'affaire
conclue par son *institor* a pour objet une *intercessio*.

_____

(1) V. Vinnius, *Inst. imp. comm.*, liv. IV, t. VII : « Si mulier
sit quæ navem aut tabernam exerceat, tenebitur et ipsa ex
contractu eorum quos præposuit, nec juvabitur senatuscon-
sulto, quoniam in obligationibus principalibus viro compa-
ratur. »

Le sénatus-consulte Velléien peut-il être invoqué par la femme pour s'affranchir de l'obligation qui lui incombe ? — On ne trouve pas à cette question de réponse directe dans les textes: mais la loi que nous venons de citer s'exprime en termes si généraux, qu'elle ne paraît pas souffrir d'exception : *competet institoria* (V. Baron, *op. cit.*, § 15, p. 196).

Enfin, ce n'est pas seulement la personne à la tête de son patrimoine qui peut instituer un préposé, mais aussi son représentant, et nous entendons ce mot représentant d'une façon générale, non avec le sens restreint que lui donne la loi romaine, esclave de la formule. C'est d'abord le *tuteur* qui peut préposer un *institor* au commerce de son pupille ; c'est le *curateur* pour le mineur de vingt-cinq ans ; c'est enfin le *procurator* pour celui dont il gère les affaires. Et, dans tous ces cas, ce n'est point le tuteur, ni le curateur, ni le mandataire, qui auront à répondre à l'action *institoria* exercée par les tiers, mais le vrai préposant, celui dont ils n'ont fait que prendre la place, parce qu'il était incapable ou absent, celui, en un mot, à qui vont les bénéfices du négoce : à lui doivent en aller aussi les charges, suivant ce principe d'équité posé à la base de toute législation : *Hujus æs alienum esse debet, cujus emolumentum.* Cette idée, Ulpien la formule dans la loi 5, § 18 (D., XIV, 3) : *Sed et si procurator meus, tutor, curator, institorem præposuerit, dicendum erit, veluti a me præposito, dandam institoriam actionem.* Remarquons

avec la loi suivante de Paul (L. 6, D., XIV, 3) que, si
le mandataire qui a nommé l'*institor* est un mandataire
général, il sera, lui aussi tenu, comme son mandant,
conformément aux règles classiques du mandat romain. Si au lieu d'un mandataire, c'est par un gérant
d'affaires qu'est faite la *præpositio*, après ratification,
le maître est tenu : *Sed si quis meam rem gerens præposuerit, et ratum habuero, idem erit dicendum* (Ulp.,
L. 7, pr.; D., XIV, 3).

CHAPITRE V

En étudiant le développement historique de l'action *institoria*, nous y voyons une dérogation apportée par le préteur à la règle de la non-représentation. Cela seul suffit à nous indiquer qu'à l'origine le préteur ne devait consentir à cette dérogation que dans les cas stricts où, en ne l'accordant pas, il eût choqué trop ouvertement l'équité. C'est lorsque le préposant a pour *institor* une personne sans puissance qu'apparaît toute cette nécessité. Quelle est alors la situation du tiers qui a traité avec ce préposé *alieni iuris* ? S'il s'agit d'un contrat unilatéral, le père de famille qui devient *ipso jure* sujet actif de l'obligation, n'en saurait devenir sujet passif. S'il s'agit d'un contrat synallagmatique, la situation du tiers est pire encore : il est tenu des dettes sans pouvoir bénéficier des créances. Car, toujours, même obstacle : le père qui peut profiter des contrats de son fils ou de son esclave, ne saurait être lié par eux.

Reste au tiers le recours contre le préposé. Si ce préposé est esclave, pas d'action : *Ex contractibus civi-*

liter quidem non obligantur (L. 14 ; D., XLIV, 7). S'il
est fils de famille, le lien de droit existe, il est vrai ;
mais est-il accompagné d'une sanction suffisante ? La
sanction est double : elle porte d'abord sur la personne
même du fils, permettant de le mettre en prison ; elle
est aussi pécuniaire, frappant les biens à venir du fils.
De ces deux sanctions, la seconde n'a d'effet que dans
un avenir plus ou moins éloigné, et encore faut-il que
le fils vienne à acquérir un patrimoine. La sanction
personnelle est en fait plus pratique, un père n'étant
guère tenté de laisser en prison son fils, pour un engagement qui le regarde en définitive ; mais en droit,
c'est une sanction des moins énergiques, puisqu'on
conçoit très bien que plutôt que de payer le père laisse
indéfiniment emprisonner son fils.

Donc à l'origine, si l'*instittor* est esclave, aucun recours au profit du tiers créancier ; s'il est fils de famille,
recours insuffisant. Peu à peu, à la suite des innovations prétoriennes, ce créancier malheureux se vit
accorder quelque appui : action *quod jussu*, action *de
peculio*, action *tributoria*, puis enfin apparaît l'action
institoria, et, comme nous venons de le dire, c'est tout
d'abord dans ce cas seulement qu'elle apparaît. C'est
qu'en effet à l'origine, c'est presque toujours soit parmi
les fils de famille, soit surtout parmi les esclaves, que
sont choisis les *institores*. Peu à peu, avec le développement du commerce, l'extension des relations lointaines, les caractères de l'institution changent. On

prend comme *institor* l'esclave d'un *extraneus*, et aussi
des personnes libres. Et en même temps que cet usage
se développe, le préteur élargit le domaine de l'action,
et tandis qu'à l'origine elle ne s'appliquait qu'au cas
d'un *institor alieni juris*, où elle était comme indispensable, elle en vient à comprendre le cas de l'*institor
extraneus*, où elle n'est plus que simplement utile.

Aussi, dans la période classique du droit, à cette
époque des Papinien et des Ulpien, où les institutions
juridiques ont acquis leur pleine perfection, à cette
question : qui peut être *institor*? on peut répondre har-
diment : toute personne. Et cette réponse est d'accord
à la fois avec le perfectionnement historique de l'institution et avec les textes. Ulpien est formel dans le
livre VIII *Ad edictum* (L. 72 ; D., XIV, 3) ; peu importe qui est le préposé, qu'il soit homme ou femme,
libre ou esclave : *Parvi autem refert quis sit institor :
masculus an fæmina, liber an servus, proprius vel alie-
nus.* C'est qu'en effet ce n'est pas la capacité de l'*institor* qu'on regarde, mais celle du maître qui l'a choisi,
et quel droit aurait à se plaindre le préposant d'avoir
fait choix d'un incapable? Il ne s'en doit prendre qu'à
lui : *quoniam sibi imputare debet qui eum præposuit*
(L. 7, § 1 ; D., XIV, 3), Le tiers, au contraire, qui dans
la personne du fils ou de l'esclave n'a eu en vue que
la personnalité plus haute du père ou du maître, serait
lésé contre toute justice, si on venait lui dire : « Vous
« avez traité avec un incapable, tant pis pour vous! »

Du reste, en pratique, cette facilité pour le maître de choisir comme *institor* qui lui plaît, était indispensable dans l'état des mœurs romaines. Les témoignages des auteurs sont unanimes à constater qu'en fait c'était la plupart du temps à des jeunes filles ou à de jeunes garçons qu'était confiée la direction des multiples et riches boutiques qui bordaient les voies de Rome : *Nam plerique pueras puellasque tabernis imponunt* (Gaius, L. 8 ; D., XIV, 3). Sans doute les mœurs n'y gagnaient rien, mais le commerce en allait mieux, et les riches patriciens du temps avaient bien d'autres affaires en tête que de songer à la moralité de leurs employés et de leurs esclaves.

Donc le choix du maître est absolument libre pour la désignation de son préposé. Reste à savoir si celui-ci peut à son tour se substituer quelqu'un dans ses fonctions, et faire de ce nouveau mandataire un véritable *institor*, engageant par ses actes le premier préposant. Nous touchons ici à une de ces différences, que nous avons signalées entre les actions *institoria* et *exercitoria*. Dans celle-ci, le capitaine a le droit de se substituer un mandataire, et il le peut non seulement dans le silence de la *lex præpositionis*, mais encore contre les termes mêmes de ce contrat, alors qu'il y aurait défense expresse de l'*exercitor*. C'est que le salut du navire peut dépendre de cette substitution : le capitaine est trop loin de l'armateur pour lui en référer sur la gravité des mesures à prendre ; en un mot l'intérêt de la navigation exige que pleins pouvoirs soient donnés au *magister navis*, et le préteur confirme ces pleins pouvoirs. Toutes ces raisons se retrouvent, mais avec bien moins de force, quand il s'agit de l'action institoire, le préposant n'est plus si éloigné, on peut toujours prendre ses ordres. Tout au plus le mandataire que s'est substitué l'*institor* pourra-t-il obliger le préposant, s'il y a approbation de celui-ci, et l'on peut dire avec Heineccius : *Recte itaque dici posse videtur magistrum navis etiam invito exercitore substituere, institorem non nisi domino volente, vel non prohibente* (t. VI, *Ad Pand,,* liv. XIV, t. III).

DEUXIÈME PARTIE

EXERCICE DE L'ACTION INSTITORIA

CHAPITRE PREMIER

ACTIONS QUI DÉRIVENT DE LA PRÆPOSITIO

A l'origine, à la suite d'une *præpositio*, comme à la suite d'un mandat ordinaire, il ne naît pour le tiers créancier qu'une seule action, l'action normale née de l'obligation contractée par le préposé vis-à-vis de ce tiers. Nous avons déjà vu qu'à Rome quiconque figure dans un contrat s'oblige personnellement, que son but soit ou non de reporter ensuite sur un tiers les bénéfices ou les charges de son opération. C'est ainsi que le mandataire est directement tenu vis-à-vis du tiers avec lequel il a contracté, et pourtant, dans ce contrat, il n'a pas figuré pour lui, mais au profit de son mandant. Il a paru dans l'acte juridique, prononcé les paroles solennelles, ou fait concorder sa volonté avec celle du cocontractant, dès lors il est lié; et, si son mandant se trouve insolvable, quand il voudra lui réclamer les sommes qu'il a dû payer, ou la valeur des

obligations dont il reste tenu, il sera seul à supporter
les suites d'un engagement dont tout le profit aura été
à un autre. Le tiers n'a affaire qu'à une personne, celle-
là même qui figurait dans la convention : « *creditor
mandatorem convenit* » (L. 60, pr. D., XVII, 1). Et ceci
ne doit point nous étonner, après ce que nous avons
vu, au commencement de cette étude, du formalisme
romain, et de la peine qu'on a au début de toute législation à se faire à l'idée très complexe de représentation.

Ce que nous venons de dire du mandat, avec les
effets des actes du mandataire à l'égard des tiers, nous
le retrouvons, quand il s'agit de cette forme particulière de mandat, qui prend le nom de *præpositio*. L'*institor*, qui n'est, en somme, qu'une sorte de *procurator*,
est donc tenu de l'obligation par lui contractée ; le
tiers a contre lui un recours, et ce recours est même
son unique ressource avant la création de l'action *institoria*. Mais, alors même que cette dernière a pris
place dans l'édit du préteur, et que le créancier s'est
vu accorder la faculté infiniment plus avantageuse de se
retourner contre le préposant, c'est-à-dire contre un
homme capable et généralement solvable, même alors
il conserve son droit premier d'agir, s'il le préfère,
contre l'*institor*, contre celui qui, en fait, a été partie à
l'acte. Aussi bien est-ce là une manifestation de plus
du caractère tout particulier des innovations prétoriennes : jamais de changement brusque à la loi, d'é-

chec catégorique au droit civil, mais des modifications
lentes qui, échappant à l'ancienne règle, la laissent cependant subsister. Dès que le tiers peut agir contre le
préposant, à quoi bon lui laisser son action contre l'*institor* ! Mais la supprimer, c'est renverser tout l'ancien
ordre de choses, et le préteur, qui veut bien apporter
à la loi un tempérament équitable, se refuse à effacer
d'un trait de plume un principe qui remonte aux origines premières du droit.

§ 1. *Action contre le préposé.*

L'existence de ce recours du tiers créancier contre
l'*institor*, encore à l'époque classique, nous est sura-
bondamment prouvée par les textes : « *est autem nobis
electio, utrum exercitorem an magistrum convenire veli-
mus* » (Ulp., L. 1, § 17; D., XIV, 1). Et voilà où se manifeste l'importance de la capacité chez l'*institor*. Jusqu'ici, parlant des personnes qui peuvent être prépo-
sées à un commerce, nous disions : « que l'*institor* soit
majeur ou mineur, esclave ou fils de famille, homme
ou femme, peu importe, *parvi refert* ». Et c'est qu'en
effet, au point de vue de l'action *institoria* proprement
dite, au point de vue de l'obligation qui résulte pour le
préposant des actes de son préposé, la chose importe
peu. L'*institor*, quelle que soit, en droit civil, sa capacité, est toujours le représentant légal du maître qui l'a
choisi : « *quoniam sibi imputare debet qui eum præpo-*

suit » (L. 7, § 2 ; D., XIV, 3). Mais, au point de vue de l'action qu'a le tiers contre ce même préposé, la chose n'est plus indifférente, et nous allons brièvement examiner les divers cas qui se peuvent présenter.

Et d'abord le cas le plus simple : l'*institor* est homme libre, *sui juris*, de plus majeur. Ici la règle a tout son empire : l'action du tiers contre l'*institor* ne subit aucune atteinte, et c'est une des rares circonstances, où il pourrait avoir intérêt égal à exercer cette action, qu'à recourir à l'aide de l'institoire contre le préposant. Il se peut en effet que l'*institor* soit parfaitement solvable, tandis que le préposant ne l'est pas ou plus.

Supposons toujours le préposé *sui juris* ; si au lieu d'être majeur, il est mineur la question change. Pupille, il n'a pu s'obliger personnellement sans l'*auctoritas tutoris*, partant le contrat, où il s'est trouvé partie dans ces conditions, n'aura lié *in solidum* que le préposant ; quant à lui, non autorisé de son tuteur, il ne se verra obligé que dans la mesure de son enrichissement, *quantum ad eum pervenit*. S'il s'agit d'un mineur de vingt-cinq ans, il est lié, mais comme pour tous autres actes, il peut faire tomber les résultats de ce lien par une *in integrum restitutio*.

Tout ce que nous venons de dire de l'*institor masculus* doit également s'appliquer à l'*institor femina*. On pourrait croire peut-être que dans tous les cas la femme préposée au commerce d'autrui ne saurait être

tenue personnellement par application du sénatus-consulte Velléien. Mais le sénatus-consulte trouve-t-il ici son
application ? Y a-t-il *intercessio* ? D'après Accarias (*Pr.
de dr. rom.*, 3ᵉ éd., t. II nᵒ 574), l'*intercessio* « est le fait
de celui qui sans intérêt personnel s'adjoint à l'obligation d'autrui ou y substitue sa propre obligation ». Elle
se traduit en fait ou par un cautionnement, ou par une
constitution de gage ou d'hypothèque (L. 4, C. IV,
29). Il ne semble pas qu'on trouve rien de tel dans
le fait de l'*institor*, qui en s'obligeant ne s'adjoint à
l'obligation d'autrui pas plus qu'il n'y substitue la
sienne propre. Il se contente de remplir la mission
dont il est chargé, et bien loin d'ajouter son obligation
à une obligation préexistante, au contraire, donne par
la naissance de sa propre obligation naissance à celle
du préposant.

Cependant cette analyse de l'acte de l'*institor*,
qui le fait distinct de l'*intercessio* n'est pas universellement admise. Au contraire, Baron (*op. cit.*, § 15,
p. 196) y voit toujours une *intercessio* : car l'*institor*
supporte en définitive une obligation pour le maître.
Aussi la femme devrait, d'après les principes, bénéficier du sénatus-consulte Velléien. Il n'en est rien
pourtant, et quelque opinion qu'on adopte sur le caractère de l'acte de l'*institor*, qu'on y voie ou non une
intercessio, l'application du Velléien est écartée par un
texte formel : « *Et si mulier sit præposita, tenebitur
etiam ipsa* » (L. 7, § 1 ; D., XIV, 3).

Supposons maintenant qu'au lieu d'être *sui juris*, le préposé soit sous la puissance d'autrui. Et d'abord c'est un *filiusfamilias* : l'action du tiers prend naissance, mais c'est là, nous l'avons vu, un recours qui n'a pas de sanction suffisante, puisque le fils n'a point de patrimoine. Et encore même au point de vue de la naissance de l'action contre le *filiusfamilias*, faut-il faire une restriction, au cas d'application du sénatus-consulte *Macédonien*. Quand donc un fils de famille aura comme *institor* reçu un prêt, il aura lui, mais non son père, les bénéfices de l'exception du sénatus-consulte. C'est que l'application du *Macédonien* n'est pas écartée par un texte spécial, comme nous l'avons vu pour le *Velléien*.

Si l'*institor* est esclave du préposant, on sait que la condition du créancier, en dehors toujours de l'action *institoria*, est pire encore, aucune action ne prenant naissance : l'esclave ne saurait être sujet actif ou passif d'une obligation : « *ex contractibus autem civiliter non obligantur* » (L. 14, D., XLIV, 7).

Toute la ressource qui resterait dans l'un et l'autre de ces cas au créancier, s'il n'était muni de l'action institoire, serait d'agir contre le père par une des actions *adjectitiæ qualitatis* que lui avait auparavant ouvertes le préteur, telles qu'actions *quod jussu* ou *de in rem verso*. Si l'esclave choisi comme *institor* est l'esclave d'autrui, loué dans ce but, son maître sera-t il tenu? En aucune façon, puisque jamais l'esclave ne saurait faire retomber sur son maître le lien d'une obligation quelconque, mais si le maître ne peut être directement lié par le contrat de son esclave loué comme *institor* à un tiers, il peut l'être indirectement à l'occasion du pécule qu'il lui a donné ou du profit qu'il a retiré de ce louage. C'est ce que constate Paul, qui reconnaît au créancier une double action, d'abord l'action institoire contre le préposant, puis contre le maître de l'esclave une des actions prétoriennes suivant les cas : « *Si servum Titii institorem habueris, vel tecum ex hoc edicto, vel cum Titio ex inferioribus edictis agere potero* » (L. 17, § 1 ; D., XIV, 3).

L'*institor*, qui est ainsi devenu par sa comparution au contrat le sujet passif d'une obligation, peut-il être poursuivi après expiration de son mandat? Oui, ce semble, et l'on ne voit pas pourquoi une obligation régulièrement née s'éteindrait par suite d'un fait postérieur, qui ne touche en rien à sa nature. Tel n'est pourtant pas l'avis de tous les interprètes. Voët notamment, Heineccius et Lauterbach, pour ne citer que ceux-là, ont bien soin, quand ils caractérisent l'obligation de l'*institor*, d'ajouter ces mots : «*durante adhuc officio*» ou autres analogues, marquant nettement qu'avec la *præpositio* disparaît l'action contre le préposé. C'est qu'en effet ce n'est qu'en cette qualité qu'est engagé l'*institor*, et *cessante causa cessat effectus* (1).

(1) V. Voët, *Ad Dig.*, XIV, 3, § 4 : « Potest tamen et ipso institor ...... conveniri, idque durante adhuc officio, non eo

Un autre argument plus spécieux est tiré d'une loi de Scævola (L. 20, D. ; *De inst. act.*) : l'*institor* d'un comptoir de banque écrit à un client qu'il a à lui compter mille deniers de la part de son maître ; le maître vient à mourir. L'*institor* va-t-il être tenu à raison de la lettre qu'il a écrite? Non, répond le jurisconsulte. Ne faut-il pas conclure de ce texte que l'*institor* est libéré parce qu'il a perdu cette qualité, que le contrat de *præpositio* a pris fin par la mort du préposant !

La conclusion est fausse, et Cujas en a fait la démonstration victorieuse. Est-ce que l'*institor* s'est obligé par la lettre qu'il a écrite? point. Il s'est contenté de constater un fait, la mission dont il était chargé de compter mille deniers à un tiers, mais il n'a pris envers ce tiers, aucun engagement. Dès lors pourquoi le poursuivrait-on? C'est comme simple caissier qu'il a écrit : *cum id institoris officio, ad fidem mensæ præstandam, scripsisset.*

Et si cette loi ne présume rien de l'extinction d'une obligation qu'elle ne suppose même pas née, il ne reste qu'à appliquer le droit commun et à déclarer qu'une fois née dans la personne de l'*institor*, l'action du tiers créancier ne s'éteindra que par le payement ou un fait analogue au payement.

finito. » — Lauterbach, *Ad Pand*, XIV, 3, § 15 : « Finito vero institoris officio et ea qualitate sub qua erat obligatus extincta, ipsa quoque obligatio extincta censetur, ita ut ipse postea ex illa conveniri nequeat. »

§ 2. *Action contre le préposant.*

Nous rentrons ici vraiment dans notre sujet, c'est-à-dire en pleine action institoire. On vient de voir que cette action n'a fait que se superposer à l'ancien recours du tiers créancier contre l'*institor*, recours qui continue de subsister, mais dont l'utilité disparaît presque tout entière. En effet, dans la plupart des cas, ce recours sera purement illusoire, ou du moins n'aboutira qu'à une satisfaction très partielle du droit du débiteur. Par l'action *institoria*, au contraire, c'est l'obligation tout entière qui passe de la tête du préposé sur celle du préposant, et si ce dernier est solvable, le créancier touchera l'intégrité de ce qui lui est dû.

Cette action *institoria* appartient d'abord et de toute évidence à celui qui a traité avec l'*institor*, c'est lui qu'il s'agit de protéger, c'est pour lui précisément que l'action a été créée. Elle appartient aussi à ses héritiers, et il ne semblait même pas qu'il fût besoin de le dire expressément, tant la chose paraît naturelle. C'est un bien qu'une action une fois née, elle fait donc partie du patrimoine de qui y a droit, et passe avec ce patrimoire tout entier entre les mains de l'héritier : « *novissime sciendum est has actiones perpetuo dari, et in heredem et heredibus* » (L. 15 ; D., XIV, 3). C'est là une affirmation catégorique de la perpétuité, tant

active que passive de l'action. Pour le moment, nous
ne retenons que ce qui a trait à la perpétuité active.

A côté du créancier, il est une autre personne qui
peut intervenir dans le contrat, une caution par exemple, un fidéjusseur venant garantir l'obligation de
l'*institor*. Eh bien! ce fidéjusseur aura l'action *institoria*, tout comme le créancier principal : *item fidejus-
sori, qui pro institore intervenerit, institoria competit* (L. 5,
§ 16 ; D., XIV, 3).

Un autre cas tout particulier peut se présenter. Il
s'agit d'un commerçant qui prend pour *institor* l'esclave
d'un tiers ; ce tiers fait un achat à son esclave. Y a-t-il
vente? Oui, dit le jurisconsulte, et dans ce cas le tiers
aura l'action *institoria* contre le préposant, tout comme
si l'*institor* lui était totalement étranger : *et ideo utilis
institoria actio adversus me tibi competet* (Julien, L. 12 ;
D.; XIV, 3). Le seul effet de cette situation anormale
est que, tout en bénéficiant de l'obligation, le tiers
n'est pas obligé, car le maître ne saurait être lié par
son esclave, ou du moins il ne l'est que dans la mesure
de son enrichissement ou du pécule qu'avait son esclave
(même loi *in fine*).

A côté de l'action *institoria*, grâce à laquelle le tiers
créancier, passant par-dessus la tête du préposé, va
actionner le préposant, faut-il en placer une autre,
agissant en sens inverse et permettant au préposant à
son tour de faire abstraction de la personne de son
préposé, pour se trouver en présence directe du tiers

et exiger de lui sans intermédiaire l'exécution de l'engagement contracté. On comprend que l'utilité de cette action, toute naturelle qu'elle paraisse, se fit beaucoup moins sentir. Le préposant choisit son *institor* : le tiers ne choisit pas le préposé avec lequel il traite ; le premier a tout loisir de prendre ses précautions, non le second (Ulpien, L. 1 ; D., XIV, 3). Aussi le préteur qui n'avance jamais que pas à pas dans la voie du progrès, n'intervient-il ici que dans l'hypothèse où l'équité l'exige hautement, c'est-à-dire en faveur du tiers créancier, non en faveur du préposant.

Comment donc opérera celui-ci ? Nous retrouvons à ce propos la distinction déjà faite entre l'*institor* sous puissance et l'*institor sui juris*. Si l'*institor* est fils ou esclave du préposant, rien de plus simple : par le jeu de cette représentation naturelle qui fait du fils ou de l'esclave le représentant légal du père ou du maître, celui-ci va acquérir *ipso facto*, de plein droit, les créances qui sont nées dans la personne de son esclave ou de son fils. Ou plutôt elles ne sont pas nées dans leur personne, elles ne sauraient se poser sur leur tête même un instant de raison ; c'est dans la personne du *paterfamilias* qu'elles prennent directement naissance.

Si au contraire l'*institor* est un *extraneus*, le préposant a deux procédés : ou bien il laissera agir le préposé, qui, après avoir obtenu l'exécution du contrat, lui en rapportera le bénéfice ; ou si pour cause d'insolvabilité de son *institor* ou toute autre crainte, il pré-

fère avoir directement le bénéfice de l'opération contractée avec le tiers, il se fera céder les actions de
l'*institor* contre celui-ci et les exercera à titre de cessionnaire. Cette cession il l'obtiendra par l'action de
mandat ou de louage, suivant que son préposé sera un
mandataire ou une personne, dont il aura loué les services.

Plus tard cependant la législation du préteur tendra
à s'élargir encore : on commencera dans certains cas
par accorder au préposant une action directe contre le tiers, et on finira même d'une façon générale
par regarder comme sous-entendues les cessions d'actions qu'il se faisait faire par son *institor*.

On sait maintenant à qui compète l'action *institoria* ;
resterait à étudier contre qui elle s'exerce, mais ce
point demandant d'assez longs développements, nous
nous réservons de le traiter sous un chapitre spécial.

Nous avons vu que le tiers créancier se trouvait en
présence de deux actions pour assurer l'exécution de
l'obligation dont il était créancier. Mais ici, comme
dans toutes les autres parties du droit romain, il n'a
que le choix entre les deux actions. Impossibilité de
les intenter toutes deux à la fois ; impossibilité, s'il a
échoué dans l'une, de recourir à l'autre. Il lui faut donc
avant d'opter bien consulter les circonstances, puisque
son option est irréparable.

Mais quels sont, au point de vue de la dette, les rapports du préposant et du préposé entre eux? Ils sont tenus de la même dette, nous venons de le voir. Le créancier a le choix d'attaquer l'un et l'autre. Ne pourrait-on pas dire qu'il y ait solidarité des deux obligations? C'est l'opinion de M. Demangeat (*Des oblig. solid.*, p. 181), à laquelle nous nous rangeons, remettant à plus tard, à propos de la pluralité des préposants, quelques détails sur la nature de cette solidarité. En tout cas la *litis contestatio* engagée sur l'une des actions consomme l'autre.

Cette opinion, qui est l'opinion générale, n'est pourtant pas celle de Dietzel. Pour lui il n'y a pas d'extinction de l'action contre le *magister navis*, quand on a exercé celle contre l'*exercitor*. Même règle à propos de l'*institor* et du préposant. Baron (*op. cit.*, § 11, p. 121), se refuse à admettre cette solution. Il ne l'adopte parmi les actions adjectices que pour l'action *de peculio* qu'il met à part, et pour laquelle seule il reconnaît qu'il n'y a pas extinction du droit contre le fils par suite du recours contre le *dominus*.

Pour M. Labbé (Ortolan, *Inst. de Justinien*, liv. III, app. IX), sous Justinien, le tiers a la faculté d'agir successivement contre l'*institor* et le préposant jusqu'à parfait payement de la dette : il y a en quelque sorte deux *correi promittendi* (L. 32; D., XV, 1. — L. 28; C., VIII, 41).

CHAPITRE II

En principe c'est contre le préposant que s'exercera l'action *institoria* : aussi bien est-ce lui d'ordinaire qui en recueille les fruits. Mais ce qui est vrai d'une façon générale ne l'est pas absolument dans tous les cas, et pour bien nous pénétrer des circonstances très diverses dans lesquelles le préteur délivre l'action, il nous faut étudier en détail les conditions multiples dans lesquelles elle peut se présenter.

En premier lieu, cas de beaucoup le plus fréquent, c'est un *paterfamilias* pleinement majeur, donc avec toute sa capacité juridique, qui prépose un tiers, esclave ou homme libre, à la tête de ses entreprises. Ici rien de spécial : c'est le *paterfamilias*, qui sera tenu des actes de son préposé, et c'est bien contre lui que sera délivrée l'action. Mais que se passera-t-il, s'il vient à mourir ? Ses héritiers vont-ils être tenus, comme il l'était lui-même ? Oui ; un texte déjà cité est venu nous prouver la perpétuité tant active que passive de l'action : *novissime sciendum est has actiones perpetuo dari et in heredem et heredibus*. De même, que les créances nées de nos contrats tombent dans notre patrimoine actif, de même les dettes qui en découlent s'ajoutent à notre passif pour grever ce patrimoine. Nous raisonnons ici dans l'hypothèse où l'obligation dont il s'agit a été contractée avant la mort du préposant : car en ce cas c'est lui qui est tenu de l'obligation, et elle passe avec sa succession à ses héritiers.

Mais faut-il aller plus loin et poser la même règle au cas où l'engagement aurait été contracté après la mort du préposant ? Une distinction s'impose. L'obligation a-t-elle pris naissance après l'adition d'hérédité, l'héritier est tenu ; et en effet s'il ne voulait pas encourir le risque de la gestion de l'*institor*, il avait un moyen bien simple de s'en décharger, qui était de le révoquer, de retirer la *præpositio*. Et peu importe, dans ce cas, que l'héritier soit majeur ou pupille ; car s'il est pupille, c'était à ses tuteurs à faire cette révocation en son nom : *Sed si pupillus heres extiterit ei qui præposuerat, æquissimum erit pupillum teneri, quamdiu præpositus manet ; removendus enim fuit a tutoribus, si nollent opera ejus uti* (L. 11, pr. ; D., XIV, 3, de même L. 17, § 2 ; 5, § 17, *eod. tit.*). Que si l'héritier est mineur de vingt-cinq ans, on appliquera la règle normale, et il pourra y avoir lieu comme pour tous ses autres actes, à la *restitutio in integrum*, mais après *cognitio causæ*.

La seconde hypothèse est celle où l'acte de l'*institor* a eu lieu avant l'adition d'hérédité. A ce moment

6

l'*instilor* n'est plus le représentant du préposant, qui
est mort ; il n'est pas encore le représentant de l'héritier, qui n'a point fait adition d'hérédité. Que va-t-il
advenir ? Est-ce le tiers qui supportera la conséquence
d'une circonstance toute fortuite, indépendante de lui
et qu'il peut très bien ignorer ? Ou bien ne sera-ce pas
plutôt l'héritier, qui malgré tout, pour les besoins du
commerce et de la sécurité des affaires, portera la
conséquence des actes de l'*instilor* ? Sur ce point une
légère discussion s'élève dans la jurisprudence romaine, et chose étrange, c'est le jurisconsulte d'ordinaire le plus large, toujours le premier dans la voie
des innovations hardies, qui restreint ici la portée de
l'action et donne la solution la moins libérale. Pour
Ulpien, l'héritier sera tenu, mais à une condition, c'est
que le tiers qui a traité avec l'*instilor* ignorât la mort
du préposant : à défaut de cette ignorance, pas d'action ; car il devait prévoir que l'*instilor* n'était plus lo-
giquement le représentant de personne, et dans le
doute ne pas s'engager (L. 5, § 17 ; D., XIV, 3). Paul,
au contraire, admet l'action *instiloria* dans tous les cas,
alors même que le tiers avait eu pleine connaissance
de la mort du préposant : cette opinion qu'il donne
comme celle de Pomponius, il l'explique par cette raison que le tiers ne doit pas être regardé comme en
faute, pour avoir contracté avec un *instilor* qui conti-
nuait de gérer une exploitation commerciale : *Non
enim imputandum est ei qui sciem dominum decessisse,*

cum institore exercente mercem contrahat (L. 17, § 3 ;
D., XIV, 3).

Nous avons jusqu'ici toujours parlé du cas où il n'y
avait qu'un préposant, mais il arrivait fréquemment
que plusieurs personnes s'entendaient pour mettre à
la tête d'une entreprise commune un ou plusieurs préposés. C'est qu'en effet, l'association est une des bases
du grand commerce, et si à Rome l'union des travail-
leurs était sans doute peu connue, il en était tout autrement de l'union des capitalistes. Bref, sans entrer
plus avant dans les raisons qui expliquent ces asso-
ciations nombreuses, le fait nous est largement prouvé
par l'histoire. Que va-t-il se passer dans ce cas, et
comment seront tenus chacun des maîtres ? Les textes
sont formels à cet égard : chacun est tenu pour le tout,
car il y a société entre les préposants et par son adhésion donnée à la *præpositio*, chacun s'est tacitement
obligé à supporter la suite intégrale des faits du préposé. C'est ce que nous dit Paul (L. 14 ; D., *De inst.
act.*) : il suppose un esclave mis à la tête d'une entreprise commune, et déclare que l'action doit être donnée *in solidum* contre chacun des préposants : « *Nam
adversus utrumque in solidum actio dari debet.* » Ulpien,
citant Julien, étudie un cas plus spécieux encore : i
s'agit de plusieurs maîtres possédant un esclave par
indivis et pour portions inégales. Ils entreprennent
ensemble un commerce et choisissent cet esclave
comme *institor*. Les jurisconsultes se demandert s

chacun pourra être poursuivi *in solidum*, ou seulement
en proportion de sa quote-part dans la p opriété de
l'esclave. Et la décision est que, comme dans l'action
exercitoria, comme dans l'action *de peculio*, il y a lieu
à exercer le recours *in solidum* contre ch quem utre : *et
verius esse ait, exemplo exercitorum, in solidum unum-
quemque conveniri posse* (L. 13, § 2; D., XIV, 3). Que
si au lieu d'être liés par une véritable société, ces préposants ne se trouvent tels que par une circonstance
fortuite; en d'autres termes s'ils n'ont pas eux-mêmes
fait la *præpositio*, mais se trouvent tenus de la *præpositio* faite par un tiers, par exemple comme héritiers,
il faudra décider autrement et dans l'espèce juger que
chacun des héritiers n'est obligé qu'en proportion de
sa part héréditaire : c'est en effet non l'action qui naît
contre chacun d'eux, mais qui, née contre la seule
personne du *de cujus*, se divise de plein droit entre
ses héritiers. C'est ce que Paul explique très clairement, en en donnant la raison : chacun des héritiers
ne sera poursuivi que pour sa part et portion, car entre
eux il n'y a pas lieu à l'action *communi dividundo* :
*Certe ubicunque actio societatis vel communi dividundo
cessat, quemquem pro parte sua comdemnari oportere
constat* (L. 14, D., XIV, 3).

Donc quand il y a plusieurs préposants, chacun est
tenu pour le tout, voilà la règle. Reste à se demander
le caractère juridique du lien commun, qui unit ces
divers débiteurs. Est-ce un lien de solidarité ?

La solidarité en droit romain a été un thème à bien nombreuses discussions, et encore aujourd'hui on est loin de s'entendre sur le caractère des obligations solidaires.

Dans une première opinion, la plus généralement admise, et qu'ont enseignée MM. de Savigny (*Dr. des oblig.*), Accarias (*Pr. de Droit rom.*, t. II, § 556 a), Demangeat (*Oblig. solid.*), Keller, Ribbentrop, on distingue deux classes d'obligations *in solidum* : les premières dites corréales, où la solidarité est plus étroite, où la seule *litis contestatio* avec l'un des obligés éteint toute action contre les autres ; les secondes dites simplement solidaires, où l'unité du lien se fait moins sentir, qui ne disparaissent qu'à la suite d'un payement.

Quant au caractère propre de la corréalité expliquant cet épuisement du droit, on n'est pas d'accord à son égard. Les uns le placent dans l'unité d'obligation : ce qui est dû par tous, c'est une seule et même chose, *idem res*. Mais s'il y a unité au point de vue objectif, il y a pluralité au point de vue subjectif, dès lors comment appliquer la règle *res inter alios contestata aliis nec prodesse nec nocere potest*? D'autres le font résider dans une sorte de représentation réciproque des débiteurs solidaires les uns par les autres, représentation virtuellement comprise dans la corréalité. Cette idée originale, et qui explique bien les effets divers des obligations solidaires, n'est malheureusement qu'une

hypothèse, ne s'appuyant sur aucune base juridique.
Enfin, on a fait consister la solidarité dans une sorte
d'alternativité, l'alternative portant non plus sur l'objet,
mais sur le sujet passif de l'obligation.

Etant donné cette division, quant à leurs effets, des
obligations en corréales et simplement solidaires,
quelles actions rentrent dans une classe, quelles dans
l'autre? Pour M. Demangeat, il n'y a de solidarité véritable qu'au cas de *condictio*; c'est à cette catégorie
d'actions qu'il faut limiter l'effet extinctif de la *litis
contestatio*. Mais pourquoi Papinien met-il sur la même
ligne tous les contrats, et appelle-t-il *rei promittendi*
ceux qui se sont engagés solidairement dans un contrat de bonne foi (L. 9, § 2 ; D., XLV, 2). M. Accarias
ne voit de solidarité parfaite que découlant de la volonté de l'homme (contrat ou testament), et encore
cette volonté est toujours libre de n'établir que la solidarité simple.

A côté de cette première théorie, une seconde, professée par MM. Ortolan (*Instit. de Justinien*, t. III,
1270) et Gide (à son cours), n'admet qu'une seule
classe d'obligations solidaires. Suivant eux, la distinction ci-dessus énoncée ne répond à rien de réel et était
inconnue à Rome. La preuve c'est que les jurisconsultes romains se servent toujours des mêmes termes
pour désigner toutes obligations solidaires, *obligatio in
solidum* ; pourquoi en faire dériver deux natures d'obligations avec des effets distincts ?

D'après M. Gérardin, la solidarité véritable ne peut résulter que de la volonté de l'homme ; insérée dans un contrat, elle a toujours les mêmes caractères, engendre les mêmes effets (*Nouv. rev. histor.*, 1885. *Etude sur la solid.*, p. 137 et suiv.). Ce qui en constitue le caractère propre et distinctif, c'est l'unité d'objet ou de prestation. A côté de cette solidarité unique, M. Gérardin distingue la responsabilité collective qui a lieu « dans tous les cas où un dommage a été injustement causé à une personne par la faute commune de deux ou plusieurs autres ».

Que l'on admette l'une ou l'autre de ces théories, le résultat à notre point de vue est toujours le même ; c'est que l'obligation des préposants multiples entraîne tous les effets de la solidarité véritable : notamment l'*intentio* une fois déduite en justice ne saurait l'être à nouveau, puisque ce serait exactement la même qui serait soumise au juge. En effet, en prenant un *institor* commun, chacun de ces divers préposants a assumé sur sa tête la responsabilité des actes de cet *institor*, sauf règlement ultérieur entre eux de la part de responsabilité définitive de chacun.

Revenons à l'hypothèse d'un préposant unique : mais au lieu que ce soit le *paterfamilias* qui ait lui-même nommé l'*institor*, c'est un mandataire qu'il a chargé de ce soin. Contre qui sera donnée l'action? Contre celui qui, en définitive, bénéficie de la *præpositio*, *ad quem obventiones et reditus omnes perveniunt* (L. 15:

D., XIV. 1). Il en serait de même si, au lieu d'un véritable mandataire, c'était un gérant d'affaires qui avait fait la *præpositio*. Au cas d'un mandataire général chargé de l'ensemble de l'administration des biens du mandant, et par suite de cette mission nommant un *institor*, l'action sera double, à la fois contre le mandant et contre le mandataire : *Sed et in ipsum procuratorem, si omnium rerum procurator est, dari debebit institoria* (L. 6, D., XIV, 3).

Supposons maintenant une femme préposant, l'action va prendre naissance contre elle tout aussi bien que contre le père de famille : *Nam et si mulier præposuit, competet institoria* (L. 7, § 1 ; D., XIV, 3).

Enfin, si le préposant est pupille, nous savons déjà que l'action prend naissance, à cette condition que la *præpositio* ait été faite avec l'*auctoritas tutoris*. Si cette condition vient à défaillir, le tiers ne sera pas néanmoins privé de tout recours, mais il n'aura d'action que dans la mesure de l'enrichissement du pupille. De même pour le mineur de vingt-cinq ans, qui est responsable des actes de son *institor*, à moins qu'il n'obtienne contre eux la *restitutio in integrum*. Remarquons que, pour le pupille, comme pour le mineur de vingt-cinq ans, il peut se présenter un autre cas, où ils seront soumis à l'action *institoria*, celui où l'*institor* aura été nommé par leur tuteur ou curateur (Ulp., L. 5, § 4 ; D., XIV, 3).

Il se peut aussi que le préposant soit une personne

alieni juris; et le cas était fréquent à Rome. Pour les fils, cela va de soi : le *paterfamilias*, tout entier aux occupations du citoyen et aux luttes de la vie publique, laisse à son fils la direction d'un commerce, dont il retirera en définitive tous les bénéfices; et le fils à son tour, qui veut se contenter de la direction générale, sans entrer dans le détail des affaires quotidiennes, prend un *institor* qui tiendra la boutique. Quant aux esclaves, nous avons déjà vu plus haut, en parlant de la loi *Claudia*, la raison qui faisait d'eux les commerçants en titre au lieu et place de leurs maîtres : c'est qu'il était défendu aux sénateurs et à leurs fils de faire le commerce, même par préposés : *Quicunque vero negotiationem quæstuariam exercere prohibentur, illi nec per institorem negotiari possunt* (Lauterbach, *in Pandectas*, liv. XLVI, *De contrah empt.*). Et pour échapper à la rigueur de la loi, c'était un esclave qui gérait l'entreprise et prenait des *institores*, sauf à reporter à son maître tous les profits de l'exploitation. En vue de ces habitudes et de leurs suites, la première idée qui vient à l'esprit est que, dans ce cas, l'action *institoria* va s'exercer non contre le fils ou l'esclave, titulaire de négoce, en réalité simple homme de paille du *paterfamilias*, mais bien plutôt contre ce *paterfamilias* lui-même. Et cette idée si naturelle fut bien en effet celle appliquée dans l'action *exercitoria* (L. 1, § 19; D., XIV, 1). Rien de pareil dans l'action institoire, les textes ne nous montrent aucun recours analogue : c'est toujours

contre le préposant, ce n'est jamais que contre lui
qu'est intentée l'action. Quelle autre raison donner de
cette différence, que la faveur très grande avec laquelle
les Romains voyaient le commerce de mer ? En dehors
de cette faveur, rien qui explique pareille différence
entre les résultats des deux actions, tandis qu'au contraire toutes sortes de motifs militent en faveur d'une
absolue similitude. Est-ce à dire que le tiers, en présence du préposant esclave ou fils de famille, sera dépourvu de tout recours contre le *paterfamilias*, à l'ins-
tigation de qui, ou tout au moins avec l'autorisation de
qui agissent ce fils ou cet esclave ? non, certes. Il aura
les recours de droit commun, suivant les cas, l'action
quod jussu, ou *de peculio*, ou *de in rem verso :* mais l'action *institoria* ne saurait naître contre le *paterfamilias*,
par le seul fait d'une *præpositio* constituée par son
esclave ou son fils.

CHAPITRE III

En étudiant de près les qualités requises de l'*institor*, nous avons déjà vu une première condition sans laquelle l'action *institoria* ne saurait prendre naissance. Cette condition primordiale est que le préposé soit régulièrement investi de ses fonctions. Nous savons aussi comment se fait cette investiture régulière et dans quelles circonstances le tiers, qui se trouve en présence d'un préposé, peut se dire qu'il a vraiment affaire à l'*institor* du maître.

Mais cette condition, il est aisé de le comprendre, n'est pas la seule; il ne suffira pas qu'entre l'*institor*, tout régulièrement institué qu'il soit, et un tiers, soit intervenu une obligation quelconque à la suite de circonstances quelconques, pour que le préposant soit lié. C'est à l'étude de ces autres conditions que nous allons passer. Mais avant d'entrer dans ce détail, remarquons que l'*institor*, par le fait duquel un lien vient d'être créé, y a pu donner naissance de deux façons très distinctes, soit par un acte contractuel, soit par un acte délictueux. Il paraît donc bon d'étutudier à part chacune de ces deux classes de faits et d'examiner l'obligation qui résulte pour le préposant, d'abord des contrats, ensuite des délits de son préposé.

§ 1. *Contrats.*

Un tiers traite avec un *institor*; un contrat quelconque a été formé, à la suite duquel est née une créance au profit du tiers. Par cela seul qu'il y a lien juridique entre le tiers et l'*institor*, le préposant est-il tenu? le préteur délivrera-t-il l'action *institoria*?

M. Accarias (*Pr. de Dr. rom.*, t. II, n° 879) subordonne à trois conditions la délivrance de l'action, outre cette condition générale que nous venons de rappeler, à savoir l'investiture régulière des fonctions du préposé. Ces trois conditions sont les suivantes : 1° que le créancier ait traité avec le préposé luimême; 2° que le préposé ait contracté en vue et dans l'intérêt réel de l'exploitation qui lui est confiée, et cela sans excéder ses pouvoirs; 3° que le créancier ait connu lui-même, au moment du contrat, le but et l'utilité de ce contrat. Nous allons examiner en détail chacune de ces règles.

I. Il faut d'abord que le créancier ait eu affaire au préposé en personne. Et cela se conçoit : le préposant, qui a donné mandat à personne déterminée de le représenter, n'a point donné la même mission à tous ceux qui sont employés dans la boutique. Donc servi-

teurs et commis du préposé ne sauraient se substituer
à lui. C'est ce que dit formellement Ulpien à propos
des matelots, simples employés du *magister navis*, et
qui ne sauraient tenir sa place au point de vue des
intérêts de l'*exercitor* à sauvegarder : « *si cum quolibet
nautarum sit contractum, non datur actio in exercitorem* » (L. 1, § 2; D., *De exerc. act.*). Et cette règle est
trop équitable, trop conforme aux principes généraux
du droit, pour ne pas s'appliquer également à l'action
institoria. Le principe que nous venons d'exposer subit pourtant une exception à l'égard de l'action exercitoire. Cette exception, nous avons eu déjà occasion
d'en parler : elle se produit au cas où le *magister navis*
se substitue un tiers dans l'exercice de ses fonctions;
l'*exercitor* est tenu par les actes de ce tiers, exactement comme il le serait par ceux du *magister*, et la
raison est qu'il doit répondre de tous les actes du capitaine qu'il a choisi. Ainsi donc qu'il ait eu connaissance ou non de la substitution, qu'il l'ait autorisée, voire même prohibée en termes exprès, les nécessités de la navigation veulent que le capitaine ait pleins
pouvoirs (1) : « *le capitaine est maître du navire après
Dieu* », disent nos lois modernes. Cette règle, si favorable aux tiers, si libérale, nous ne la retrouvons plus
quand il s'agit de l'action institoire : c'est qu'à la différence du capitaine, l'*institor* a toujours facilité d'en

(1) V. L. 1, § 5; D., XIV, 1.

référer à son maître, quand il se présente quelque mesure grave à prendre. Donc pour l'action institoire, il faut appliquer dans toute la rigueur de ses termes la règle par laquelle nous avons débuté : nécessité que le créancier ait directement traité avec le préposé.

II. Il faut, avons-nous dit en second lieu, que le préposé ait contracté en vue et dans l'intérêt réel de l'exploitation qui lui est confiée, cela sans excéder ses pouvoirs. Cette règle, nous l'avons déjà entrevue à propos de la *lex præpositionis* (L. 5, § 11 ; D., XIV, 3); c'est ainsi que nous avons vu un préposé chargé de vendre ne pouvoir acheter ; c'est ainsi que lorsque plusieurs *institores* ont été nommés avec défense d'agir l'un sans l'autre ; le contrat passé par un seul d'entre eux ne saurait obliger le préposant. Mais toujours il faut sous-entendre cette condition, sur l'existence de laquelle nous nous sommes suffisamment expliqué plus haut, que les tiers aient eu connaissance de la restriction apportée aux pouvoirs de l'*institor*. Cette règle de la nécessité pour l'*institor* de se restreindre aux actes compris dans la limite de ses pouvoirs, nous la retrouvons formellement exprimée par le *magister navis* : *Non autem ex omni causa prætor dat in exercitorem actionem, sed ejus rei nomine, cujus ibi præpositus fuit* (L. 1, § 7 ; D., XIV, 3). Du reste, nous savons que la *lex præpositionis* ne doit pas être entendue trop à la lettre, et qu'elle comprend non seulement les actes formellement exprimés, mais aussi tous ceux qui rentrent tacitement dans les premiers, qu'ils en soient la conséquence forcée ou aient pour but de les faciliter.

III. Il faut enfin que le créancier ait connu lui-même, au moment du contrat, le but et l'utilité de l'obligation. Ce qu'on lui demande, c'est une certaine diligence ; le préteur ne viendra à son secours, que s'il n'y a pas eu imprudence grossière de sa part. Un exemple : Voici un capitaine de navire qui emprunte de l'argent à un tiers, ce tiers aura-t-il l'action *exercitoria* contre l'*exercitor?* Oui, si l'emprunt a été fait pour réparations au navire, victuailles à acheter, bref pour l'utilité du voyage ; si, au contraire, il n'a pas été stipulé dans l'emprunt qu'il avait ce but, *quod ad navis causam accipit*, il en sera différemment, *contra esse* (L. 1, § 9 ; D., XIV, 3).

Donc il faut que le créancier connaisse le but de l'opération contractée, but rentrant dans les fonctions de l'*institor*. Faut-il aller plus loin, et dire qu'une fois le contrat formé il doit continuer à veiller sur l'*institor*, et prendre soin que le but indiqué au contrat soit effectivement rempli. Ce serait vraiment trop demander, et pour reprendre l'exemple cité plus haut, voilà le capitaine qui, après avoir emprunté pour son navire, dépense à son propre usage les deniers prêtés : le tiers créancier n'est pas responsable de ce mauvais emploi, l'*exercitor* est tenu : « *et ait teneri exercitorem, imputaturum sibi cur talem præposuerit.* » De même loi 7 *pr.* au même titre, et dans le § 1 de cette loi, nous retrouvons cette exigence d'une certaine diligence de la part du créancier. Il s'agit d'un prêt fait pour acheter des voiles dans une île, où il est de toute impossibilité de s'en procurer : le tiers qui invoque l'action *exercitoria* ne saurait être écouté, car il savait bien que le but de l'emprunt ne pouvait être réalisé, et ajoute Africain : *In summa aliquam diligentiam in ea creditorem debere præstare* (1).

Pour résumer ceci en deux mots, il faut que le créancier connaisse le but de l'obligation contractée, et la sache rentrer dans les fonctions de l'*institor*; mais point n'est besoin qu'il veille plus tard à la réalisation de ce but, car ce n'est point à lui, dit Africain, de gérer les affaires du maître (L. 7, pr. ; D., XIV, 1).

Tout ce que nous venons de dire des contrats doit s'appliquer de même aux quasi-contrats : mêmes motifs, en effet, qui se retrouvent dans les deux cas. C'est

---

(1) Vinnius (*Castigatus*, t. II, liv. IV, t. VII, 4) exige du tiers, qui prête au préposé, quatre conditions pour pouvoir ensuite atteindre le préposant par l'action institoire : d'abord, cela va de soi, qu'il sache que celui à qui il prête est un *institor :* « *si creditor sciverit eum cui credidit magistrum ei navi præpositum* »; que le but du prêt ait été indiqué par le contrat : « *ea lege credita ut in refectionem navis impenderetur* »; qu'il ne prête pas plus qu'il n'est besoin dans ce but : « *si non majorem summam crediderit quam ad eam rem esset necessaria* »; enfin, qu'il prête dans un lieu où il soit possible de se procurer ce dont l'emprunteur a besoin : « *ubi id propter quod pecunia creditur comparari potest.* »

la foi du préposant, non celle du préposé, qu'ont suivi
les tiers, qu'ils soient devenus créanciers par un contrat ou par un quasi-contrat.

§ 2. *Délits.*

Nous tombons ici dans un ordre tout nouveau
d'idées, et, en même temps, disparaît un des motifs
principaux qui donnaient, au cas de contrat ou quasi-
contrat, naissance à l'action institoire. Peut-on dire, en
effet, que le préposé représente le préposant dans ses
délits? Peut-on dire que le maître, qui accepte les conséquences des contrats de son *institor*, accepte également ses délits? Cette idée, de prime abord, paraît
exorbitante, aussi s'est-il rencontré plusieurs interprètes, et des plus autorisés, des institutions romaines,
pour nier catégoriquement cette obligation du maître.

Tel est l'avis d'Heineccius, qui assimile le délit au
contrat conclu en dehors des pouvoirs de l'*institor*, et
dans l'un et l'autre cas nie la naissance de l'action :
« *Non dari has actiones ex magistri vel institoris de-*
licto, nec ex contractibus, qui ad eorum officium non
pertinent » (*Recit ad inst.*, 1209-1215). C'est aussi
l'opinion de Lauterbach, et la raison qu'il en donne
paraît bien concluante : *Delinquens institor extra, imo*
contra formam præpositionis agit (Disp. 147, *De inst.*
act., § 11). C'est qu'en effet le préposé représente
le préposant *contrahendo, non deliquendo.*

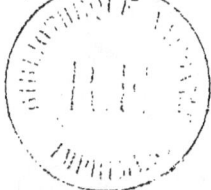

7

D'après une deuxième théorie, qui est celle de Voët (1), le préposant est bien tenu des délits de son préposé, mais il n'en est tenu qne *noxaliter*, il peut se décharger de toute responsabilité en abandonnant à la victime du délit soit le navire, soit la boutique. Quant aux délits commis par le préposé *extra officium*, le maître n'en est jamais tenu que *quatenus inde locupletior factus est.*

Nous nous rangerons quant à nous, à une troisième opinion, qui nous paraît infiniment plus équitable, et qui veut que le préposant soit tenu des obligations naissant des délits et quasi-délits de ses préposés, aussi bien que de leurs contrats. Une première raison, c'est la généralité du motif qui a fait établir l'action *institoria*, à savoir la *præpositio* faite par le *dominus*, et le fait pour le tiers d'avoir, vis-à-vis du préposé, suivi en réalité le fait du préposant. Ici on nous arrête par un argument de texte : c'est la loi 1, pr. (D., XIV, 3) qui établit les bases de l'action « *sicut commoda sentimus ex actu institorum, ita etiam obligari nos ex contractibus ipsorum et conveniri* ». Le texte est formel, il parle de *contrats* seulement ; c'est donc seulement à la suite d'un contrat que le maître pourra être lié. Mais on sait dans quel sens large était employé par les jurisconsultes ce mot *contractus*, pour désigner tout fait don-

(1) V. Voët, *Ad Pand.*, liv. XIV, I, 7.

nant naissance à une obligation quelconque (1). Cette
objection ne semble donc pas avoir très grande valeur,
surtout quand nous voyons à la suite de ce premier
texte une foule d'autres venir donner des exemples,
qui y sont totalement opposés et faire ainsi à chaque
instant échec à la prétendue règle posée en tête du
titre. C'est un teinturier, qui, partant en voyage, a
laissé sa boutique tout installée aux soins de ses ap-
prentis; un d'eux reçoit des vêtements à teindre, et
s'enfuit avec : le *fullo* va-t-il être tenu? Non, dit Ulpien, si l'apprenti qu'il avait laissé ne l'était qu'à titre
de simple *procurator*; oui, s'il l'était à titre d'*institor*
(L. 5, § 10; D., XIV, 3). Autre cas plus frappant encore :
un *institor*, qui vend de l'huile, a reçu un anneau
comme arrhes d'un marché, et refusé de le rendre.
Voilà bien un exemple patent de délit ; le maître sera
tenu, car le délit est intervenu à propos d'un fait rentrant dans les fonctions de l'*institor* (L. 5, § 15; D.,
XIV, 3) (2). Nous voyons ici reparaître cette condition
déjà énoncée plus haut : ce n'est pas à propos de tout
délit de son préposé, mais seulement de ces délits qui
ont un point de contact intime avec les fonctions lui

(1) L. 20, D., V, 1, de Paul : « *ut ubicunque aliquis obligetur
contrahi videatur.* » V. texte plus général du même, à propos
des obligations dont est tenu le préposant, *Sent.*, liv. II,
t. VIII.

(2) V., dans le même sens, Labéon, cité par Ulpien, L. 5.
9; D., XIV, 3.

incombant, que l'action *institoria* rejaillit contre le maître. Si le délit commis est en dehors de la mission de l'*institor*, le tiers n'a pas à se plaindre d'avoir été trompé par lui : il n'a que sa propre imprudence à se reprocher. Au cas contraire, c'est le préposant seul qui est en faute : pourquoi a-t-il choisi un *institor* capable de se livrer à des faits délictueux « *dolus ipsius* (*institoris*) *præponenti nocere debet* » (L. 11, § 4 ; D., XIV, 3). C'est ainsi que nous voyons l'*exercitor*, qui n'est pas tenu des contrats passés par les simples matelots, l'être de leur délits : « *alia enim est contrahendi causa, alia deliquendi,.... qui nautas adhibet, culpa et dolo eos carere curare debet* » (L. 1, § 2 ; D., XIV, 3). Dans cette fin de texte, à notre avis, gît le résumé de toute la discussion, et ce qui est vrai de simples matelots, qui ne sont en rien les représentants de l'*exercitor*, doit l'être à bien plus forte raison pour l'*institor*, mandataire direct du préposant. Tout au plus pourrait-on faire aux opinions adverses une légère concession, et reconnaître qu'à l'origine peut-être il y eut quelque doute à rendre le maître responsable des délits de son préposé : mais ce doute fut bientôt tranché dans le sens de l'affirmative. Cette hésitation nous est révélée par Ulpien, qui, en présence d'un délit bien caractérisé, n'accorde qu'une action quasi-institoire. C'est le cas d'un entrepreneur de sépultures, qui a pour *institor* un esclave chargé de vêtir les cadavres, lequel en a profité pour dépouiller un mort (L. 5, § 8 ; D., XIV, 3).

CHAPITRE IV

CARACTÈRES ET FORMULE DE L'ACTION INSTITORIA

Pour nous bien pénétrer du caractère de l'action *institoria*, et en connaître à fond le mécanisme, il ne suffit pas, comme nous l'avons fait jusqu'ici, de l'envisager dans ses manifestations extérieures, d'étudier les personnes qui y figurent et les circonstances dans lesquelles elle s'exerce : il faut aller plus avant, et l'examiner dans le plus intime de son être, en un mot la considérer en elle-même, et sous le double point de vue de sa nature et de sa forme.

I. Et d'abord, quant à sa nature, notre action est de celle que les interprètes ont qualifiée d'actions *adjectitiæ qualitatis*. Cette dénomination vient de ce que leurs formules, qui ne nous sont guère connues, devaient indiquer le caractère spécial, la qualité en laquelle le défendeur poursuivi était appelé à y répondre. Ces actions, en effet, sont d'une façon générale toutes celles dans lesquelles le *paterfamilias* est attaqué à raison d'actes commis par une personne sous puissance. Ce ne sont que les actions de droit commun, mais qualifiées d'un nom particulier, en tant qu'au lieu de s'adresser à celui-là même, qui en était le débiteur, elles vont par-dessus sa tête à la personne par l'ordre ou pour le compte de qui il agissait. Voilà un fils, qui par ordre de son père a contracté une vente : le tiers cocontractant a l'action *empti* contre le fils, mais à cause de l'ordre donné par le père, il aura contre ce dernier un recours autrement précieux au moyen de l'action *empti quod jussu*. De même, un *institor* a emprunté pour le besoin de son commerce, l'action *ex mutuo institoria* naîtra contre le préposant. En un mot, l'expression *adjectitiæ qualitatis*, créée par les auteurs, exprime bien cette idée que celui qui est atteint par l'action ne l'est pas comme débiteur direct, mais par suite d'une qualité, qui fait retomber sur lui l'obligation du véritable débiteur. Quant à la généralité de ces actions, il faut dire avec Cujas : *Iæ actiones referuntur ad omnes contractus, omnibus contractibus accomodantur (Par. in lib.* IV, Cod. Just., tjt. XXV).

L'action *institoria*, nous l'avons vu déjà, est perpétuelle ; elle ne s'éteint pas plus par la mort du préposant que par le décès du tiers qui a contracté avec l'*institor* (L. 15, D., XIV, 3). Or, il n'en est point ainsi de toutes les actions prétoriennes, même en se plaçant en dehors des actions pénales. On comprend que pour ces dernières, innovations osées, où le préteur se montre plus sévère que le droit civil, il ne les sanctionne que par des actions temporaires Mais pour toutes autres actions prétoriennes, ne faut-il pas poser ·

le principe de la perpétuité ? Il semble bien que ce
soit là l'opinion de Cassius, dans un texte cité par
Paul : *In honorariis actionibus sic esse definiendum
Cassius ait, ut quæ rei persecutionem habeant, hæ etiam
post annum darentur, cæteræ intra annum* (L. 35, pr.
D., XLIV, 7), et ajoute-t-il : *honorariæ autem quæ
post annum non dantur, nec in heredem dandæ sunt*, les
actions annales ne sont point données contre l'héritier. Mais Paul ne semble pas admettre tout à fait cette
théorie, puisqu'il distingue parmi les actions *rei perse-
cutoriæ*, celles par lesquelles nous poursuivons quelque
chose qui manque à notre patrimoine, et celles par
lesquelles il s'agit de faire rescinder une usucapion,
les premières étant perpétuelles, les deuxièmes annales. On peut dire, avec M. Accarias (*Pr. de dr. r.*,
t. II, n° 925), qu'il y a là l'élément embryonnaire d'une
distinction générale, tendant à classer les actions prétoriennes comme perpétuelles ou annales, selon
qu'elles imitent le droit civil ou le combattent. Quoi
qu'il en soit de toute cette discussion, il n'en reste pas
moins acquis que nombre d'actions prétoriennes sont
simplement annales et que c'est même la règle la plus
générale, comme le dit Justinien dans ses Institutes
(IV, 12) : *Eas vero quæ ex propria prætoris jurisdictione
pendent, plerumque intra annum vivere*, et la raison :
nam et ipsius prætoris intra annum erat imperium. Ce
texte n'est du reste que la répétition de celui de Gaius
(Com. IV, 110). Quant à notre action, nous avons vu

Ulpien l'affirmer expressément, elle se range parmi les perpétuelles.

A côté du caractère de perpétuité, il faut placer cet autre, que l'action *institoria* a pour but de faire obtenir au créancier la totalité de son dû, d'aboutir à une *condemnatio in solidum*. Il paraîtra peut-être bizarre au premier abord de citer comme particularité un trait commun à la généralité des actions. Mais si l'on réfléchit un instant que l'action *institoria* fait partie du groupe des actions *adjectitiæ qualitatis*, et que de celles-ci, plusieurs, nous allions dire presque toutes, n'aboutissent précisément pas à un payement intégral ; peut-être alors trouvera-t-on que l'observation ne manque pas d'être utile. Prenons au hasard deux de ces actions, l'action *de peculio* et l'action *de in rem verso*. Par la première qu'obtiendra le créancier ? tout son dû ? Peut-être, si le pécule confié à l'esclave est suffisant pour l'indemniser ; non, au cas contraire ; somme toute, il a le droit d'actionner le maître jusqu'à concurrence de ce pécule, non au delà. Même chose dans l'action *de in rem verso*, seulement au lieu d'obtenir le payement de sa créance jusqu'à concurrence du pécule, ce sera jusqu'à concurrence du bénéfice que le maître a retiré de l'acte de son esclave que pourra agir le créancier. Il n'en est plus ainsi dans l'action *institoria*, ni dans l'action *exercitoria* ; c'est que ces actions naissent *ex præpositione*, et la *præpositio* étant générale, le maître a tacitement consenti à être obligé sur tout son patrimoine, tandis que dans les actions *tributoria* et *de peculio*, le père de famille a comme désigné la partie de ses biens, sur laquelle il consentait à être obligé, et dans l'action *de in rem verso*, son obligation se confond avec son profit.

II. Il nous reste, en second lieu, à envisager la forme de l'action *institoria*. Et d'abord, rappelons en deux mots ce que nous disions à propos de son introduction, que ce n'est point là une arme de droit civil, mais une défense, créée de toutes pièces par le préteur. Notre action est donc de celles dites *honoraires* ou *prétoriennes*. Quand il veut créer une action, le préteur a recours à trois moyens : ou bien il rédige l'*intentio in factum*, c'est-à-dire qu'au lieu d'y poser une question de droit, il y décrit le fait sur lequel aura à se prononcer le *judex* ; ou bien il recourt à une fiction, lorsqu'il se trouve dans une hypothèse plus ou moins voisine de celles où le droit civil permet d'agir ; ou bien enfin, troisième procédé qui se restreint aux cas où l'action existe d'après le droit civil, mais est accordée à quelqu'un ou contre quelqu'un qui n'est pas le véritable sujet actif ou passif du droit, il fait figurer dans l'*intentio* le débiteur ou créancier d'après le droit civil, et dans la *condemnatio* le débiteur ou créancier qu'il reconnaît.

Longtemps, sur la foi de Keller, l'opinion générale a été que, pour les actions institoire et exercitoire, le préteur recourait à ce dernier procédé. Il ne s'agit pas,

en effet, de créer une action à propos d'une obligation
nouvelle, mais de transporter d'une personne à une
autre l'obligation née d'un contrat. Ainsi l'*intentio* con-
tiendra le nom du préposé, la *condemnatio* le nom du
préposant; et l'action pourra être, au gré du préteur,
rédigée *in jus* ou *in factum*. Keller (*Des actions*, ch. II,
32) restitue la formule de la façon suivante : « Si paret
« Titium magistrum Aulo Agerio X millia sestertium
« dare oportere, judex Numerium Negidium exercito-
« rem A° A° X millia condemna; si non paret, ab-
« solve ». S'il s'agit d'un esclave, il faudra introduire
la fiction « *si liber esset* ». Quant à la formule *in factum*, la voici : « Quod A^us A^us Titio magistro X millia
« medimnos tritici vendidit, qua de re agitur, quid-
« quid ab eam rem Titium A° facere oportet'ex fide
« bona, ejus judex N^um (exercitorem) A° condemna ».
Rudorf propose une formule quelque peu distincte de
celle que nous venons d'indiquer : « Si Stichus magis-
« ter illius navis liber esset, tum si paret eum A° A°
« ejus rei nomine, cujus ibi præpositus fuit, X millia
« dare oportere, judex N^um N^um (exercitorem) A° A°
« X millia condemna » (*Roemische Rechtsgeschichte*,
t, II, ch. I, 48 *in fine*). Ces diverses formules, empruntées à l'action exercitoire, s'appliquent de tous points
à l'institoire *mutatis mutandis*.

La principale raison sur laquelle Keller base la rédaction de sa formule, est que l'auteur de la puissance
n'étant pas obligé, d'après le droit civil, ne saurait

figurer dans l'*intentio* pour le *dare facere*, mais seulement dans la *condemnatio*. Mandry, dans son *Familien-güterrecht* (t. II, n° 75, p. 254), a combattu cette façon de voir, qui ne lui paraît pas soutenir un examen approfondi. D'après lui, par l'introduction d'une fiction, en dépit de l'absence d'obligation civile, la présence du maître poursuivi deviendrait possible dans l'*intentio* et non seulement dans la *condemnatio*. Reste la difficulté de trouver une formule faisant porter l'*intentio* sur les obligés adjectices. Par quelle fiction transporter l'obligation de l'*institor* contractant à l'obligé adjectice? Il n'est qu'un moyen pour arriver à ce résultat, c'est de regarder l'affaire du contractant comme étant l'affaire du maître.

La formule de Keller a cet inconvénient grave, qu'en nombre de cas, le contractant cité dans l'*intentio* n'est pas obligé d'après le droit civil : cela arrive notamment si le préposé vient à décéder, si un fils de famille, *institor* d'un tiers, traite avec la personne sous puissance de qui il est, ou encore si un pupille *institor* contracte *sine tutoris auctoritate*. Dès lors comment, par la formule proposée, demander au juge de condamner le préposant à ce qu'est reconnu devoir *jure civili*, l'*institor* nommé dans l'*intentio* : il ne doit rien. De plus, la formule de Keller est faite pour les obligations résultant du commerce d'un fils de famille, et dès que l'*institor* est un esclave, il faut une fiction pour l'appliquer. Or, il saute aux yeux que l'obligation du

maître par le fait de son esclave a précédé en fait
comme en droit celle du père par le fait de son fils. Nous
avons vu, en effet, qu'avant la création de l'action institoire, le tiers avait une action insuffisante il est vrai,
contre le préposé fils de famille, mais n'en avait aucune contre le préposé esclave : c'est donc tout d'a-
bord pour ce dernier cas que le préteur dut créer l'institoire : « Ne pourrait-on pas imaginer une formule
« qui, s'adaptant aussi bien au commerce des esclaves
« que des enfants, s'appliquât après la mort des con-
« tractants comme pendant leur vie, et, au surplus,
« présentât moins d'obstacles à l'exercice du recours
« en vertu des divers fondements des actions adjectices
« que la conception de la formule basée sur les obli-
« gations civiles des contractants » ? A cette question
qu'il se pose, Mandry répond affirmativement. D'après
l'opinion commune, les actions qui directes sont con-
çues *in factum*, le sont aussi adjectices. Rien ne s'oppose
à adopter pareille conception *in factum*, même au cas où
l'action directe est *in jus*. On évite ainsi toutes les difficultés qui découlent de la formule conçue *in jus*. Et,
pour admettre cette rédaction nouvelle, il n'y a pas à
réclamer plus que l'existence d'une hypothèse, en faveur de laquelle parlent autant et plus de bonnes raisons que celles invoquées par Keller.

Ce rapide exposé de la théorie soutenue par Mandry
nous paraît des plus convaincants. Baron (*op. cit.*,
§ 12, p. 181), qui adopte également cette opinion et

repousse la formule de Keller, propose la suivante, conçue *in jus*. Elle est rédigée en vue de l'action exercitoire, il faudrait donc mettre *institor* à la place d'*exercitor* : « Quod A^us A^us de Lucio Titio, magistro « ejus navis quam N^us N^us exercebat, ejus rei causa in « quam L. Titius ibi præpositus fuit, incertum stipu-« latus est, qua de re agitur, quidquid ob eam rem « N^um N^um A° A° præstare oportet, ejus N^um N^um « A° A° condemna, si non paret, absolve. » Le nom du *magister* ne se trouve donc pas figurer dans l'*intentio*, mais grâce aux mots *quam ob rem*, la *demonstratio* tout entière rentre dans l'*intentio*.

Avec cette conception de la formule, on voit aisément les rapports d'extinction d'action : car toute demande accessoire se trouve déduire *in judicium* la formule principale, dès lors s'applique la règle *ne bis sit de eadem re actio*.

Cependant, l'opinion de Mandry, pas plus que la formule de Baron ne paraissent avoir été adoptées sans conteste, et les plus récents travaux sur la matière semblent vouloir revenir à la rédaction proposée par Keller. Telle est la conclusion à laquelle arrive Otto Lenel, dans son essai de reconstitution de l'*Edictum perpetuum* (1). C'est en comparant les divers fragments des jurisconsultes épars dans le Digeste qu'il

(1) *Das Edictum perpetuum ein Versuch zu dessen Wiederherstellung*, von Otto **Lenel**.

cherche à restituer l'édit, et de l'examen des textes, il conclut successivement : que la formule doit contenir le nom de l'*institor*, avec désignation de l'entreprise à laquelle il est préposé et de celui qui l'a préposé ; qu'elle doit exprimer le contrat par lui conclu, avec indication que ce contrat rentre dans ses fonctions ; enfin que l'*intentio* doit être *in jus*, toutes les circonstances ci-dessus exigées constituant une *demonstratio*. Voici quelle serait la formule : Quod A^{us} A^{us} de Lu- « cio Titio, cum is a N^o N^o tabernæ instructæ præ- « positus esset, decem pondo olei emit, cui rei L^{us} T^{us} « a N^o N^o præpositus erat, quidquid ob eam rem « L^{um} T^{um} A^o A^o dare facere oportet ex fide bona, « ejus judex N^{um} N^{um} A^o A^o condemna; si non paret, « absolve. » Telle sera du moins la formule type, sauf à recourir à la rédaction *in factum*, quand on ne délivrera que l'action utile. Et aux textes qui conduisent à adopter la rédaction qu'on vient de lire, il faut ajouter cette considération générale que le préteur, accordant l'action, a dû prendre le moyen le plus simple, et ne changer à la formule telle qu'elle résultait de l'opération effective, que juste ce qui était nécessaire à son but : or, le plus simple était d'appeler le juge à se prononcer sur la dette de l'*institor*, pour condamner ensuite le préposant.

La principale objection faite par Mandry au système de Keller repose sur les cas nombreux où l'obligation de l'*institor*, n'étant pas née, on ne peut par l'effet de la *condemnatio* la transporter sur la tête du préposant. Otto Lenel tourne cet obstacle par tout un système de fictions : si l'*institor* esclave ou fils de famille est décédé, de même que pour l'esclave vivant on introduit la fiction : *Si liber esset, tum si Stichum… oporteret*, on ajoutera ici : *Si Stichus liber esset, tum si heredem ejus oporteret* (ou en généralisant *tum si ejus nomine dari oporteret*) ; au cas d'une personne traitant avec son esclave, *institor* d'autrui, on recourra à la fiction *si liber suæ potestatis esset* ; si l'*institor* est impubère, on le supposera pubère, *si pubes fuisset*.

Mais l'introduction de ces diverses fictions, indispensables dans toutes les hypothèses où l'*institor* n'est pas obligé, c'est-à-dire dans les cas pour lesquels l'action *institoria* dut être tout d'abord créée, parce qu'elle présentait alors sa plus grande utilité , nous avons vu que Mandry la repousse et en tire argument en faveur de sa théorie. Otto Lenel répond en reproduisant l'idée de Keller que cette adaptation de la formule au moyen de fictions, aux cas les plus importants, fut l'œuvre du préteur dès le principe, et directement insérée dans l'édit. Certains textes peuvent, en effet, s'interpréter en faveur de cette doctrine. Néanmoins, nous ne croyons pas devoir nous y ranger, étant donné les critiques ci-dessus exposées de Mandry, et nous nous en tiendrons à la formule déjà citée de Baron.

CHAPITRE V

EXTENSIONS DE L'ACTION INSTITOIRE

§ 1. *Action des tiers contre le mandant ou action quasi-institoire.*

Nous voilà sorti quelque peu du texte même de l'édit du préteur, et l'action quasi-institoire n'est autre chose, son nom suffit à nous l'apprendre, qu'une extension faite par les juristes de l'action institoire à des cas analogues et favorables. Les textes n'emploient guère ce terme de *quasi-institoria*, et quand ils veulent parler de l'extension qui nous occupe, ils la qualifient plutôt d'action *institoria utilis* ou *ad exemplum institoriæ*. Pourtant Ulpien, citant Papinien (L. 10, § 5 ; D., XVII, 1), se sert du mot *quasi-institoria*, et les commentateurs à sa suite ont adopté ce terme commode, pour désigner toutes les applications postérieures à l'origine initiale et bien délimitée de l'action institoire.

La première de ces applications est celle, où l'absence d'une condition quelconque, empêche l'action

institoria de prendre directement naissance. Il y a bien
un *institor* régulièrement nommé, et une *lex præpositionis* qui règle ses pouvoirs ; mais l'on n'est pas tout à
fait dans les termes de l'édit : ou bien le créancier fait
valoir une obligation qui n'est pas née du contrat
même, mais d'un délit de l'*institor* (1) ; ou bien le tiers
est le maître de l'esclave que le préposant a pris à son
service (2) ; ou encore le préposé est à la fois le fermier
du *dominus*, et sa principale fonction n'est pas la vente
des fruits qu'il cultive (3). Tous ces cas, il paraît certain qu'à l'origine l'édit du préteur ne les visait pas ;
mais la situation des créanciers y était si favorable, ces
hypothèses étaient si voisines de celles où naissait
pleinement l'action *institoria*, que peu à peu les jurisconsultes ont entendu d'une façon plus large le texte
de l'édit, et cette interprétation libérale, un peu tar-
dive, se retrouve dans leurs expressions : ce n'est pas
l'action institoire qu'ils accorderont au créancier, mais
un recours bâti sur son modèle, une action utile,
simple développement de la première innovation prétorienne.

A côté de cette première hypothèse, d'un usage
d'ailleurs assez restreint, en intervient une autrement
large, autrement compréhensive, qui va être d'une ap-

(1) L. 5, § 8 ; D., XIV, 3.
(2) L. 12, *eod. tit.*
(3) L. 16, *eod. tit.*

plication constante et apporter un bouleversement
profond dans toutes les idées romaines au sujet de la
représentation. Nous avons vu cette idée de représentation, totalement exclue d'abord de l'esprit juridique
romain, sous l'influence des besoins commerciaux
faire son apparition dans cette sorte de mandat spécial
aux négociants, la *præpositio* ; et voilà que cette même
idée fait irruption dans le simple mandat civil. On comprend qu'avec l'esprit progressif des jurisconsultes, le
droit qu'ils tenaient de la coutume et de la loi de modifier peu à peu, de mettre au niveau des idées nouvelles toutes les vieilles institutions, avec en un mot
leur *facultas jus condendi*, on comprend que cette extension d'une action appliquée à un cas tout particulier
à la généralité des cas dut fatalement se produire : Si
étroite était la limite qui séparait l'*institor* du *procurator* ! si voisines les hypothèses où tantôt on accordait, tantôt on refusait l'action institoire ! L'équité,
qui avait fait créer un recours du tiers contre le préposant, n'en demandait-elle pas un pareil contre le mandant ! L'*institor* n'est-il pas un mandataire ? mandataire
général, soit ; mandataire exclusivement chargé d'affaires commerciales, c'est encore vrai, mais néanmoins mandataire. Et les mêmes raisons, qui militaient
en faveur de la création de l'action institoire, ne de-
mandaient-elles pas également la création d'une action
semblable au cas de mandat ? Ces raisons, nous le savons, se réduisent à ce double principe d'équité que

nous devons subir les obligations de nos préposés comme nous bénéficions de leurs créances, et qu'en choisissant un *institor* nous endossons la responsabilité de ses actes ; et à cette autre idée que le tiers, qui traite avec le préposé, fait abstraction de sa personne et pense en réalité traiter avec le préposant lui-même. Qu'il s'agisse de préposé *institor* ou de préposé mandataire, ces raisons ne se présentent elles pas avec une force presque égale ?

C'est ce dont s'aperçurent vite les jurisconsultes romains, et novateurs toujours hardis quand il s'agissait de mettre les institutions d'accord avec l'équité, ils n'hésitèrent pas à saper les vieux principes du droit formaliste pour les accorder avec les besoins d'une civilisation plus avancée. C'est Papinien, semble-t-il, qui fraya le premier la route dans cette voie du progrès. La preuve en est à la loi 31 (*pr.* D., III, 5) : un maître a donné mandat à son affranchi d'emprunter ; le contrat a eu lieu, avec garantie d'un fidéjusseur ; même s'il n'en est résulté aucun profit pour le maître, ce qui écarte toute application de l'action *de in rem verso*, le créancier pourra l'actionner par l'action de gestion d'affaires : *scilicet ad exemplum institoriæ actionis* (1). Ulpien cite, en l'acceptant, cette opinion de Papinien dans plusieurs autres cas (L. 13, § 25 ; D., XIX, 1. — L. 10, § 5 ; D., XVII, 1); de même Paul (L. 16, D., XIV, 3).

(1) Voir de même Papinien, L. 19 pr. ; D., XIV, 3.

Il est bien clair que cette extension ne se fît que peu
à peu, en commençant par les cas les plus favorables,
ceux dans lesquels l'équité eût été par trop blessée du
refus de l'action. Mais à la fin de la période classique
et à plus forte raison dans le droit de Justinien, la
règle est devenue générale, absolue, et tout créancier
peut recourir contre le mandant à l'occasion des obligations contractées par le mandataire, dans les limites de son mandat, cela va de soi, comme lorsqu'il
s'agissait de *præpositio*.

§ 2. *Recours du mandant contre les tiers.*

Nous avons vu déjà qu'à l'origine l'action *institoria*
n'avait été créée qu'en faveur des tiers créanciers, et
n'avait pas d'analogue qui permît au préposant d'atteindre les tiers débiteurs par-dessus la tête du préposé. Il s'agit bien entendu de l'unique hypothèse, où
le préposé n'est pas sous puissance du préposant,
puisqu'en ce cas c'est directement en la personne de
ce dernier que les actions ont pris naissance. On en
était venu pourtant à se relâcher de cette première
rigueur, et peu à peu quelques exceptions furent apportées à la règle. C'est d'abord à l'armateur qu'on
accorde une action directe contre le débiteur, et il n'y
a pas là de quoi nous étonner : nous avons eu déjà

maintes occasions de voir de quelles faveurs spéciales
le commerce maritime était entouré à Rome. Le jurisconsulte commence par dire que l'action exercitoire est
donnée contre l'*exercitor*, mais que réciproquement il
n'en existe pas en sa faveur ; cependant, ajoute-t-il : « *So-
lent plane præfecti..... extraordinem eos juvare ex contractu magistrorum* » (Ulpien, L. 1, § 18 ; D., XIV, 1). Puis
la règle s'étend à l'action *institoria* : Papinien, dans un
texte déjà cité, accordant l'action quasi-institoire au
tiers contre le mandant s'arrête là : pas de recours au
profit du mandant ; mais Ulpien va plus loin, et à la
suite de la doctrine de Papinien qu'il indique, il ajoute
une petite phrase qui suffit à opérer la révolution :
« *Ergo et per contrarium dicendum est, utilem ex empto
actionem domino competere* » (L. 13, § 25 ; D., XIX, 1).
Qu'est-ce à dire sinon que la cession d'actions, que le
mandataire est tenu de faire au mandant, est censée
faite et sous-entendue ?

Cette doctrine très progressive est-elle devenue
l'opinion générale, a-t-elle été adoptée sans conteste ? Il paraît difficile de l'admettre. Paul, au titre
des stipulations prétoriennes (XLVI, 5, L. 5) reconnaît au mandant une action directe contre les tiers,
mais qui ne sera accordée que *cognita causa* ; parlant ailleurs du cas d'un *institor*, il déclare que si le
préposant est, par suite de l'insolvabilité de ce dernier,
exposé à perdre la chose, on lui viendra en aide : c'est
toujours poser le principe de la délivrance d'une ac-

tion, moyennant *cognitio causæ*. Marcellus, dans la loi 1, au titre *De inst. act.*, semble exposer une doctrine plus large et se rapprochant de celle d'Ulpien, qui le cite : « *Marcellus autem ait, debere dari actionem ei, qui institorem præposuit, in eos, qui cum eo contraxerint.* » Mais sans chercher si dans le texte du jurisconsulte, il n'y avait pas à la suite de cette règle générale une restriction analogue à celle posée par Paul, nous pouvons dire que la doctrine de Marcellus, telle qu'elle est reproduite par Ulpien, ne fut pas admise absolument, puisque Justinien y apporte aussitôt une restriction, petit bout de phrase emprunté à Gaius : « *si modo aliter rem suam servare non potest* » (L. 11). On peut donc dire qu'à la fin de la période classique, l'action directe du mandant contre le tiers était admise, mais au cas seulement où le mandant n'avait d'autre voie de recours; en d'autres termes, le préteur ne la délivre jamais que *cognita causa*.

CONCLUSION

DE LA REPRÉSENTATION DANS LE DERNIER ÉTAT DU DROIT

Nous avons vu la règle de la non-représentation subir peu à peu, dans la suite des temps, de nombreux et rudes échecs. C'est d'abord une exception qui lui est faite en vue d'un cas tout spécial, particulièrement intéressant et par les circonstances qui le font naître, et par l'institution dont il découle : le cas du capitaine de navire contractant au nom de l'*exercitor*. Ici, il a paru d'autant plus facile de déroger aux vieux principes, que le commerce de mer est protégé d'une manière toute spéciale : *Ad statum reipublicæ pertinet*. Puis, quand on compare le *magister navis* à l'*institor*, on ne voit guère de raison de ne pas appliquer à celui-ci la règle de faveur créée pour celui-là : qu'il soit maritime ou terrestre, le commerce est toujours le commerce, et ses besoins sont les mêmes partout. Célérité et sûreté des opérations sont la base du mouvement des échanges, et cette célérité et cette sûreté sont entravées par la nécessité pour toute personne de traiter directement avec le négociant, sans pouvoir jamais s'adresser à son représentant. Aussi l'entrave tombe, et, à côté de l'action

exercitoria, apparaît l'action *institoria*. Mais ce n'est
encore là qu'un premier pas, et, avec le temps qui
marche amenant le progrès, on s'aperçoit davantage de
cette énorme incommodité pour le mandant de ne pouvoir se faire représenter effectivement par le mandataire. En même temps, on remarque qu'il n'y a qu'un
pas de l'*institor* au *procurator*, du mandat commercial
au mandat civil, et ce pas ne tarde pas à être franchi.
C'est d'abord dans quelques cas spéciaux, plus particulièrement favorables, et qui se rapprochent de très
près des hypothèses de l'action *institoria*; puis la doctrine s'élargit, se généralise, et ce qui était l'exception
devient la règle. Seulement comme le droit civil, vieil
édifice qu'on ne veut pas démolir, mais restaurer, est
toujours là, portant au frontispice la règle antique que
quiconque figure dans un acte, celui-là est obligé, et
que personne ne se peut faire représenter dans un contrat, les actions qu'on donne au tiers créancier contre
l'*exercitor* ou le mandant, ne sont que des actions indi-
rectes, prenant leur point d'appui sur la tête du préposé pour remonter jusqu'au préposant. C'est ainsi que
nous avons vu, dans la formule de l'action institoire, le
nom de l'*institor* figurer en premier lieu pour faire
place ensuite au nom du préposant.

N'advint-il pas une époque où disparut ce caractère
indirect des actions *institoria* et *exercitoria* pour faire
place à des actions directes? L'affirmative ne paraît
pas faire de doute, en présence du texte formel des

Institutes de Justinien (liv. IV, t. VII, 8), et l'on peut
dire avec Heineccius : « *Novo jure etiam directe agi
posse adversus exercitores vel dominos tabernæ* » (*Ele-
menta juris*, liv. IV, t. VII, 1214). Mais cette *condictio
directa* remplaça-t-elle les actions originaires? Telle
est l'opinion de Vinnius et de Lauterbach. Au contraire, Accurse, Alciat admettent la coexistence des
deux classes d'actions. Si nous arrivons aux auteurs
modernes, pour M. Demangeat la *condictio* exista dans
tous les cas, les actions *adjectitiæ qualitatis* n'en sub-
sistant pas moins (*C. de Dr. rom.*, t. II, 728). D'après
M. Ortolan les actions *adjectitiæ qualitatis* firent place à
l'action directe, mais dans les cas seulement où, d'a-
près le droit civil, une *condictio* pouvait résulter de l'o-
pération, jamais par conséquent pour les actions *empti*
ou *venditi, pro socio*, etc. (*Inst. de Just.*, t. III, 2218).

Quant à Dietzel, d'après Mandry (*op. cit.*, n° 75,
p. 266), il combat les rapports d'extinction entre les
actions directes et les actions *adjectitiæ qualitatis*, et
ne veut voir de libération que par la perception de
tout ce qui est dû.

Qu'est-ce donc qu'il reste dans le dernier état du
droit de la vieille règle de la non-représentation? Il
semble au premier abord qu'elle ait complètement disparu. Le tiers peut agir contre le mandant, le mandant le peut aussi dans nombre de cas contre le tiers,
dans les deux hypothèses on passe par-dessus la tête
du représenté, on en fait abstraction, il ne compte

plus. Si, il compte encore, et la preuve, c'est qu'on peut l'actionner. Ce n'est qu'une faculté accordée au tiers créancier de laisser de côté la personne de l'*institor*, la personne du mandataire ; ce n'est qu'une faculté, et comme de toute faculté, il peut, s'il lui plaît, ne pas user. Il peut toujours aller trouver directement celui avec lequel il a traité, et celui-ci, bien que le contrat n'ait pas été fait pour lui, qu'il n'en doive retirer aucun bénéfice, est lié par cela seul qu'il y a figuré. De même le mandant, qui pourrait actionner directement le débiteur, a toujours loisir de laisser à son mandataire l'exercice des créances par lui acquises, sauf à lui en demander compte par l'action *mandati*. Cette règle se conserva-t-elle jusqu'à la fin, jusque sous Justinien? Ici nous nous trouvons en présence de deux théories.

M. de Savigny (1) commence par distinguer les actes juridiques en deux classes, actes solennels, actes non solennels. Sous Justinien, il n'est plus qu'un acte soumis à formalité, c'est la stipulation ; tous les autres sont dépourvus de formes : contrats consensuels, contrats réels, simples pactes, etc. Pour la stipulation la règle ancienne subsiste avec toutes ses conséquences : le préposé ne peut stipuler pour le préposant, le mandataire pour le mandant, sans se trouver lié par cette stipulation, il en résulte bien une action du créancier contre le préposant, mais en

(1) V. *passim, Droit des obligations.*

même temps une contre le préposé : la personne de ce
dernier ne s'efface pas, c'est en un mot l'application
normale des règles, que nous avons établies dans tout
le cours de cette étude. Quand il s'agit au contraire
de contrats non solennels, la règle change. Et d'abord
il faut remarquer que ces contrats, on peut les faire
naître soit entre présents, soit entre absents par lettre
ou par l'intermédiaire d'un *nuntius*, véritable lettre vi-
vante (L. 2, § 2; D., XLIV, 7). C'est là un fait reconnu, et
il ne reste plus qu'à distinguer le *nuntius* du *procurator*.
Y a-t-il une distinction réelle à faire entre eux, ou la
question ne se borne-t-elle pas plutôt à distinguer le
procurator, qui agit au nom du représenté, et le *procurator*, qui agit en son propre nom ; à regarder le premier comme un véritable *nuntius*, puisqu'il n'est en
réalité que le porte-parole de son mandant. Dans ce
dernier cas les résultats du contrat se produisent directement dans la personne du représenté. C'est donc
une question d'extension du mot *nuntius*, et l'on peut
considérer comme tel même le mandataire auquel une
mission aura été confiée avec certaine faculté de se mou-
voir entre deux décisions extrêmes. Il arrivera ainsi
que presque toujours le mandataire spécial pourra être
regardé comme un *nuntius*, à la différence du mandataire général, qui, chargé d'un ensemble d'affaires,
traitera le plus souvent en son propre nom. Ainsi l'on
peut ramener d'une façon très générale la distinction
de M. de Savigny à celle entre mandataire général et

mandataire spécial, en disant que, d'après lui, le principe de la représentation est admis absolument au second cas, mais non pas encore au premier, où il faut toujours tenir compte de la personne du représentant.

Pour Puchta, au contraire, jamais le progrès de la jurisprudence n'est allé aussi loin, et le principe de représentation ne fut jamais connu à Rome, tel qu'il est admis dans nos législations modernes. Même dans le droit de Justinien, le représentant ne peut fonder directement pour le représenté ni un droit d'action, ni une obligation. Puchta considère donc comme absolument générales les règles établies par M. de Savigny, pour le cas particulier où le *procurator* contracte en son propre nom.

Pour les deux opinions, il y a un point commun, à savoir que le représenté peut dans tous les cas être actionné. La différence entre les deux systèmes, c'est que pour Puchta le représentant peut l'être aussi en toutes circonstances, tandis qu'au dire de Savigny, il est nombre d'hypothèses où il faut faire abstraction complète de sa personne, pour ne plus voir en face l'une de l'autre que deux personnes, d'un côté le représenté, de l'autre le tiers qui traite avec le représentant.

L'opinion de Puchta nous semble la plus exacte, et la ressemblance qui peut exister entre un *nuntius* et un mandataire nous paraît poussée par Savigny jusqu'à

une véritable confusion. Certes, il est des cas nombreux où la distinction entre eux sera des plus difficiles, est-ce à dire qu'elle n'existe pas ? et faut-il en
arriver à confondre le contrat de mandat avec le simple
envoi d'une lettre missive ? A notre avis donc, toujours
le représentant put être poursuivi à raison du contrat
par lui passé, et nous sommes heureux d'appuyer cette
opinion sur une puissante autorité : « La théorie définitive des Romains n'est donc pas encore la véritable
théorie de la représentation, puisque la personne du
représentant n'est pas mise hors de cause. » (Accarias,
Pr. de Dr. rom., 3e édit., t. II, 637 *in fine*.)

Ainsi, en se plaçant à la dernière époque du droit
romain, après toutes les modifications apportées aux
institutions primitives par la pratique et par la théorie,
par les jurisconsultes et par le législateur, on ne trouve
pas encore la représentation telle qu'elle existe de nos
jours. Cette idée d'une personne servant d'intermédiaire entre deux autres, pour un contrat qui n'aura
effet qu'entre elles, cette idée tout abstraite qui consiste à regarder comme non-existante la personne du
représentant n'a jamais pu entrer dans l'esprit général
d'une législation, qui inscrivait au chapitre premier de
ses dispositions cette règle : quiconque figure dans un
acte juridique en assume directement les conséquences. Ce n'est donc pas dans les lois romaines qu'il
faut aller chercher la représentation comme la con-
çoivent nos lois modernes. Tout au plus y peut-on

voir un acheminement vers ce progrès définitif, acheminement qui, après avoir permis au représenté de se mettre en rapport d'action directe avec le tiers, n'a pas été jusqu'au bout, n'a jamais complètement mis hors cause la personnalité du représentant.

DROIT FRANÇAIS

DE LA NATURE ET DES FORMES DE LA LETTRE DE CHANGE
DANS LE DROIT FRANÇAIS ET DANS LES PRINCIPALES
LÉGISLATIONS ÉTRANGÈRES.

BIBLIOGRAPHIE

I. TEXTES LÉGISLATIFS

Ordonnance sur le commerce de terre, de 1673.

Code de commerce *français* de 1807, titre VIII.

Loi du 19 *mars* 1817, modific. de l'*art.* 115 *du C. de comm.*

Loi du 3 *mai* 1862, modific. des *art.* 160 *et* 166 *du C. de comm.*

Lois *françaises* sur le timbre des effets de commerce : 13 *brum.*
  an VII, 1er *mai* 1822, 5 *juin* 1850, 11 *juin* 1859, 23 *août* 1871,
  20 *décembre* 1872, 19 *février* 1874, 22 *décembre* 1878.

Loi *allemande* sur le change (*Die allgemeine deutsche Wechsel-*
  ordnung), 1849.

Loi *allemande* sur le timbre des effets de commerce de 1869,
  modif. par celle du 4 juin 1879 (*Das deutsche Reichsgesetz*
  über die Wechselstempelsteuer).

Loi *anglaise* sur les effets de commerce, 1882.

Loi *anglaise* sur le timbre, 1870.

Loi *belge* sur les effets de commerce, 1872.

Code de commerce *espagnol* (*El Codigo de commercio*), 1885.

Code de commerce *hollandais*, 1838.

Loi *hongroise* sur le change (*Ungarisches Wechselgesetz*), 1876.

Code de commerce *italien* (*Codice di commercio*), 1882.

Loi *scandinave* sur le change (*Loi du Danemark, de la Suède et*
  de la Norwège), 1880.

Code fédéral *suisse* des obligations, 1883.

II. DOCTRINE ET JURISPRUDENCE
Ouvrages anciens.

Casaregis. — *Discursus legales de commercio*, t. I et II. — Venetiis, 1740.

Montesquieu. — *Esprit des lois*, liv. XXI, ch. xx.

Pothier. — *Traités sur différentes matières du droit civil*, t. II, *Du contrat de change*. — Paris-Orléans, 1773.

Savary. — *Le parfait négociant*, nouv. édit. — Paris, 1757.

Ouvrages modernes.

FRANCE. — Alauzet. — *Comment. du Code de comm.*, t. III. — Paris, 1868.

Bédarride. — *Comment. du Code de comm.* — *De la lettre de change*, 2 vol., 2ᵉ édit. — Paris-Aix, 1877.

Boistel. — *Précis de dr. comm.*, 2ᵉ édit. — Paris, 1878.

Cauwès. — *Cours d'écon. polit.*, 2ᵉ édit. — Paris, 1881.

Dalloz. — *Répert. de législation, de doctrine et de jurisprudence*, t. XII, art. *Eff. de comm.* — Paris, 1850.

Demangeat et Bravard. — *Manuel de dr. comm.*, 7ᵉ édition. — Paris, 1768.

Traité de dr. comm., t. III. — Paris, 1862.

Demante. — *Princ. de l'enregistrement*, t. II, 3ᵉ édit. — Paris, 1878.

Despagnet. — *Préc. de droit internat. privé.* — Paris, 1886.

Frémery. — *Etudes de dr. comm.* — Paris, 1833.

Hœchster, Sacré et Oudin. — *Man. de dr. comm. français et étranger.* — Paris, 1874.

Horson. — *Questions sur le Code de comm.* — Paris, 1829.

Locré. — *Esprit du Code de comm.*, t. II. — Paris, 1808.

Lyon-Caen et Renault. — *Précis de dr. comm.*, t. I. — Paris, 1884.

Man. de dr. comm. — Paris, 1887.

Merlin. — *Répert. de jurisprudence*, t. XVIII, mot *Let. de ch.* — Bruxelles, 1827.

Nouguier. — *Des lettres de change et des effets de comm.*, 4ᵉ éd.
— Paris, 1875.

Pardessus. — *Traité des contrats et des lettres de change.* —
Paris, 1809.

    Cours de dr. comm. — t. II, *Des lettres de change*, 2ᵉ édit.
— Paris, 1821.

    Collection des lois maritimes antér. au XVIIIᵉ *siècle*, t. I
et II. — Paris, 1845.

De Parieu. — *Traité des impôts*, t. III, 2ᵉ édit. — Paris, 1867.

Ruben de Couder. — *Dict. de dr. comm.* de Gouget et Merger,
refondu, t. V. — Paris, 1880.

Vincens. — *Exposé de la législ. comm.*, t. II. — Paris, 1821.

Allemagne. — *Code de comm. allemand*, traduit et annoté par
MM. Gide, Flach, Lyon-Caen et Dietz. — Paris, 1881.

Borchardt. — *Die allgemeine deutsche Wechselordnung*, 7ᵉ édit.
— Berlin, 1879.

    Die geltenden Handelsgesetze. — Berlin, 1883.

W. Brauer. — *Die allgemeine deutsche Wechselordnung.* —
Erlangen, 1851.

Dʳ Brentano. — *Législation générale allemande sur le contrat
de change*, traduit par A. Weber. — Strasbourg,
1873.

G. Cohn. — *Beitraege zur Lehre vom einheimtlichen Wechselrecht.* — Leipzig, 1882.

H. Thoel. — *Das Handelsrecht*, t. II. — Leipzig, 1873.

Belgique. — Namur. — *Le Code de comm. belge*, revisé, t. I. —
Bruxelles, 1876.

    Comment. du tit. VIII du nouveau Code de comm. belge.
— Paris, 1873.

Espagne. — *El nuevo codigo de commercio publicado por la revista de los tribunales*, 2ᵉ édit. — Madrid, 1886.

Grande-Bretagne — Barclay et Dainville, *Les effets de comm.
dans le droit anglais.* — Paris, 1884.

Italie. — Vidari, *Il nuovo codice di commercio compendiosamente illustrato*, 2ᵉ édit. — Milan, 1884.

La lettera di Cambio. — Milan, 1869.

Russie. — *Entwurf einer Wechselordnung für das Russische Reich* (édit. offic.). — Saint-Pétersbourg, 1882.

III. ARTICLES DIVERS

Bernardakis. — *La lettre de change dans l'antiquité* (*Journ. des Economistes*, mars 1880, p. 365).

Bravard-Veyrières. — *Discours sur l'art. 8 de la loi du 5 juin 1850*. — Séance du 3 juin 1850 (*Moniteur* du 4).

G. Cohn. — *Der Entwurf einer Wechselordnung für das Russische Reich* (*Zeitschrift für vergleichende Rechtwissenschaft*, t. IV, p. 1).

Congrès internat. d'Anvers de 1885. — *Projet de loi sur la lettre de change et les effets de comm.* (*Journ. du Droit internat. privé* de 1885, p. 638).

Courcelle-Seneuil. — Art. *Lettre de change* (*Dict. de l'Econ. polit.*, publié par Coquelin et Guillaumin. — Paris, 1854).

Lyon-Caen. — *Cours de législation commerciale comparée*, à l'Ecole des sciences politiques, 1885-1886.

De l'unification des lois relatives aux lettres de change (*Journ. du Dr. internat. privé*, 1884, p. 348).

Mittermaier. — *Du progrès et de l'état actuel de la législation et de la science du droit, en mat. de lettre de change* (*Revue française et étrangère de législation*, t. VII, p. 849; t. VIII, p. 109).

De Parieu. — *Projet d'unification des lois commerciales* de Leone Levi (*Journ. des Econom.*, 1868, p. 816).

Valette. — *Discours sur l'art. 8 de la loi du 5 juin 1850*. — Séance du 18 mars 1850 (*Moniteur* du 19).

DROIT FRANÇAIS

DE LA NATURE ET DES FORMES
DE LA LETTRE DE CHANGE

DANS LE DROIT FRANÇAIS

ET DANS LES PRINCIPALES LÉGISLATIONS ÉTRANGÈRES

PRÉAMBULE

Nous n'avons pas, en abordant cette étude, l'intention de traiter en détail l'ensemble des questions qui se rattachent à la lettre de change. Parler même sommairement de tout ce qui a trait à cette matière, entraînerait des développements qui dépasseraient de beaucoup le cadre d'une simple thèse. Le titre même que nous avons adopté l'indique, c'est la forme seule de la lettre de change qui nous occupera, avec les quelques explications indispensables sur sa nature et ses caractères.

Mais pour donner un peu plus d'ampleur à notre travail, nous ne prendrons pas simplement la lettre de

change au jour de sa création, comme il semblerait
résulter de notre intitulé, c'est-à-dire telle qu'elle sort
des mains du tireur, avec les seules mentions nécessaires à son existence. Nous l'examinerons au contraire à l'heure de l'échéance, revêtue de toutes les
déclarations accessoires qui peuvent venir à l'affecter. Par là, nous aborderons toutes les questions de forme qui peuvent être soulevées en matière de lettre de change : non pas qu'on retrouve nécessairement et toujours lors du payement chacune
de ces mentions multiples, mais il suffit que la chose
soit possible ; et en tout cas, par cet examen approfondi, nous résumerons dans une sorte de lettre de
change typique toutes les formalités diverses, qui peuvent résulter de l'infinie variété des circonstances.

Nous avons essayé de comparer notre loi française
à celle des grands pays qui nous entourent, et il nous
paraît utile avant d'entrer pleinement dans notre sujet, de dire un mot de ces lois diverses. Tandis que
nous sommes toujours sous le régime de notre vieux
Code de 1807, la plupart des législateurs européens
ont, dans la seconde moitié de ce siècle, modifié ou
même radicalement transformé toutes celles de leurs
dispositions relatives à la matière des effets de commerce. Certains pays ont opéré ce changement par
l'introduction d'une loi nouvelle sur le change, d'autres par le remaniement complet de leur Code de commerce. La première méthode a été plus particulièrement

suivie par les peuples d'origine germanique, à l'exemple de l'Allemagne qui a adopté pour l'ensemble des
règles commerciales une division tripartite : loi sur le
change, loi sur les faillites, code général de commerce. Au contraire les pays latins ont préféré le système d'un Code unique.

C'est l'*Allemagne* qui a donné le branle à ce mouvement de refonte. En 1849, la législation variée presque à l'infini de ses divers Etats (1) fit place à une loi
unique sur le change. Cette loi, *die allgemeine Deutsche
Wechselordnung*, discutée dans les conférences de
Leipzig, fut successivement adoptée par les différents
Etats et est aujourd'hui loi d'empire. Elle fut également
introduite en *Autriche*, mais ce dernier pays re-
poussa certaines modifications apportées postérieurement à la loi par les *novelles* dites de *Nuremberg*. Ainsi
chaque fois que nous parlerons de la loi allemande, il
faudra entendre qu'elle s'applique aussi en Autriche,
quelques points exceptés que nous ne manquerons pas
de faire ressortir. La loi *allemande* sur le change a été
fidèlement suivie, à quelques minimes changements
près, par la loi *hongroise* de 1876 et la loi *scandinave*
de 1881, applicable à la *Suède*, à la *Norwège* et au
Danemark. Elle a également inspiré tout ce qui a trait
aux effets de commerce dans le Code *italien* de 1882

---

(1) On comptait à cette époque, en Allemagne, 59 lois différentes sur les lettres de change.

et le Code féd⁴ral *suisse* de 1883. Quant à la loi *belge* de 1872, à côté de certaines dispositions empruntées aux doctrines allemandes, elle conserve sur nombre de points les traditions du Code français. La loi *anglaise* de 1882 doit être mise à part, ne faisant que consacrer les anciens usages du pays que nous verrons avoir très souvent un caractère absolument original. Le Code *espagnol* de 1886 paraît ne guère renfermer d'unité dans sa confection. A côté de certaines innovations hardies, inspirées des doctrines nouvelles, il conserve des dispositions toutes surannées, et dont la présence dans une loi votée à cette fin de siècle est vraiment inexplicable. Enfin nous aurons occasion de citer aussi le Code *hollandais* de 1838, imitation presque littérale du nôtre : c'est dire qu'il est comme ce dernier vieilli sur bien des points ; du reste, il ne paraît plus avoir longtemps à vivre, un projet nouveau et plus en harmonie avec les progrès de la science juridique étant déposé devant les Chambres des Provinces-Unies. Il en est de même pour la *Russie*, où un projet actuellement examiné ne tardera pas sans doute à se transformer en loi.

Un mot du plan que nous nous proposons de suivre. Nous étudierons d'abord dans une introduction la nature et les caractères généraux de la lettre de change, essayant d'en faire connaître l'origine et le développement, et de donner une idée nette des deux grandes théories en présence sur la matière. Puis, dans une première partie, nous examinerons les mentions de forme ayant trait aux personnes qui figurent dans la lettre de change, tant à titre obligatoire qu'à titre accessoire. Une seconde partie traitera de toutes autres mentions de forme, parmi lesquelles les unes essentielles, les autres simplement accidentelles. Enfin, comme conclusion de notre travail, nous analyserons brièvement le dernier projet d'unification des lois des pays divers en matière d'effets de commerce, projet discuté et adopté au Congrès international de droit commercial d'Anvers en 1885.

INTRODUCTION

CHAPITRE PREMIER

HISTORIQUE DE LA LETTRE DE CHANGE

La question de l'origine des lettres de change a été depuis longtemps une des plus controversées, et en dépit des savantes discussions qui se sont accumulées sur ce point, il est encore aujourd'hui difficile d'arriver à une certitude bien absolue. Aussi bien la question pourrait-elle sembler oiseuse, et de peu d'intérêt au point de vue pratique. Qu'elle soit de l'invention de ceux-ci ou de ceux-là, la lettre de change ne s'en est pas moins répandue dans le monde entier, aidant au progrès du commerce, facilitant les échanges, devenant un des grands facteurs du développement économique des peuples. Aujourd'hui elle a des effets et des services bien plus multiples encore et bien plus divers que ceux qu'elle rendait jadis, et ce n'est pas en la rapprochant de ses sources qu'on déterminera les qualités qu'elle doit posséder. Il semblerait donc que cette question historique fût pure superfluité, qu'on aurait tout avantage à laisser de côté. Néanmoins il nous paraît difficile, dans une étude quelque peu approfondie sur un pareil sujet, de ne pas avant tout remonter aux origines, de faire un travail sur la lettre de change sans essayer de résoudre cette question qui se présente tout d'abord à l'esprit : d'où nous vient-elle ?

Si nous remontons jusqu'à l'antiquité grecque et romaine, nous y trouvons connu et pratiqué en grand le change des monnaies, celui qu'on a appelé *cambium manuale*. Il nous suffit de jeter les yeux sur les auteurs classiques ou les textes des jurisconsultes pour rencontrer à chaque pas trace de ces changeurs, qu'on appelait à Athènes αργυροπρακται ou τραπηξιται, à Rome *collybistæ*. Mais à côté de cette forme primitive et simple, qui se retrouve forcément chaque fois que des individus de nationalité différente sont en présence dans une opération commerciale, avec des monnaies différentes, trouve-t-on cette autre transaction plus complexe, qui exige déjà les progrès d'une civilisation plus avancée, que nos pères appelaient le change tiré, *cambium trajectitium?* Ici il ne s'agit plus de deux monnaies à échanger l'une contre l'autre, toute la difficulté de l'opération résidant dans la juste appréciation de leurs valeurs respectives : il s'agit d'une promesse de payement dans un lieu et un temps autres que ceux où s'est faite la promesse. On n'est plus en présence d'un simple échange, mais d'un contrat éminemment utile, on pourrait dire indispensable au commerce. Aussi paraît-il bien difficile que des négociants comme ceux d'Athènes, comme ceux de Tyr et Sidon, en remontant le cours des siècles, ou bien encore des grandes villes commerçantes de l'Empire romain, n'aient pas connu ce mode d'opérations. Qu'ils ne lui aient pas donné le nom spécial de contrat de change, cela est possible ; mais ce qui paraît impossible, c'est qu'il ne se soit pas trouvé et très fréquemment des commerçants ou des banquiers pour promettre dans un lieu autre et à époque déterminée le payement des sommes remises à leur comptoir. Donc, à notre avis, le contrat de change, et tel qu'il est défini de nos jours, c'est-à-dire une convention par laquelle une personne prend l'engagement de faire payer une certaine somme dans un lieu déterminé pour une valeur qui lui est donnée ou promise dans un autre lieu, ce contrat, disons-nous, était connu des anciens. Et nous sommes heureux d'appuyer cette opinion sur une puissante autorité, celle de M. Pardessus, qui s'exprime ainsi dans son ouvrage sur les *Lois maritimes antérieures au XVIIIe siècle* (chapitre III) : « Le change était connu en Grèce et à « Rome, non seulement le change des monnaies, mais « aussi celui qui a pour objet de faire trouver des fonds « dans un lieu pour une contre-valeur fournie dans un « autre. »

Mais de ce que les Grecs et les Romains ont connu

le contrat de change, est-ce à dire qu'ils ont également
connu et pratiqué la lettre de change? Non, certes ; et
ici, parmi les jurisconsultes, l'unanimité est presque
absolue. Scaccia, Bornier, Savory, Dupuys de la Serra,
Pothier, Locré, Merlin, Nouguier et à leur suite la
longue liste des auteurs modernes, qui de près ou de
loin ont touché à la question, sont d'accord pour la
négative. Dupont de Nemours cependant (*De la Banque
de France*, p. 9) soutient l'affirmative : cette théorie,
outre les raisons générales d'utilité, on pourrait dire
de nécessité commerciale, que nous invoquions en
parlant de la pratique que faisaient les anciens du contrat de change, invoque certaine lettre de Cicéron à
Atticus, où il lui demanda de procurer à son fils une
somme d'argent au moyen d'une opération, qui est
bien une véritable opération de change (*Epistolæ ad
Atticum*, XII, 24). Aussi y reconnaissons-nous volontiers la preuve de l'existence d'un contrat de change,
mais non d'une lettre de change, c'est-à-dire de cette
formule brève et impérative qui sert à l'exécution du
contrat.

Plus récemment la question a été soulevée de nouveau, et dans un de ses savants articles publiés par le
Journal des Economistes (mars 1880, p. 365), M. Bernardakis a soutenu que la lettre de change, telle qu'elle
est pratiquée de nos jours dans ses points essentiels,
était en usage à Athènes et chez les Assyriens. A
l'appui de cette assertion, il apporte de véritables for-

mules de lettres de change, trouvées soit dans des documents inédits, soit dans des inscriptions récemment découvertes. A cela, nous ferons encore la même réponse : tous ces textes cités, ces formules diverses sont des constatations incontestables du contrat de change, ou bien des mandats de payement donnés à un tiers, mais elles n'ont pas le caractère précis et impératif de notre lettre de change moderne, qui fait que le porteur peut se considérer comme ayant en main une véritable valeur dont il lui est loisible de faire monnaie.

Laissant de côté les anciens, si nous rentrons dans les peuples modernes, nous nous trouvons en présence de deux grandes théories sur les origines de la lettre de change. La première opinion, qui est plus particulièrement celle de l'école française, veut qu'elle ait été inventée par les Juifs chassés de France, et tirant au profit des pèlerins qui y rentraient, des lettres sur leurs amis restés au pays et devenus dépositaires de leur fortune mobilière. L'autre opinion prétend que ce sont les Gibelins chassés de Florence par les Guelfes et réfugiés en Hollande, qui ont les premiers découvert ce moyen de recouvrer tout ou partie de leurs biens, qu'ils avaient dû laisser derrière eux dans leur pays. A ces deux opinions M. Pardessus vient, d'accord avec Locré, en ajouter une troisième : pour eux, l'invention de la lettre de change est due au développement du commerce. Que cette idée ait du vrai, on ne saurait le mettre en doute, mais n'est-ce pas confondre la cause générale qui a amené la naissance de l'institution avec le fait précis qui l'a fait naître? Et puis ne serait-il pas aussi vrai de renverser la proposition de M. Pardessus, de dire que c'est au contraire la création de la lettre de change qui a amené dans le commerce un progrès et un développement immenses? Et ce progrès et ce développement sont d'autant plus grands qu'à cette époque il est sévèrement interdit de faire sortir aucun numéraire des frontières d'un pays ; quel moyen aisé pour le commerce international d'éluder cette obstacle considérable, et comme on comprend qu'une fois découverte la lettre de change se lie si intimement au progrès du commerce, qu'on ne sait plus si c'est l'usage de la lettre de change qui accroît ce progrès, ou ce progrès qui multiplie de plus en plus l'usage de la lettre de change. Maréchal, dans son *Traité des changes et rechanges*, p. 5, nous donne une idée assez exacte de cet immense bienfait de l'institution nouvelle : « Comme il est prohibé de sortir deniers, or ou « argent, de souveraineté à autre, incommode, voire « périlleux de porter et transporter deniers comptants « de pays à autre en même souveraineté ; les marchands, « pour la commodité de leurs emplettes et tirer leurs « dettes des divers pays et souverainetés, ont introduit « la facilité de remettre deniers par lettres, pour ce « dictes de change. »

Donc, à notre avis, tout en admettant l'idée de

MM. Pardessus et Locré que le progrès du commerce a, par ses nécessités nouvelles, amené l'invention de la lettre de change, la question reste entière. Voilà bien la cause générale, mais quel est le fait matériel d'où est sortie l'institution? Pour résoudre la question, nous nous retrouvons en face de la double opinion ci-dessus indiquée des écoles française et italienne.

Claude de Régis et Casarégis (*Discursus*, 218, § 1) prétendent, nous l'avons dit, que les Gibelins, chassés de Venise et réfugiés à Amsterdam, furent les inventeurs de ce qu'ils appelèrent les *polizza di cambio* ; puis l'usage s'en répandit rapidement en Hollande et en Italie. Mais l'expulsion des Gibelins de Florence se place dans le courant du xive siècle, et bien avant cette époque nous trouvons mention faite de la lettre de change, par exemple, dans une loi de Venise de 1274, citée par Nicolaï De Passeribus (*De scriptura privata, cap. de litteris cambii*); de même dans un *Statutum Avenionense* (1243, *cap. de litteris cambii*). Si donc la lettre de change était connue au xiiie siècle, comment les Gibelins auraient-ils bien pu l'inventer au xive?

Quant à l'opinion qui fait des Juifs chassés de France les inventeurs de la lettre de change, elle est d'abord en parfait accord avec l'opinion publique, opinion qu'on trouve exprimée non seulement par les auteurs de traités techniques et juridiques, tels que Savary, Merlin (*Répert.*), Bédarride (*Let. de ch.*, I, 11), Nouguier (*Let. de ch.*, I, 8), mais encore par des écrivains en dehors de toute idée préconçue ou de toute question d'école, comme Montesquieu (1) et Voltaire (2).

Donc, ce seraient les Juifs qui, chassés de France par Philippe-Auguste à la fin du XIIe siècle et réfugiés en Lombardie, « remettaient aux pèlerins des lettres en style concis pour leurs amis dépositaires de leurs fonds ; de là l'usage passa à Amsterdam et se répandit » (Savary). Quant aux Gibelins, d'après le même, ils auraient été les inventeurs du rechange.

On a fait un certain nombre d'objections à cette théorie. D'abord, a-t-on dit, quelle confiance auraient eu dans les Juifs et, par conséquent, dans les lettres qu'ils en recevaient, des pèlerins de passage? Cette objection ne porte guère : il ne faut point, en effet, considérer ces pèlerins comme nos preneurs actuels, donneurs de valeur au moment où ils recevaient la lettre, mais bien comme de simples intermédiaires, ne faisant d'autre office que celui de mandataire pour recevoir le payement. Mais comment les Juifs, exécrés qu'ils étaient par le peuple, auraient-ils pu trouver des man-

(1) « Les Juifs, proscrits tour à tour de chaque pays, trouvèrent le moyen de sauver leurs effets....... Ils inventèrent les lettres de change ; et par ce moyen le commerce put éluder la violence, et se maintenir partout » (*Esprit des lois*, liv. XXI, ch. xx).

(2) L'invention admirable des lettres de change sortit du sein du désespoir, et pour lors seulement le commerce put éluder la violence et se soutenir par tout le monde » (*Dictionnaire philosophique*, mot *Juifs*, III).

dataires officieux qui acceptassent de faire honneur à leurs mandats de payement? A cela on peut répondre que des personnes, si détestées qu'elles soient, trouveront toujours, surtout au moment d'une violente persécution, quelques charitables complaisants pour venir à leur aide, et des dépositaires d'honneur capables de conserver les biens qu'elles leur auront confiés. Mais, objecte M. Pardessus (*Lois maritimes* II, CXI), si on expulsait les Juifs, c'était pour confisquer leurs biens, et, alors, que devient ce prétendu dépôt de leurs fortunes fait aux mains d'amis complaisants, et dont ils opéraient le recouvrement par lettres payables à des tiers? Sans doute la confiscation fut la conséquence de l'expulsion, mais cette confiscation ne porta que sur les immeubles, non sur les meubles (1); dès lors, ces biens meubles restaient comme provision des lettres de change. Enfin, une dernière objection résulte de la défense de faire sortir du numéraire de France : nous y avons déjà répondu par le passage ci-dessus reproduit de Mareschal. C'est précisément parce que les Juifs, à qui leurs biens meubles avaient été laissés, ne pouvaient emporter avec eux leur argent, qu'ils inventèrent les lettres de change pour le recouvrer d'une manière détournée.

Il semble donc bien que la vieille théorie française soit vraie, qui fait des Juifs les inventeurs de

(1) V. Isambert, n° 67, *Ordonn. de Philippe-Auguste.*

la lettre de change. Et n'en trouverait-on pas une preuve de plus dans le nom que portait à Amsterdam la place du commerce de change, place *Lombarde*, en souvenir des Juifs, inventeurs de l'institution, lors de leur exil en Lombardie.

Quoi qu'il en soit de l'origine première de la lettre de change, son but n'est pas douteux : éviter les risques et frais des transports de numéraire ; et son influence considérable sur les facilités données au commerce est aussi de celles qu'on ne saurait nier. « On peut le dire, la lettre de change a puissamment contribué au progrès et au développement du commerce tant intérieur qu'extérieur, progrès et développement dont elle est désormais inséparable ». (Demangeat s. Bravard, t. III, p. 3). Après cette juste appréciation, nous jugeons inutile de reproduire les éloges enthousiastes, parfois emphatiques et dithyrambiques, que font de cette institution si importante tous les anciens auteurs, et plus récemment les rapporteurs du Code de commerce.

Au point de vue législatif, la lettre de change, régie tout d'abord, comme presque toutes autres matières commerciales, exclusivement par les coutumes locales, est mentionnée pour la première fois dans un édit de Louis XI, de 1462, sur les foires de Lyon. L'ordonnance de 1673 est le premier acte législatif qui en règle l'institution. Du reste, à cette époque, la lettre de change n'était point ce qu'elle est aujourd'hui, et une

de ses principales utilités, qui est la transmission rapide et facile circulation au moyen de la clause à
ordre, n'existait pas encore. Cette clause n'apparaît
qu'au XVII° siècle (Frémery, *Etude pratique du droit
commercial*, p. 95 et 96). Savary en place l'usage
en 1620 (parère 82); Cleirac, sous le ministère de Ri-
chelieu, de 1624 à 1642 (*Lett. de ch.*, ch. I, § 4). Pour
Alauzet, ce n'est que du jour où fut inventé l'*ordre* que
date la création de la véritable lettre de change (Code
de comm., *Du contrat de change*, 1221).

CHAPITRE II

Nous venons de voir en étudiant l'historique de la
lettre de change, qu'elle est avant tout et par-dessus
tout un mandat de payement donné à un tiers. Pour en
bien pénétrer le mécanisme et montrer les effets, nous
allons prendre un exemple, exemple au reste devenu
classique.

Pierre, de Paris, a vendu des marchandises à Louis,
de Londres ; à l'inverse, Paul, de Paris en a acheté à
Léon, de Londres. Si la lettre de change n'existait pas,
il faudrait deux transports de fonds : un de Londres à
Paris, un autre de Paris à Londres. Au lieu de cela,
Pierre, créancier de Louis, va trouver Paul, débiteur
de Léon, et lui dit : j'ai à toucher à Londres une
somme que vous avez à payer, remettez-moi cette
somme et je vous donnerai un écrit en vertu duquel
votre créancier à Londres ira se faire payer chez mon
débiteur. Cet écrit que Pierre tire sur son débiteur,
Louis, c'est la lettre de change.

Cet exemple rend palpable la première et grande utilité de la lettre de change, qui est d'éviter les transports de fonds, d'être l'instrument du contrat de change.

Du contrat de change nous avons eu déjà occasion de parler, quand nous examinions si les Romains connaissaient ou non l'opération appelée par nos vieux juristes *cambium trajectitium*. Nous l'avons brièvement défini : la convention de faire payer une certaine somme dans un lieu déterminé pour une valeur donnée ou promise dans un autre lieu (1). Ce qui fait donc l'essence de ce contrat, c'est la différence du lieu où la valeur a été reçue ou promise, et de celui où l'argent sera payé. Cette considération essentielle mise de côté, on se retrouve en présence d'un simple échange de monnaies ou de valeurs, ce qui est bien le caractère fondamental de toute opération de change quelle qu'elle soit. Aussi tous les auteurs s'accordent-ils dans cette définition : « *cambium est commutatio pecuniæ absentis cum præsenti* » (Raphaël de Turri, *Tract. de Cambiis*, question 3, n° 2). « *Cette négociation est une troque de pécune présente contre une autre pécune absente* », dit Cleirac (p. 21). Ce sont là des définitions justes, mais qu'il ne faut pas prendre absolument au pied de la lettre : lorsque ces auteurs parlent de *pecu-*

(1) C'est la définition donnée par Pardessus (*C. de droit comm.*, II, 319). — V. de même Bédarride (1, 25).

nia præsens, il faut entendre par là une valeur quelconque et non pas nécessairement une valeur en argent. Ce qui est de l'essence du contrat de change, c'est que la promesse soit d'une somme d'argent ; quant à la contre-valeur que reçoit le promettant, elle peut être en numéraire, en marchandises, peu importe : le contrat de change n'en sera pas moins né. C'est une erreur qu'a commise Pothier, d'exiger pour qu'il y ait contrat de change l'échange de deux sommes d'argent (*Du contrat de change*, n° 2).

En examinant la nature du contrat de change, on voit tout d'abord qu'il rentre dans la catégorie des contrats *do ut facias* : ce n'est pas un contrat *do ut des*, puisque le tireur s'engage en échange de la valeur qu'il reçoit non à donner une somme d'argent, mais à la faire trouver au lieu désigné dans le temps fixé.

Mais quelle est la nature propre du contrat de change? La question a soulevé beaucoup de controverses. On y a voulu voir une vente, un prêt, un échange, une cession, un cautionnement, un mandat : évidemment il participe plus ou moins de la nature de chacun de ces contrats, mais ne saurait rentrer dans la définition d'aucun d'eux. Il est bien plus simple, à notre avis, de le considérer comme un contrat d'une nature spéciale, muni d'effets spéciaux, visant un but spécial. La question, du reste, qui aurait son importance sous une législation formaliste comme le vieux droit romain, ne reconnaissant et ne sanctionnant qu'un certain nombre de contrats nettement définis, ne présente aucun intérêt sous l'empire d'une loi, qui, à l'exemple de la nôtre, pose en principe l'entière liberté des conventions.

Le contrat de change peut s'exécuter de diverses manières (1). Ou bien le débiteur se transportera au jour fixé dans le lieu indiqué avec la somme promise, et la remettra à son créancier. Ou bien il peut lui ouvrir un crédit correspondant au montant de l'obligation chez un banquier ou un tiers résidant au lieu fixé. Ou enfin, et ce sera de beaucoup le mode le plus usuel, il peut tirer sur une personne habitant la ville une lettre de change. Ainsi nous voyons apparaître l'utilité première de la lettre de change, qui était d'éviter les transports de fonds à une époque où ces transports étaient chose à la fois très longue, très coûteuse, et aussi très périlleuse.

Donc, historiquement, la lettre de change n'a été créée que comme instrument d'exécution du contrat de change. Son but, son but unique, le seul du moins que l'on considérât, quand on s'occupait d'en régler les formes et d'en déterminer les effets, c'était d'éviter les déplacements de numéraire. C'est là-dessus que s'est basée toute la théorie ancienne de la lettre de change,

(1) Erreur de Nouguier, quand comparant le contrat de change et la lettre de change et remarquant combien il importe de ne pas les confondre, il ajoute : « Il est la fin ; elle est le moyen et l'*unique* moyen » (I, 33).

et, s'il ne faut pas aller trop loin, comme le font certains qui en arrivent à confondre le contrat de change avec la lettre de change, celle-ci est si bien devenue l'expression et presque l'expression exclusive de celui-là, qu'on ne peut l'imaginer autrement que reposant sur une opération de change. C'est à ce point de vue que s'est édifiée toute la législation de la lettre de change, aussi bien en France par l'ordonnance de 1673 qu'en Italie, la patrie classique des usages commerciaux et des lois protectrices du négoce. C'est encore, d'après cette idée, qu'ont légiféré les auteurs du Code de 1807, et, à leur suite, la plupart des États européens jusqu'à la seconde moitié du siècle.

Dès lors, on comprend toutes les conditions de fond et de forme exigées. Si la lettre de change n'est que l'expression d'un contrat de change, il faut qu'à la seule inspection de celle-là l'existence de celui-ci saute aux yeux. Et chaque fois qu'une lettre sera tirée dans des circonstances telles que sa teneur ne semble pas présupposer un tel contrat, cette lettre ne sera pas valable. C'est ainsi qu'on exige dans la lettre diverses conditions ou formalités telles que la *distancia loci* ou remise de place à place, l'indication de la valeur fournie, etc.

Mais ce caractère historique de la lettre de change s'est bien modifié avec les progrès du commerce, et dire aujourd'hui qu'une lettre de change est toujours et n'est jamais que l'instrument du contrat de change, c'est vouloir obstinément fermer les yeux aux usages multiples auxquels l'emploient les négociants de tous pays. « La lettre de change a souvent une autre cause « que le contrat de change ; elle est devenue pour « chaque commerçant l'instrument le plus actif de « l'exploitation de son crédit », dit Bédarride (I, 28), et M. Demangeat s. Bravard (t. III, prélim., p. 9, note 1) est encore plus explicite : « De nos jours, le contrat de « change appelle naturellement la création ou la négo- « ciation d'une lettre de change. Mais peut-on dire que « la lettre de change de son côté est essentiellement et « exclusivement un mode d'exécution du contrat de « change? Sans doute elle a été inventée pour servir à « exécuter le contrat de change, mais aujourd'hui, en « réalité, elle a un tout autre emploi, une application « bien plus étendue..... La plupart du temps, aucun « contrat de change ne précède réellement la création « de la lettre de change. C'est par une fiction qu'on « rattache toujours celle-ci à un contrat qui, en fait, et « dans la vérité des choses, n'a pas existé. »

Quant à ces utilités nouvelles de la lettre de change, nous en indiquerons deux principales : elle est devenue un instrument de payement et un instrument de crédit.

Instrument de payement, cela est facile à concevoir, et l'exemple pratique, que nous donnions en tête de ce chapitre, en est une preuve frappante. Le commer- çant va par tous pays acheter les produits qu'il distri- buera plus tard autour de lui. Comment payer ces

achats? Envoyer des capitaux? toujours mêmes longueurs, mêmes frais, mêmes risques de transports. Il
est un moyen bien plus simple, qui est de se procurer
des lettres de change sur la place où réside son créancier, de les lui envoyer et d'opérer ainsi en sa faveur
une sorte de délégation de créance. Et comme en tous
pays il est des acheteurs et des vendeurs dont les affaires se traitent par le monde entier, il devient difficile de rencontrer une place sur laquelle, ou tout au
moins sur un lieu très voisin de laquelle, on ne puisse
se procurer du papier de change.

Et non seulement la lettre de change devient un instrument de payement, dans ce sens qu'elle est une
sorte de monnaie expédiée par le débiteur à son créancier en payement de son dû, mais elle permet encore
au créancier de se faire payer de son débiteur en tirant
sur lui, et chargeant un intermédiaire, ou quelque
banquier avec lequel il est en compte, d'en opérer le
recouvrement. Le banquier escomptera la lettre au tireur, qui touchera ainsi dores et déjà le montant de sa
créance. C'est là aujourd'hui un emploi général de la
lettre de change, emploi consacré par les usages du
commerce, et qui fait que tout vendeur a l'habitude
d'opérer le recouvrement du prix qui lui est dû par une
traite tirée sur l'acheteur. « La lettre de change est le
« moyen de faire rentrer les fonds qu'on a à recouvrer
« dans des pays plus ou moins éloignés » (Bédarride, I,
141).

Nous avons dit, en second lieu, que la lettre de change était un instrument de crédit, et ce à un double point de vue. C'est d'abord le tireur qui fait crédit au tiré : la plupart des ventes commerciales se font à terme et la raison en est aisée à comprendre. Les commerçants achètent pour revendre avec bénéfice : ce n'est donc qu'après revente qu'ils toucheront les fonds correspondant à leurs achats, et ces achats s'opérant d'ordinaire par grosses quantités, il leur sera difficile, le plus souvent, de les solder au comptant. Au contraire, que leur vendeur leur donne le temps d'écouler tout ou au moins partie de leurs marchandises, et les voilà à même de satisfaire à leurs engagements. C'est ce que permettra la lettre de change que le vendeur tirera sur son acheteur, payable à un délai fixé, et que celui-ci acceptera : dès lors le traité circule sur la foi d'une réalisation ultérieure. Et qu'à son tour le tireur ou le bénéficiaire de la lettre veuille user de crédit, il s'adressera à un tiers qui lui escomptera son titre, c'est-à-dire lui fera crédit jusqu'à l'échéance de celui-ci. Vidari a merveilleusement fait ressortir ce rôle de la lettre de change, et bien que le passage qui en traite soit un peu long, nous ne saurions mieux faire que de le reproduire : « La lettre de change est un titre fidu-
« ciaire et de crédit. En effet, quand pour exécuter
« une obligation quelconque, je consigne à mon créan-
« cier une lettre par moi tirée, ou que je lui transfère
« par endossement une lettre que je possédais à titre

« de propriétaire, je ne fais rien qu'user de la con-
« fiance posée en moi par mon créancier ; celui-ci,
« au lieu d'une valeur effective en deniers ou mar-
« chandises, se contente de l'obligation par moi sous-
« crite, sachant qu'à l'échéance moi ou un autre se-
« rons prêts à convertir ce titre fiduciaire en la valeur
« effective dont il est la représentation. Cette confiance
« qu'il a en moi, un autre l'aura en lui, et il pourra ré-
« péter avec une troisième personne l'opération que
« j'ai conclue avec lui, et la lettre deviendra ainsi l'in-
« strument de multiples payements. Tous ces paye-
« ments reposant sur le crédit des personnes obligées,
« et la confiance qu'à l'échéance la conversion de la
« valeur représentative en une valeur effective corres-
« pondante ne sera pas douteuse, la sécurité du titre
« sera d'autant plus grande que plus grandes seront le
« crédit et le nombre des personnes obligées » (*La lettera di cambio*, 1869, n° 25, p. 23 et 24). L'avantage
énorme de ces doubles facilités de crédit données au
tireur et au tiré, au créancier et au débiteur, est évident, et l'on peut dire avec M. Cauwès (*Econ. polit.*,
1ʳᵉ part., liv. III, 588, *in fine*) que « si la vente est une
« transformation du troc par l'intermédiaire de la
« monnaie, la transformation de la vente opérée par
« le crédit n'est pas moins profonde. »

On peut résumer les diverses utilités de la lettre de
change dans les quelques phrases qui suivent, tirées
d'un article de M. Courcelle-Seneuil dans le diction-

naire d'*Economie politique* (mot *lettre de change*, p. 41) :
« L'utilité de la lettre de change explique les faveurs
« spéciales dont elle est l'objet ; par elle, en effet, le
« commerce économise le transport effectif des capi-
« taux évalués en monnaie dans le temps et dans l'es-
« pace ; par elle il devient facile de donner un emploi
« lucratif aux capitaux disponibles et de donner aux
« propriétaires des capitaux engagés les avantages de
« la disponibilité. Son emploi économise aussi, dans
« des proportions à peine croyables, l'usage de la
« monnaie, puisque c'est par la lettre de change, et
« par son auxiliaire le billet à ordre, que se font pres-
« que tous les payements d'un lieu à un autre. »

Nous voilà bien loin de l'origine première et des services primordiaux de la lettre de change ; il n'est plus
question du contrat de change, et l'on comprend que
cette façon toute nouvelle d'envisager le titre qui nous
occupe ait engendré une théorie nouvelle. Cette théorie, au point de vue de son établissement scientifique,
puisque les effets pratiques en étaient connus depuis
plus d'un siècle, cette théorie a été émise pour la première fois avec une grande force de dialectique par le
jurisconsulte saxon Einert, dans son ouvrage intitulé :
*Das Wechselrecht nach dem Bedürfnisse des Wechsels-
geschaefts in neunzehnten Jahrhundert.* M. Mittermaier, dans la *Revue française et étrangère de législation* (t. VII, p. 843 et s.), nous donne une analyse très

complète et très exacte de cette doctrine, qui peut se
résumer dans les quelques points suivants.

Einert part de ce principe que la lettre de change,
suivant les besoins et les usages actuels du commerce
est destinée à tenir lieu de *papier-monnaie* (1) ; la lettre
de change est essentiellement un moyen de payement,
elle ne constate que l'engagement pris par le tireur
d'en faire payer le montant à échéance ou de la retirer
de la circulation. Et cet engagement est pris envers
tout possesseur ultérieur ; donc, en dernière analyse,
la lettre pourrait être au porteur. En effet, c'est la
lettre elle même qui forme le titre principal du porteur ; c'est ce papier qui emporte le droit de réclamer
le payement, et le payement n'a lieu que sur la représentation de ce papier. Il ne faut voir dans la lettre de
change qu'un engagement pris par le tireur envers le
public ; il faut abandonner l'idée d'un contrat de
change. En tout cas on doit rejeter l'idée d'un double
contrat, l'un intervenant entre le tireur et le preneur,
l'autre entre le tireur et le tiré, car les rapports qui

---

(1) Nous ne prenons pas ici le mot *papier-monnaie* dans le
sens rigoureux que lui attribuent les économistes pour désigner le papier à cours forcé. — C'est l'expression de *monnaie
de papier* qui correspondrait exactement à notre idée : mais
celle de *papier-monnaie* se rencontrant dans plusieurs cita-
tions par nous faites, et voulant éviter la confusion qu'en-
gendrerait la dualité d'expressions pour désigner une même
chose, nous nous contentons de ce dernier terme en faisant
bien remarquer dans quel sens nous l'entendons.

existent entre ces deux dernières parties sont étrangères à la lettre de change.

« Prendre pour point de départ de la lettre de
« change un contrat de change passé entre le tireur et le
« preneur, et regarder les porteurs subséquents comme
« des cessionnaires de ce dernier, ajoute M. Mitter-
« maier (*loc. cit.*, p. 864), c'est détruire l'essence de
« l'endossement, rendre inexplicable la position du
« porteur auquel on ne peut opposer les exceptions
« opposables aux endosseurs qui le précèdent. »

C'est qu'en effet la nécessité du crédit dans la circulation a fait prévaloir ce principe, que le cessionnaire
par endossement d'un effet de commerce peut exiger
le payement sans se voir opposer aucune des exceptions qu'a le débiteur contre un quelconque de ses auteurs. Et comment expliquer cette toute-puissance de
l'endossement, autrement qu'en voyant dans la lettre
de change un titre qui porte en lui-même toute sa
force, indépendamment des contrats qui ont pu prendre
naissance entre les personnes qui y figurent comme
parties.

Voilà donc en présence les deux théories : la première, autrefois universellement admise, dont les errements suivis par notre Code régissent encore notre législation, ne veut voir dans la lettre de change que
l'exécution d'un contrat de change, et rapporte à ce
contrat toutes les mentions que doit contenir la lettre.
La deuxième dégage la lettre de change de l'ancien

contrat de change, l'envisage dans son rôle le plus
usuel qui est de remplacer la monnaie, l'assimile à un
billet de banque. C'est cette doctrine qu'ont implicitement admise toutes les législations récentes et dont
elles ont consacré les diverses conséquences.

Pour résumer les différences fondamentales qui
existent entre les deux théories, on peut dire, avec
M. Courcelle-Seneuil (*Dict. de l'éc. polit.*, 3° éd., mot
let. de ch., p. 42) : « En termes généraux, la loi fran-
« çaise a voulu que la lettre de change fut le résultat
« sincère d'une transaction commerciale, soit au ti-
« rage, soit à l'endossement, tandis que les peuples
« germaniques n'y voient qu'une délégation de créance
« ou de crédit, transférable de la manière la plus sim-
« ple et la plus prompte, et destinée à circuler, au be-
« soin, comme monnaie ».

Est-il possible de concilier ces deux idées, d'essayer
une transaction entre les deux principes ? Non, car la
différence est radicale : chaque système est la négation absolue de l'autre. « Quant à la différence radicale entre la vieille et la nouvelle théorie, pas de com-
promis possible. Il y a là principe contre principe. Ou
bien la lettre de change est elle-même le fond de l'o-
bligation, ou bien le point délicat gît en dehors du
titre dans le contrat de change. On ne peut, sur ce
point, arriver à l'unité qu'en se demandant à qui donner la préférence du vieux principe ou du nouveau »

(G. Cohn, *Beitraege zur Lehre vom einheimtlichen Wechselrecht*, § 9, p. 40).

Quant aux conséquences de la nouvelle doctrine, il est aisé de voir quelles elles vont être. La remise de place en place, l'indication de la valeur fournie aussi bien dans la lettre que dans l'endossement, l'existence de la provision, autant de choses dont n'a pas à s'occuper le législateur, puisqu'elles ne touchent en rien à la valeur du titre considéré en lui-même. Par ce titre, une personne s'engage à faire effectuer un payement en un temps et un endroit déterminé; il n'y a à s'occuper que de cet engagement. Comment l'effectuera-t-il? par une provision envoyée au tiré, ou de toute autre manière, qu'importe au porteur, pourvu que le payement soit effectué au lieu voulu et en temps voulu. Que le tireur ait ou non reçu une contre-valeur pour l'engagement qu'il a pris, qu'importe encore? Le porteur ne considère qu'une chose, le titre dont il est possesseur et qui constitue une promesse de payement par ce fait seul qu'il est revêtu de la signature du tireur.

« Il faut donc écarter des règles de la lettre de « change celles relatives à la provision et à l'obliga- « tion du tireur de la fournir au tiré ; il y a de même « erreur à accorder au porteur des droits sur la provi- « sion en cas de faillite du tireur, dit Mittermaier « (*Rev. fr. et étr. de légis.*, t. VII, p. 864). Le pro- « blème à résoudre sera d'assurer à la lettre de change « la qualité de former, en toutes circonstances, un

« moyen d'échange ou un équivalent de numéraire.
« Pour cela un double but est à rechercher : le pre-
« mier, que le porteur puisse à tout moment convertir
« son titre en numéraire ou l'envoyer au loin en guise
« de numéraire ; le premier résultat sera acquis en fa-
« cilitant par tous modes la circulation et la négociation
« des lettres de change, particulièrement en rédui-
« sant à la plus extrême simplicité les formes de l'en-
« dossement ; le deuxième, qu'au moment du paye-
« ment, le porteur n'ait pas à craindre d'exceptions ré-
« sultant de la position du précédent endosseur ».

Mais précisément parce que la lettre de change devient un véritable papier-monnaie, et non plus la simple
constatation de l'existence d'un contrat, il résulte que
s'il faut laisser en dehors de ses formes essentielles
tout ce qui ne touche pas à son double caractère d'instrument de payement et de crédit, on sera très rigoureux sur toutes les formalités qui sont la manifestation
de ce caractère. C'est ce que donne nettement à entendre Brauer dans ses explications sur la loi allemande (*Die allgemeine Deutsche Wechselordnung erläu-
tert von* W. *Brauer*, 2ᵉ éd., p. 22 et 23) : « De ce que
« la lettre de change est un papier-monnaie, résulte
« cette conséquence, qu'il ne dépend pas de la volonté
« de celui qui la donne d'en déterminer les effets juri-
« diques. Comme elle est destinée à une circulation
« rapide, on ne peut imposer au porteur de recher-
« cher tout d'abord et scrupuleusement si des restric-

« tions, et quelles restrictions, se trouvent dans la
« lettre de change....... Il faut donc tenir pour règle
« que les prescriptions relatives au payement de notre
« papier-monnaie sont tracées par la loi, dans l'intérêt
« du commerce, avec un caractère de nécessité abso-
« lue, et qu'en général elles ne peuvent pas être mo-
« difiées par la volonté des parties ».

Ici encore différence radicale entre la théorie française et la théorie allemande au point de vue de l'application. Pour la loi française, la lettre de change,
instrument d'un contrat librement consenti entre les
parties, peut en principe porter telles clauses que bon
leur semble. La règle qui domine tout notre droit,
c'est que les conventions font la loi des parties (C. civ.;
art. 1134). La lettre de change étant rangée parmi les
contrats solennels, la loi exige à peine de nullité certaines formalités constitutives; mais en dehors de ces
formalités, permis aux intéressés de faire figurer dans
l'acte telles conventions accessoires ou telles restrictions à leurs engagements généraux : ces conventions,
ces engagements seront valables, pourvu qu'ils ne vio-
lent pas les prescriptions impératives de la loi. Il en
est tout autrement si l'on envisage la lettre de change
comme un instrument de crédit : ces conventions accessoires, ces clauses annexes sont incompatibles avec
une circulation rapide, qui est de l'essence des monnaies. Dès lors bien loin que leur validité soit la règle,
c'est le principe inverse qu'il faut poser et décider que

d'une façon générale on ne saurait ajouter au titre, tel qu'il est réglé par la loi, que les modifications expressément autorisées par le législateur.

Et si l'on veut comparer au point de vue de la rigueur de leurs exigences les deux types de législations, il semble ressortir de ces explications que la loi française est plutôt exigeante au point de vue de ce que nous appellerons le contenu interne de la lettre de change, c'est-à-dire la réalité des opérations dont elle est la constatation. La loi allemande est plus rigoureuse en ce qui touche à la forme proprement dite, c'est-à-dire aux termes dans lesquels est rédigée la lettre.

Quant à apprécier ces deux théories, l'hésitation n'est pas permise. Il faudrait être aveugle ou en retard d'un siècle pour ne pas sentir combien notre législation est peu d'accord avec les usages et les besoins du négoce, besoins et usages qui doivent être les inspirateurs uniques de toute loi commerciale. Comme le remarque M. Barclay (*Les eff. de comm. dans le droit anglais*, introd., p. 16), « de ces deux systèmes de légis-« lation, le premier (le français) recherche la sécurité, « le second la facilité des affaires commerciales et la « négociabilité de la lettre de change » (1). Ce second but, évidemment, est celui qui convient le plus et le mieux à la nature du titre que nous étudions. Aussi

_____

(1) Voir dans le même sens l'article ci-dessus reproduit de M. Courcelle-Seneuil.

dans toutes les lois récentes, et nous avons vu que
presque tous les pays européens ont dans la seconde
moitié du siècle remanié leur législation sur le change,
partout ces caractères nouveaux de la lettre de change
s'affirment, passant de la théorie dans la pratique (1).

Jusqu'ici nous avons mis en parallèle seulement
deux législations qui s'offrent à nous comme le type
des deux théories diamétralement opposées sur la nature de la lettre de change : le *Code de commerce* de
1807 et la *Wechselordnung* de 1849. Mais il est une
troisième catégorie de lois qu'il faut citer, parce
qu'elles ont, sinon au point de vue théorique, du moins
au point de vue pratique, donné un caractère particulier
à la lettre de change. Nous voulons parler des usages
de la *Grande-Bretagne* et des *Etats-Unis*, les premiers
codifiés par la loi de 1882. Il ne s'agit point ici d'une
nouvelle doctrine sur la lettre de change, mais des
règles qui la régissent ; aussi bien l'on sait que les Anglais en matière de législation, aiment moins à établir
dogmatiquement un système qu'à modifier leurs usages
et à la suite leurs lois, pour les rendre le plus conformes possible à tous les besoins, à toutes les utilités
du commerce. Nous avons vu la loi française exiger
dans la lettre de change certaines formalités qui fus-

---

(1) On en trouve la constatation frappante dans l'Exposé des
motifs du titre X (*De la let. de ch.*) du nouveau Code de comm.
espagnol de 1885 (*El nuevo codigo de commercio, public. por la
revista de los tribunales*, 2ᵉ édit., p. 217).

sent la preuve évidente d'un contrat de change pré-
existant ; à l'inverse la loi allemande, laissant de côté
toute question de contrat entre les parties, requérir
certaines mentions qui ne permissent pas le moindre
doute sur le caractère du papier-monnaie. Dans la loi
anglaise, aucune de ces exigences, et au point de vue
de la forme, en dehors de ce qui établit la promesse de
payement faite par le tireur, pas d'autres obligations
essentielles. Quant au fond, la loi anglaise ne demande
pas, à l'exemple du droit français, la préexistence d'un
contrat de change servant comme de support à la
lettre ; mais elle ne défend pas, comme la loi allemande,
que la lettre s'occupe de ce contrat, et s'il en est fait
mention, par exemple par l'indication de la valeur
fournie, elle fera produire certains effets à cette mention. En d'autres termes elle facilite beaucoup la création et la circulation des lettres de change, en les dé-
gageant des formalités gênantes de la loi française,
mais elle n'en fait pas pour cela exclusivement un titre
fiduciaire aux formalités rigoureuses et aux effets invariables. La loi *belge* de 1874 semble dans nombre de
ses dispositions avoir adopté la théorie mixte pratique-
ment consacrée en Angleterre, en édictant sur toutes
les questions de forme en particulier les règles les plus
libérales.

Nous nous sommes contenté, dans ce rapide exposé
des théories en cours sur la nature de la lettre de

change, d'en esquisser les traits généraux. En étudiant une à une les formalités dont elle doit être revêtue, nous aurons occasion de revenir sur les points de détail, et de discuter à propos de chacun son utilité ou sa superfluité.

———

CHAPITRE III

DÉFINITION ET GÉNÉRALITÉS

On peut, avec Vidari, définir la lettre de change :
« Un écrit revêtu de certaines mentions essentielles
« de forme, au moyen duquel une personne s'oblige à
« faire payer ou payer elle-même, sous des rigueurs
« spéciales, une certaine somme de deniers, en lieu et
« temps déterminés ou à vue, à une personne déter-
« minée ou à ordre. » (*La lettera di cambio*, 40, p. 43).
Sur cette définition tout le monde est d'accord, à quelques termes près qui peuvent différer dans les définitions données par les divers auteurs. Nous ferons du
reste remarquer que nous n'y faisons pas entrer certaines conditions essentielles d'après quelques législations, mais qui ne sont pas exigées partout, et qu'ainsi
notre définition se trouve vraie suivant la loi de tous
les pays (1).

(1) Un certain nombre de lois nouvelles ont, en tête de
leurs dispositions sur le change, donné une définition de la
lettre de change, ce que ne faisaient ni le Code français, ni la

Quant à la rédaction usuelle de la formule française, en voici un exemple :

B. P. F. 1,000   *Paris, le 30 juin 1887.*

A trois mois de date, veuillez payer par la présente de change à l'ordre de M. X... la somme de mille francs, valeur reçue comptant, que passerez suivant votre avis du 18 courant.

à M. XX...   *Bon pour mille francs,*
négociant à Bordeaux.   Z...

Le nom de *lettre* est donné à cet écrit, parce qu'il se

loi allemande. — *C. holland.*, art. 100 : « La lettre de change est un écrit daté d'un lieu, par lequel le signataire charge quelqu'un de payer dans un autre lieu, soit à vue ou après vue, soit à une époque déterminée, à celui qui est désigné ou à son ordre, la somme y énoncée, avec reconnaissance de valeur reçue ou de valeur en compte. » — *Loi ang.*, art. 3-1° : « Une lettre de change est un ordre pur et simple en forme d'écrit, adressé par une personne à une autre, signé de celui qui la donne, et mandant à la personne à qui il est adressé de payer sur demande, ou à une époque déterminée ou susceptible d'être déterminée, une somme certaine d'argent, soit à une personne déterminée, ou à son ordre, soit au porteur. » — *C. ital.*, art. 251 : « La lettre de change contient l'obligation de faire payer à l'échéance une somme déterminée au porteur dans la forme établie au présent chapitre. » — Enfin le projet de loi russe déclare que dans la lettre de change le tireur mande à un tiers de payer la somme désignée dans le corps de la lettre. (*Der Entwurf einer Wechselordnung für das Russische Reich*, von Georg. Cohn. — *Zeitschrift für vergleichende Rechtwissenschaft*, t. IV, p. 20.)

présente sous la forme d'une lettre missive ouverte (1).
Quant à la qualification de lettre de *change*, elle est
due à son caractère historique, qui en faisait l'instrument obligatoire du contrat de change (2).

La lettre de change, avons-nous dit, est un écrit ;
l'écriture est ici chose essentielle. Sans écrit il pourra
y avoir contrat de change, mandat de payement ou
autre convention quelconque ; il n'y aura pas de lettre
de change, partant aucun des effets qu'elle entraîne :
« L'écrit est le fondement de la lettre de change, et en
« fait nécessaire à son existence ; son caractère histo-
« rique, juridique, économique en est la preuve irré-
« futable » (Vidari, *op. cit.*, p. 70).

Quant à la forme de l'écrit, il est de toute évidence
qu'il sera rédigé le plus habituellement sous signature
privée. Quelle entrave à sa création, à sa circulation, si
le ministère d'un officier public était exigé pour la rédaction. Mais de ce qu'en principe et dans l'usage du
commerce, une traite est en fait toujours un acte sous
seing privé, est-ce à dire qu'elle ne saurait résulter
d'un acte authentique, avec ses effets spéciaux et ses
rigueurs spéciales ?

La loi française est muette sur la question, et aussi

(1) V. MM. Lyon-Caen et Renault, *Manuel de Droit commercial*, n° 526.

(2) Dans le langage usuel des commerçants le nom de
traite est couramment substitué à celui de lettre de change :
le mot vient de change *tiré, trajectitium.*

la plupart des législations étrangères. Mais chez nous, la doctrine et la jurisprudence l'ont dès longtemps tranchée dans le sens de l'affirmative. En effet, où est l'obstacle à ce que la volonté du tireur soit constatée par acte public? et si ce tireur ne peut écrire, ou tout au moins opposer sa signature sur la lettre déjà rédigée, n'est-ce pas le seul moyen qui s'offre à lui de créer un titre, qui peut lui être d'une si grande utilité. C'est ce que constate Nouguier et avec lui la plupart des auteurs, tout en faisant remarquer qu'il ne faut voir là qu'un mode exceptionnel, vu les entraves qu'il apporterait d'une façon générale à la création d'un titre destiné par essence à être toujours à la disposition du commerçant. Aussi dans la pratique les lettres de change faites par-devant notaire sont-elles très rares (1), mais l'utilité pourrait s'en présenter pour le tireur qui voudrait garantir son obligation par une hypothèque.

Pour les pays étrangers, dans le silence de la loi, la décision est généralement la même ; auteurs et tribu-

(1) D'après Nouguier, dans les départements méridionaux, où l'instruction n'était pas très répandue, il existait de nombreuses lettres de change notariées faites par des paysans pour solder le prix de leurs achats, et les tribunaux n'avaient pas hésité à en reconnaître la validité (C. de cass., 18 nov. 1833; Grenoble, 17 nov. 1836). Aujourd'hui que l'instruction a pénétré jusqu'au fond des campagnes les plus reculées, cet emploi de la lettre notariée est et tend à devenir de plus en plus rare.

naux sont d'accord pour admettre la solution que nous venons de proposer (V. Vidari, *op. cit.*, 66 et 77, p. 71).

De même, il n'est pas nécessaire que la lettre soit tout entière manuscrite ; en fait, elle ne l'est presque jamais. Les négociants ont généralement des formules toutes prêtes, où il ne leur reste à ajouter que les mentions variant avec chaque lettre, telles que lieu et date de création et de payement, nom des parties, etc., toutes les autres énonciations qui constituent la forme extérieure de la missive et le mandat de payement restant invariables. Il faut aller plus loin encore et dire que le contenu tout entier de la lettre pourrait être imprimé ou lithographié, à l'exception du nom du tireur dont la signature seule vient donner au titre sa force définitive (H. Thoel, *Das Handelsrecht*, 3e édit., t. II, 169, p. 134).

Nous avons dit en second lieu que la lettre de change était un écrit revêtu de certaines mentions essentielles. Elle a donc un caractère solennel : c'est que les effets spéciaux et rigoureux qu'elle entraîne exigent que toute personne qui y figure ne le fasse que sciemment.

Pour arriver à ce but, la loi, et en cela elle est fort sage, ne veut pas qu'un titre quelconque, irrégulier ou incomplet, puisse être invoqué par son porteur comme lettre de change ; elle impose des formalités destinées à assurer, en même temps que le crédit, la reconnaissance facile de cet écrit d'une nature toute spéciale.

Mais, pour ne pas gêner les commerçants, il ne faut pas exagérer les exigences, mais se rappeler que la plupart des négociants se règlent par les usages du commerce, bien plutôt que par les prescriptions de la loi : « En matière de lettre de change, dit Mittermaier « (*Rev. fr. et étr. de lég.*, t. VII, p. 851), le législateur « doit surtout avoir égard au progrès du commerce des « lettres de change..... Il doit se garder d'imposer aux « commerçants l'observation d'un grand nombre de « formalités : dans le commerce, on a besoin de se « borner aux formalités essentielles. »

La lettre de change contient l'indication d'une somme à payer : c'est là une condition essentielle. Si le tireur s'oblige à livrer à échéance une certaine quantité de marchandises, on prend tout autre engagement ; il pourra y avoir un contrat parfaitement valable, il n'y aura pas lettre de change. De même, le temps et le lieu de payement doivent être déterminés.

Enfin, dans la lettre de change, figurent trois parties distinctes ; tireur, preneur et tiré. Il se peut qu'en certains cas spéciaux, et d'après certaines législations, une même personne joue à la fois deux de ces rôles ; mais toujours en dernière analyse on retrouvera le tireur, celui qui promet de faire payer — le preneur, à qui doit se faire le payement — le tiré, qui reçoit mandat de le faire.

Si maintenant nous envisageons la lettre de change dans ses caractères généraux, nous la retrouvons partout comme un acte solennel, c'est-à-dire que, pour être valable, elle doit revêtir certaines formes rigoureusement exigées par la loi. C'est, de plus, un contrat de droit strict, d'abord en ce que l'intention ne saurait suppléer à un défaut d'énonciation, et aussi en ce que ses effets sont rigoureusement déterminés par la loi, et la simple volonté contraire des parties ne pourrait déroger à ces conséquences légales, non plus qu'aucune considération d'équité ne serait invocable par une des parties pour se libérer de ses obligations.

Enfin la lettre de change est essentiellement un acte de commerce (art. (32) : « Quelles que soient la qua- « lité et la profession de celui qui la tire, l'accepte, la « négocie ou la garantit, il devient par le fait seul de la « signature qu'il donne non seulement justiciable de la « juridiction consulaire, mais encore contraignable par « corps pour tous les effets de la condamnation » (Bédarride, I, 41).

Ce sont tous ces caractères rigoureux de la lettre de change, que les anciens appelaient *rigor cambialis*, et qui faisaient que l'obligation par traite n'était pas permise à toute personne. Du reste, ces rigueurs avaient leur raison d'être et l'ont encore aujourd'hui, en ce que la lettre de change est un titre essentiellement destiné au commerce, qui, par suite, doit posséder une force particulière et jouir du plus grand crédit : cette force et ce crédit seront assurés par les formalités requises et des voies d'exécution spéciales. Il est vrai qu'une de ces garanties, la plus forte jadis, a disparu de nos jours; nous voulons parler de la contrainte par corps abolie dans tous les pays, et qui frappait chaque signataire d'une lettre de change. Reste toujours la juridiction spéciale des tribunaux de commerce, pour ceux des pays qui possèdent une juridiction consulaire, et, en tout cas, les formes particulières de la procédure commerciale, la suppression des délais de grâce, la brièveté des délais de recours et de constatation de non-payement pour le porteur de la lettre, son obligation de demander le payement à date fixe; enfin, la durée de la prescription bien plus courte que pour la généralité des obligations.

PREMIÈRE PARTIE

ENONCIATIONS RELATIVES AUX PERSONNES

SECTION PREMIÈRE

PARTIES QUI FIGURENT AU MOMENT DE SA CRÉATION DANS LA LETTRE

CHAPITRE PREMIER

DU TIREUR

La première personne qui s'offre à l'étude quand on examine une lettre de change, c'est la personne qui crée cette lettre, le tireur. Nous n'avons point à nous occuper ici de la capacité exigée par la loi pour créer une traite : l'étude de cette question sort tout à fait de notre plan, qui n'embrasse que l'examen des formes. Ainsi quand nous parlerons du tireur, de même du tiré, ou du preneur, ou de toute autre personne venant à figurer dans une lettre de change, nous supposerons toujours tranchée la question de capacité, et que la partie en cause a plein droit de s'obliger.

Que le nom du tireur doive figurer dans la lettre de change, cela est de toute évidence. A quelque point de

vue qu'on se place, quelle que soit la théorie admise sur
la nature du titre, c'est le tireur qui lui donne l'existence, c'est le tireur qui donne au tiré mandat de payer,
lui qui s'engage envers le preneur à ce que ce payement soit effectué au temps et lieu voulus (1).

La loi française ne parle pas cependant de la signature du tireur, mode normal pour lui d'indiquer son
nom en même temps que de parfaire l'acte qu'il crée.
Mais la nécessité de cette signature est si évidente
qu'on excuse le législateur de n'en avoir pas parlé.
« Un écrit non signé n'est pas un acte, ce n'est qu'un
projet » (Lyon-Caen et Renault, *Préc. de dr. comm.*,
t. I, 1019). C'est la signature, en effet, qui transforme
le projet en acte, faisant foi de la volonté du signataire.

A la différence du Code français, la plupart des lois
étrangères indiquent parmi les énonciations essentielles, que doit contenir la lettre de change, la signature

_____

(1) Tel n'est pourtant pas l'avis de Thœl : « N'était le texte
formel de la loi, dit-il (*Das Handelsrecht*, t. II, 171, p. 141,
note 4), on pourrait dire qu'une telle exigence n'a pas de raison d'être. Une lettre sous le nom du tireur ne donne pas au
preneur d'action de recours, comme ne contenant aucune
promesse de change de la part du tireur, mais le preneur
peut en faire usage telle quelle, et l'acceptation et l'endossement mis sur elle sont valables comme si elle contenait le
nom du tireur. » C'est pousser à l'extrême cette théorie qui
fait résider toute la valeur de la lettre de change dans le titre
matériel.

du tireur. C'est la *loi allemande* qui la première a formulé cette exigence éminemment rationnelle, dans le § 5 de son art. 4 : « La lettre de change doit contenir la « signature du tireur, avec ses noms ou sa raison com- « merciale », et toutes les nouvelles législations ont à l'envi suivi cet exemple : *Loi scandinave*, art. 1 ; *Loi hongroise*, art. 3 ; *Loi belge*, art. 1 ; *Loi anglaise*, article 1-1° ; *Code féd. suisse*, art. 722-5° ; *Code italien*, art. 251 ; *Code espagnol*, art. 444-8°.

Cette signature, au reste, n'indique pas nécessairement le nom civil du tireur, mais peut énoncer, et en fait énoncera, chaque fois qu'il s'agira de son commerce, le nom commercial sous lequel il négocie. Le cas est expressément prévu par toutes les lois étrangères que nous venons de citer.

Pour nous replacer au point de vue de la législation française, et dans l'hypothèse la plus usuelle, celle où la lettre n'a pas été écrite par celui qui doit la signer, ce dernier doit-il faire précéder sa signature du *bon et approuvé*? L'art. 1326 du Code civil est-il applicable? La négative est universellement admise : nous sommes en matière commerciale, pourquoi appliquer une exigence exclusivement réservée aux actes de l'ordre civil? Dans la pratique cependant le *bon et approuvé* sera presque toujours employé.

Quid si le tireur ne sait pas, ou pour quelque autre raison, ne peut pas signer? Une croix ou tout autre signe représentatif de sa signature rendraient-ils la lettre valable, suffiraient-ils à l'obliger? La loi française n'en dit rien, et il faudrait s'en référer aux principes généraux d'après lesquels un semblable signe ne peut avoir de valeur juridique (1). La *loi allemande* prévoit formellement le cas, et décide que pareils signes n'ont de valeur que s'ils sont légalisés judiciairement ou par notaire (art. 94); de même *loi hongroise*, art. 104. Au contraire, le *Code suisse*, art. 820, déclare que « les « engagements figurant sur lettre de change au lieu « de signature par croix ou autres marques analogues, « même certifiées par notaire ou légalisées, ne produi- « sent aucun des effets spéciaux à la lettre de change. »

Donc le tireur doit signer son nom civil ou commercial : quant aux autres énonciations achevant de fixer sa parfaite identité, telles que prénom, surnom habituel, etc., elles sont utiles, mais on comprend que la loi ne les puisse exiger, la personnalité du tireur étant suffisamment désignée par son nom : c'est ce qu'a expressément déclaré la conférence de Leipzig, après avoir discuté la question (Protocole du 18 nov. 1847. V. Borchardt : *Die allgemeine Deutsche Wechselordnung*, art. 4, N^r 5, Zus. 128).

La signature du tireur étant le complément de la

_____

(1) La croix apposée au bas d'un effet de commerce n'équivaut pas à une signature. — Si l'on est en matière commerciale on peut établir *omni modo* que celui qui a apposé cette croix est débiteur de telle somme (Bourges, 21 nov. 1879. — Lyon-Caen et Renault, *Précis de dr. com.*, t. I, p. 542, note 4).

lettre de change, sa place tout indiquée par la nature
même des choses est au bas de la lettre, après toutes
autres énonciations : de la sorte il est clair que le signataire a approuvé toutes les mentions après lesquelles
est intervenu son nom (1).

Quant à la signature d'un mandataire ou fondé de
pouvoir, elle suffit à obliger le mandant, si le pouvoir
donné par celui-ci est assez étendu. Au cas où le prétendu mandataire, qui signerait comme tel, n'aurait
reçu aucun mandat à cet effet, ne resterait-il pas obligé
personnellement, ou faut-il prononcer la nullité de la
lettre faute de tireur? Des arguments militent en faveur de l'une et de l'autre opinion. A un premier point
de vue, on peut dire que le signataire qui a souscrit la
lettre comme fondé de pouvoir d'un tiers, sans y être
autorisé par ce tiers, a assumé sur sa tête la responsabilité des suites de son acte, et dès lors sa signature
est valable pour l'obliger personnellement. En sens
inverse, on pourrait répondre qu'il n'y a pas ici de tireur, celui par procuration de qui la lettre est sous-
crite ne saurait être tenu d'un acte auquel il n'a nulle-

(1) Tel est l'avis formel de Borchardt (*op. cit.*, art. 4,
Nr 5, zus. 110) : « La signature du souscripteur doit être à la
« fin de toutes les autres énonciations; toute autre place
« dans le contexte, en tête ou au verso, est exclue. » — Pour
Thoel (*op. cit.*, 171, p. 142, et notes 18 et 19), le nom du tireur intervient habituellement comme signature de la lettre,
mais ce n'est pas nécessaire.

ment participé ; quant au signataire, sa volonté n'a jamais été de s'obliger, donc la signature par lui apposée n'a aucune valeur.

Sur ce point, comme sur tant d'autres, le Code de 1807 est muet ; il semble que les principes de notre droit ne puissent conduire qu'à la nullité du titre. Au contraire plusieurs lois étrangères ont prévu le cas, et décident généralement que le signataire sans pouvoir est et demeure, de par la vertu de sa signature, personnellement obligé, comme l'eût été celui dont il se prétend mandataire (*loi allemande*, art. 95).

Rien ne s'oppose à ce que la lettre soit créée par plusieurs tireurs, qui se trouveront solidairement obligés. Dans ce cas, dit Borchardt (*op. cit.*, art. 4, N° 5, Zus., art. 123 b)), la biffure de la signature d'un souscripteur ne détruit pas la validité de la lettre, ni l'obligation du deuxième souscripteur dont la signature est restée intacte (1).

Tireur pour compte. — La lettre de change peut être tirée pour le compte d'un tiers ; c'est-à-dire que le tireur apparent n'agit pas pour son propre compte, mais pour celui d'une autre personne, appelée *donneur*

---

(1) Nous n'avons point à détailler ici les obligations du souscripteur d'une lettre de change, en sa qualité de tireur ; disons seulement que partout il est obligé, par voie de change, à en procurer l'acceptation et le payement(*C. français*, art.118; *L. allem.*, *scand.*, *hong.*, art. 8; *L. belge*, art.7; *C. suisse*, art.726; *C. esp.*, art. 459).

d'ordre. Il est facile de comprendre l'intérêt que peut
avoir un commerçant à ne pas tirer trop de traites, en
sorte que sa signature ne soit pas trop en circulation
et qu'il ne paraisse pas faire au crédit un appel trop
fréquent. C'est ainsi qu'un banquier, pour ne pas dis-
créditer sa signature en la prodiguant, fera tirer par
un tiers les valeurs dont il a besoin. Pour les banquiers
l'utilité du tirage pour compte se présente encore au
cas de change défavorable sur une place, favorable sur
une autre. Autre application entre négociants très éloignés : A., de Rouen, fait des achats importants à B.,
de Buenos-Ayres, mais sur cette place son nom peu
connu n'a pas la notoriété et le crédit de C., banquier
au Havre, avec lequel il est en compte. B. a donc tout
intérêt pour l'escompte facile de son papier, au lieu de
tirer sur A., d'avoir des traites sur C. — A. pourrait, il
est vrai, souscrire ces lettres et les envoyer à B., mais
les longueurs et les risques d'un double transport sont
bien inutiles, et A. chargera une fois pour toutes son
commissionnaire B. de tirer pour son compte des valeurs sur la maison C., au fur et à mesure des livrai-
sons qu'il lui fera. De même, il arrivera fréquemment
qu'un créancier, pour se rembourser de ce qui lui est
dû et par ordre de son débiteur, tirera sur le débiteur
de celui-ci.

Dans tous ces cas, si le nom du donneur d'ordre n'est
pas apparent aux yeux du public et des tiers preneurs
de la lettre, du moins doit-il être connu du tiré. Ce

dernier, en effet, est en relation non avec le tireur pour compte, qu'il ne connaît pas le plus souvent, mais avec ce tiers caché donneur d'ordre, dont il reçoit en réalité le mandat de payement. Le tireur pour compte aura deux moyens de faire connaître au tiré le nom de cet ordonnateur : ou bien il indiquera en termes exprès qu'il tire la lettre par ordre et pour compte de son commettant, et la rédigera par exemple comme suit : *Par ordre et pour compte de X., veuillez payer,* etc. Mais on comprend que ce premier mode ne soit guère praticable, le but du donneur d'ordre étant en nombre de cas, ainsi que nous l'avons dit, de rester caché, d'agir, si l'on peut s'exprimer ainsi, sous le manteau de la cheminée. Aussi le plus généralement la lettre sera rédigée en la forme ordinaire, comme si le tireur pour compte était le véritable tireur, et le nom du donneur d'ordre sera indiqué seulement par un signe de convention connu du seul tiré, par exemple les initiales de son nom suivies du numéro d'ordre de son compte courant chez le tiré. Ou bien encore, le tireur pour compte avisera le tiré par lettre du nom de l'ordonnateur.

Il y a donc ceci de particulier dans la lettre tirée pour compte, qu'il y figure deux tireurs : l'un, le tireur apparent, qui en conserve les obligations vis-à-vis de toutes parties venant à figurer postérieurement dans la lettre, sauf son recours contre son commettant ; l'autre, le donneur d'ordre, au fond véritable créateur du titre, connu du tiré qui sait n'avoir reçu que de lui mandat de payement.

Cet usage du tirage pour compte, assez fréquent dans le commerce, est reconnu et consacré par toutes les législations (*C. français*, art. 111-2°; *C. holl.*, article 101; *C. ital.*, art. 255-3°; *C. esp.*, art. 446). Généralement la loi s'occupe de régler les rapports des différentes parties et les obligations réciproques dans une traite de cette nature; mais c'est là un examen qui sortirait des limites que nous nous sommes tracées au commencement de cette étude, comme touchant non pas à des points de forme mais de fond, et nous nous contenterons d'indiquer la règle fondamentale. Le principe est que le donneur d'ordre doit indemniser le tireur pour compte de tous frais supportés ou obligations contractées par suite de l'émission de la lettre. Vis-à-vis des tiers le donneur d'ordre est-il engagé directement? Oui, d'après certains : Dupuy de la Serra, Pardessus et Locré (*Consult. de* 1819), car c'est un mandant qui se trouve obligé du fait de son mandataire; non, pour d'autres : Vincens, Nouguier (I, 234) : car le tireur pour compte est un vrai commissionnaire, non un mandataire, et comme tel ne saurait engager son commettant (Lyon-Caen et Renault, *Manuel de dr. com.*, 552). C'est l'opinion que nous admettrons comme seule conforme au but que se propose le donneur d'ordre en s'abritant derrière le tireur pour compte. L'art. 115, le seul de notre Code qui ait trait au tirage pour compte, ne s'occupe pas de l'ordonnateur ; il se contente de signaler *in fine* l'obligation qui incombe au tireur pour compte vis-à-vis de tous intéressés hormis le tiré : « *sans que le* « *tireur pour compte d'autrui cesse d'être personnelle-* « *ment obligé envers les endosseurs et le porteur seule-* « *ment.* »

CHAPITRE II

DU PRENEUR

Le deuxième nom, que nous avons vu figurer dans la traite, est celui du preneur, au bénéfice de qui est rédigé l'ordre de payement. Par essence, la lettre de change suppose un preneur : si l'on se place au point de vue de la théorie, qui s'appuie exclusivement sur le contrat de change, la présence du preneur est indispensable à la formation de ce contrat. Et quand on voit dans la lettre un instrument de crédit et de payement, toute son utilité disparaît, s'il n'y a pas une personne autre que le tireur aux mains de qui s'effectue le payement. Aussi verrons-nous tout à l'heure que, si parfois la lettre de change peut être créée à l'ordre du tireur lui-même, ce n'est là, pour ainsi dire, qu'une pierre d'attente, et l'édifice n'est rationnellement construit que lorsque le tireur, indiqué comme preneur, aura transmis à un tiers, devenu le véritable preneur, le mandat de payement donné au tiré.

Donc, le nom du preneur doit être exprimé dans le titre ; nous retrouvons partout cette obligation : *La lettre de change est à l'ordre d'un tiers ou à l'ordre du tireur lui-même*, dit l'art. 110 du Code de commerce. La loi *allemande* est plus formelle encore, en rangeant parmi les énonciations essentielles que doit contenir la traite « *le nom de la personne à qui, ou à l'ordre de « qui le payement doit être fait* » (art. 4). De même, les lois *hongroise*, art. 3-3°; *scandinave*, art. 1 ; *belge*, art. 1 ; les Codes *hollandais*, art. 100; *suisse*, art. 722-3°; *italien*, art. 251 ; *espagnol*, art. 444-3°. Il faut mettre à part la loi *anglaise* qui admet la lettre au porteur : « si la lettre n'est pas au porteur, le preneur doit être « nommé avec une certitude suffisante » (art. 7-1°).

L'indication du preneur doit être faite en termes clairs et suffisant à désigner nettement la personne dont il s'agit. Une fausse désignation vicierait radicalement la lettre. Mais il faut plus, et que la désignation suffise à indiquer *immédiatement* au tiré et à toute autre personne intéressée la personnalité du preneur. C'est ainsi que Borchardt (*op. cit.*, art. 4, N° 3, Zus., 88 ᵉ) prévoyant le cas où la détermination du preneur serait faite par les mots : *Payez à la veuve et aux héritiers de R...*, déclare cette indication insuffisante. Cette doctrine, évidemment juste au point de vue de la loi allemande, où la lettre, titre fiduciaire, doit pouvoir circuler rapidement, sans imposer en dehors de son contexte aucune recherche aux tiers porteurs, nous paraîtrait devoir être appliquée même dans notre législation.

Le preneur sera la plupart du temps donneur de valeur, c'est-à-dire que le tireur recevra de lui en échange
du titre qu'il lui transmet une contre-valeur en numéraire ou toute autre chose. Nous verrons plus tard
qu'en vertu de l'art. 110 du Code de commerce, cette
contre-valeur doit être nécessairement exprimée, et
que le défaut d'énonciation sur ce point vicierait radicalement la lettre. La loi allemande et toutes les lois
modernes à sa suite, à l'exception du Code espagnol
(art. 444-5°), ont supprimé cette exigence ; et, si la
plupart du temps le créateur de la traite reçoit en effet
de celui à qui il la remet une valeur en échange, ce
sont là rapports tout en dehors des relations issues de
la lettre, et n'ayant sur le cours de son exécution, sur
les conséquences de ses effets, d'influence aucune. En
France, au contraire, avons-nous dit, on trouve toujours un donneur de valeur ; aussi la question s'est-elle
posée de savoir si, en l'absence du nom du bénéficiaire,
l'indication de celui du donneur de valeur pourrait y
suppléer. La controverse sur ce point est vive et ne
semble pas facile à trancher. Si l'on s'en tient exclusivement à l'esprit de la loi et à la nature intime du
contrat de change, il est tout naturel de regarder
comme devant bénéficier du titre celui qui en donne la
valeur au tireur : c'est en principe pour lui qu'il est
créé, et, si dans certains cas il n'est pas en même
temps le preneur, ce n'est qu'une exception. Pourquoi
tenir compte d'une exception et ne pas supposer au ti-

reur qui a omis de désigner un preneur, cette intention
toute naturelle d'avoir créé la lettre au profit de celui
qui a conclu avec lui le contrat de change? D'un autre
côté, si l'on songe que la lettre de change est un acte
solennel, soumis comme tel aux rigueurs du formalisme, que dans un acte de cette nature c'est à la lettre
même de la loi qu'on doit obéissance, et qu'on ne peut
suppléer par la seule intention une formalité omise, on
décidera que l'équité, pas plus que l'interprétation, si
évidente fût-elle, de la volonté du tireur, ne sauraient
être prises en considération : une formalité essentielle
a été omise, dès lors il n'y a pas de lettre de change.
Entre ces deux opinions, la doctrine est partagée,
quoique les auteurs plus récents tendent d'une façon
générale à la solution la plus rigoureuse, à la nullité (1). C'est à cet avis que nous nous rangerons, esti-
mant que surtout de nos jours, avec les services d'un
ordre nouveau qu'est appelée à rendre la lettre de
change, elle doit contenir toutes énonciations qui permettent, à première vue, de se rendre compte de ses
effets. Cette décision est, du reste, celle des lois étrangères, qui, nous l'avons vu, exigent en termes formels le nom du preneur.

(1) Pothier, dans l'ancien droit, admettait que le nom du
donneur de valeur était supplétif du manque de désignation
du preneur (*Du contrat de change*, ch. iii, 1). — Merlin (*Répert.*,
V. *Let. de ch.*) et Nouguier (I, 198) ont adopté cette manière
de voir. — En sens inverse Pardessus (I, 338) ; Bédarride
(I, 98).

A côté du preneur, l'ordonnance de 1673 voulait encore qu'on mentionnât le donneur de valeur, lorsqu'ils étaient distincts l'un de l'autre (titre V, art. 1) : toujours cette même idée dominant toute la législation, s'assurer que, sous le couvert d'une lettre de change, il est bien intervenu un véritable contrat de change. Chose bizarre, cette exigence que le Code de 1807 n'a pas reproduite, comme une entrave inutile à la création des effets de commerce, se retrouve dans une loi toute moderne et mise à d'autres points de vue au courant des progrès les plus récents de la science et des usages commerciaux. Le Code *espagnol* de 1886 exige dans son art. 444-6° les nom et prénoms, raison sociale ou titre de la personne de qui on reçoit le montant de la lettre. C'est là une formalité superflue et gênante, en faveur de laquelle il paraît difficile de trouver une bonne raison. Encore qu'on considère la traite comme l'exécution d'un contrat de change, pas n'est besoin de désigner celui qui a fourni la contre-valeur. Pourvu que cette valeur ait été reçue par le tireur, et que celui-ci se soit engagé à faire faire un payement à personne désignée, le contrat de change existe. Quant au donneur de valeur, s'il est autre que le preneur, il ne figure en rien dans la lettre, et les rapports qui pourront ultérieurement exister entre lui et le preneur sont tout à fait en dehors des voies de change.

Pour que la lettre présente toute l'utilité dont elle est susceptible, il est essentiel qu'elle soit d'une transmission facile. Cette rapidité de circulation s'obtient par l'introduction de la clause *à ordre*, qui permet au bénéficiaire d'une traite d'en transférer la propriété par simple endossement. Nous aurons occasion de revenir en détail sur les caractères de cette clause, en nous demandant si elle est de la nature seulement, ou de l'essence même de la lettre de change. A ce moment, nous distinguerons les trois formes possibles de lettre de change envisagée au point de vue du preneur : la lettre à ordre (*Ordre-tratte*), la lettre en droiture (*Recta-tratte*), la lettre au porteur. Contentons-nous, pour l'instant, de remarquer que la traite à ordre est de l'usage le plus habituel, et forme la règle.

Mais un tireur voulant se ménager les avantages d'une lettre au porteur, pourrait-il laisser en blanc le nom du preneur, sauf à celui-ci ou à un cessionnaire postérieur à remplir le blanc à son nom? Un écrit circulant dans ces conditions serait-il valable comme lettre de change, en produirait-il les effets, en entraînerait-il les moyens spéciaux d'exécution (1)? Thoel, qui se pose la question (*op. cit.*, 171, p. 143) et appelle une traite ainsi conçue *Blanco-tratte*, répond par la négative, et avec raison, à notre sens (2). La loi est formelle quand elle exige le nom du preneur : en vain dira-t-on qu'il y a offre de

(1) La question ne se pose évidemment que pour les lois qui n'admettent pas la traite au porteur.

(2) Voir dans le même sens G. Cohn , *Beitraege zur Lehre vom einheimtlichen Wechselrecht*, p. 95.

contrat de la part du tireur, contrat qui est parfait dès
qu'un porteur quelconque a rempli le blanc à son nom :
que, du reste, ce tireur s'est engagé, en souscrivant la
lettre, à toutes les éventualités possibles. Nous répon-
drons que si la loi exige des formalités, elle doit le faire
sous peine d'une sanction : or, de sanction, il n'en est
d'autre que la nullité de la lettre non rédigée dans les
formes obligatoires. Cette nullité, qui n'est pas prononcée expressément par la loi française, n'y peut
être regardée que comme implicitement contenue.
Quant aux lois étrangères, la plupart ont un article formel déclarant nulle toute lettre qui ne contient pas au
complet les énonciations exigées : lois *allemande*, art. 7 ;
belge (1), art. 1er ; *hongroise*, art. 6 ; *scand'nave* (art. 5) ;
Codes *suisse*, art. 725 ; *italien*, art. 254. La loi *anglaise*
admet la lettre avec le nom du preneur en blanc, mais
il n'y a là rien que de naturel, puisqu'elle reconnaît la
validité de la traite au porteur.

Lettre à l'ordre du tireur. — « La lettre de change,
« dit l'art. 110 du Code de commerce, est à l'ordre
« d'un tiers, ou à l'ordre du tireur lui-même. » Au
premier abord cette disposition pourrait sembler
étrange : toutes les explications que nous avons don-

---

(1) Lors de la discussion du projet de loi belge, un amendement proposé par M. Jacobs, et tendant à ce que la lettre
de change pût être créée pour circuler en blanc dès le principe, sans indication d'aucune personne dénommée, fut retiré. — V. Namur, n° 18.

nées plus haut sur l'irrégularité, on pourrait dire l'absurdité d'une lettre de change sans preneur, se représentent ici. Il peut arriver cependant, et cela dans des cas très fréquents, que le tireur ait avantage à créer une lettre de change, et ne sache pas au moment de la création quel en sera le preneur. C'est un négociant qui va faire des achats dans une ville éloignée, et se propose de les solder avec les traites tirées sur ses débiteurs : ces traites, il les a préparées d'avance, mais il ne sait encore quel en sera le bénéficiaire. Il aurait pu, il est vrai, arriver au même résultat en laissant en blanc le nom du preneur, mais c'était s'exposer à de graves éventualités en cas de perte : c'était courir le risque que celui qui les trouvât y mît son nom et en profitât. Ou bien c'est un commerçant qui recouvre par valeurs ses créances sur ses clients, et veut escompter son papier : il ne sait encore à quel banquier s'adresser, se réservant de faire l'endossement à celui qui lui offrira les conditions les plus avantageuses. On pourrait encore citer bien d'autres hypothèses : le tireur qui veut envoyer les lettres à l'acceptation, pour ne les négocier qu'une fois acceptées, etc. Bref, en une foule de circonstances, le tireur peut avoir intérêt à créer une lettre de change à son ordre, de façon à ne la transmettre que plus tard, et la pratique du commerce montre qu'en fait cet usage est d'une application journalière.

Mais cette forme de la lettre de change admise, une

question délicate se pose : un tel écrit constitue-t-il
dorés et déjà une véritable lettre de change, ou ne de-
vient-il tel que postérieurement, par l'endossement du
tireur, alors que figurent les trois parties essentielles,
tireur, preneur et tiré, parfaitement distincts les uns
des autres. La loi ne tranche pas la difficulté, quoiqu'il
puisse paraître à première vue. « *La lettre de change
est à l'ordre d'un tiers ou à l'ordre du tireur lui-même;* »
donc, pourrait-on arguer de cet article, il y a bien lettre de change dès que le titre est créé à l'ordre du tireur : il n'est pas besoin du fait postérieur de l'endossement pour ajouter à la perfection d'une lettre ainsi
conçue : sitôt que créée, elle est pleinement valable,
puisqu'elle est de tous points conforme aux exigences
de la loi. Tel n'est pourtant pas l'avis général de la
doctrine, d'accord avec la jurisprudence. Il nous semble également que la lettre de change à l'ordre du tireur ne saurait être par cela seul considérée comme
complète, au point de vue de notre législation : ce
n'est encore qu'un projet, un acte non achevé, mais
prêt à l'être, et nous croyons que dans son arrêt du
20 janvier 1814, la Cour de cassation a établi la vraie
doctrine en déclarant que « c'est l'endossement à un
tiers qui complète le titre, fait intervenir un véritable
bénéficiaire et donne à la lettre de change toute sa
perfection. » Cette controverse, qui peut tout d'abord
sembler oiseuse, a des conséquences importantes, et

13

sur lesquelles nous aurons occasion de revenir à propos de la remise de place en place (1).

Si nous étudions la doctrine des législations étrangères, nous nous trouvons en présence d'une théorie
diamétralement opposée à celle généralement admise
dans notre pays. La raison en est bien simple, et toujours la même : pas de contrat de change à faire intervenir, mais un titre contenant à lui seul toute sa raison
d'être et toute sa vertu. Dès qu'il est créé et créé conforme à la loi, il produit tous les effets que cette loi
lui attribue. « La lettre de change peut être à l'ordre
du tireur », dit la loi *allemande* (art. 6), et auteurs et
tribunaux s'accordent à reconnaître que cet article attribue à la *traite à l'ordre du tireur* pleine validité,
même avant tout endossement (C. de Nuremberg,
2 mai 1864; Borchardt, *op. cit.*, art. 6, 175 a). Dans le
même sens, lois *hongroise*, art. 5; *anglaise* (2), art. 5-1°;
scandinave, art. 2 ; Codes *suisse*, art. 724; *italien*, article 255 ; *espagnol*, art. 446.

(1) V. *infra*, p. 268.
(2) La loi anglaise admet la validité de la lettre payable au
tiré ou à son ordre (art. 5). — La rédaction même des autres
lois, indiquant que la traite est à ordre d'un *tiers* ou du *tireur*, montre qu'elles n'admettent pas cette confusion de la
personne du preneur avec celle du tiré (Pardessus, 339).

CHAPITRE III

DU TIRÉ

Que l'indication du nom du tiré soit indispensable pour la validité de la lettre de change, la chose est évidente. Le tireur donne un mandat de payement, il doit désigner exactement, dans les termes les plus clairs et les plus précis, celui à qui il donne ce mandat. En quoi consiste cette désignation claire et précise? C'est évidemment là une question de fait, toute de circonstance, et qui relève bien plus du juge que du législateur. Celui-ci ne peut exiger qu'une chose, à savoir que le tiré soit indiqué : « *La lettre de change énonce le nom de celui qui doit payer* » (art. 110 du C. de com.). Même exigence dans les lois *allemande*, art. 4-7°; *hongroise*, art. 3; *scandinave*, art. 1 ; *belge*, art. 1; *anglaise*, article 3-1°; et dans les Codes *suisse*, art. 722-7°; *italien*, art. 251; et *espagnol*, art. 444-7°.

En règle générale le nom sera accompagné du prénom et de toutes autres énonciations propres à bien affirmer l'identité du tiré. Mais quand la loi exige le nom, faut-il prendre à la lettre cette disposition, et

toute autre indication suffisamment claire et précise
ne pourrait-elle y suppléer, par exemple la désignation
du tiré par le sobriquet sous lequel il est habituellement connu, de même par son titre ou ses fonctions,
s'il n'y a pas de confusion possible avec une autre personne portant le même titre ou exerçant les mêmes
fonctions? Evidemment oui, mais il faut bien prendre
garde, dans ce cas, à ce que la volonté du tireur soit
nettement indiquée et ressorte des termes de la lettre
sans doute possible. Quand, en effet, on désigne quelqu'un par ses fonctions, veut-on indiquer telle personne
remplissant cette fonction, ou le titulaire de la fonction quel qu'il soit, abstraction faite de toute individualité ?

Donc, la désignation du tiré par son nom sera suffisante, alors même qu'il existerait plusieurs personnes
de ce même nom, sauf au tireur à s'imputer les désa-
gréments qui pourraient résulter de son manque de
précision. Très souvent le tiré, au lieu d'être désigné
par son nom civil, le sera par son nom commercial,
c'est-à-dire la raison sociale sous laquelle marche son
commerce. Bien que la loi française parle du *nom* de
celui qui doit payer, elle n'exclut pas, elle comprend
implicitement pareille énonciation : la plupart des lois
étrangères dans les articles ci-dessus cités en font
mention expresse.

Une lettre de change peut-elle être tirée sur plusieurs personnes, personnes non associées, car autre-

ment elles ne forment en réalité qu'une seule personne morale? On ne voit guère pourquoi une telle lettre ne serait pas valable (1). Chaque tiré devra être considéré indépendamment des autres, et comme s'il était seul chargé du payement, sauf à lui à s'entendre avec ses co-tirés pour n'effectuer le payement que jusqu'à concurrence d'une certaine part. C'est ce que dit Barclay (*Les effets de com. dans le dr. anglais*, p. 5) : « Quant au « tiré, il suffit qu'il soit indiqué ou nommé avec une « certitude suffisante, et ils peuvent même être deux « ou plusieurs, qu'ils soient associés ou non. Mais « l'obligation de ces tirés ne doit pas être alternative « ou successive, c'est-à-dire imposant le payement à « l'un quelconque d'eux à défaut de l'autre ou à l'un « après l'autre. »

Nous avons dit que le nom seul du tiré, ou toute autre désignation équivalente de sa personne, était suffisant : donc, pas besoin d'indiquer son domicile. En fait nous verrons, à propos de l'énonciation du lieu de payement, que dans la plupart des cas ce lieu ne sera autre que le domicile du tiré : mais si l'indication du domicile est alors exigée, ce n'est pas comme mention propre à désigner plus complètement le tiré, c'est dans le but de fixer l'endroit où se fera le payement. Si donc

---

(1) La présence de plusieurs tirés sur une lettre de change a été reconnue valable par le Trib. de Berlin (3 nov. 1868) et la Cour de Dresde (30 oct. 1849). — V. Borchardt, *op. cit.*, art. 4, Nr 7, zus. 148.

pour le payement on désignait un endroit autre que ce domicile, celui-ci n'aurait nullement besoin d'être exprimé.

Le tireur, libre de désigner qui lui plaît comme tiré, fût-ce un incapable ou un mineur, peut-il se désigner lui-même? La question ne semble guère devoir souffrir discussion dans notre droit : la lettre de change, telle qu'elle y est comprise, exige l'intervention de trois personnes ; si la qualité de tireur et de tiré viennent à se confondre dans un même individu, il n'y a pas trois personnes en présence, il n'y en a que deux et la lettre de change n'existe plus. On peut en dire autant d'un patron faisant traite sur son commis, patron et commis ne faisant, si l'on va au fond des choses, qu'une seule et même personne. Une solution inverse a pourtant été proposée dans le cas où la chose peut se présenter le plus naturellement : il s'agit d'un négociant dont la maison de commerce a des succursales en différentes villes, et qui met en circulation des traites par lui tirées sur ces succursales. On a soutenu la validité de pareilles lettres (1). La discussion ici porte moins sur la question de savoir si le tireur peut se désigner comme tiré, que sur ce point tout autre : jusqu'à quel point deux maisons de commerce, dont l'une succursale de l'autre, peuvent être regardées

(1) V. Ruben de Couder, *Dict. de dr. comm.*, mot *let. de ch.*, 57.

comme distinctes et indépendantes ? Pour Nouguier
(I, 133) cette indépendance n'existe pas ; par cela seul
que les maisons sont sous la direction générale d'une
seule et même personne, elles se confondent. Le crédit de l'une est le crédit de l'autre, et la lettre ainsi
tirée sera nulle, à quelque dissimulation qu'on ait recours, parce qu'on ne peut empêcher ce fait que le preneur soit trompé n'ayant qu'un seul débiteur au lieu des
deux auxquels il avait droit. Dans l'opinion contraire,
on établit qu'en fait il est loin d'y avoir confusion absolue entre les deux maisons de commerce d'une
même personne, et que dès lors la question étant douteuse, il faut la trancher conformément non pas à la rigueur de la théorie, mais aux besoins de la pratique et
aux avantages du commerce. Et, à ce point de vue, il
est incontestable qu'il sera souvent très utile et très
commode au négociant, particulièrement à un banquier, qui a besoin de papier sur une autre place, de
tirer des valeurs sur la succursale qu'il y a. Telles sont
les considérations que font valoir Pardessus (t. II, 355),
Bédarride (I, 74), Dalloz (*Rép.*, *eff. de comm.*, 93) et
à la justesse desquels nous nous rendons volontiers.

Aussi reconnaissons-nous pleinement le grand progrès introduit dans les législations nouvelles, qui permettent expressément une traite de ce genre. La loi
allemande va plus loin encore en autorisant le tireur à
se désigner comme tiré, à cette seule condition que le
payement soit effectué dans un lieu autre que celui où

la lettre a été créée. Pareil titre sera une véritable lettre
de change avec tous les effets qui en découlent, notamment que : l'acceptation en pourra être requise, et que
le protêt à bonne date sera obligatoire pour conserver
tous recours contre le tireur. La lettre ainsi conçue, où
tireur et tiré ne sont qu'une seule et même personne reçoit de la loi *allemande*, art. 6, le nom de *eigen trassirter Wechsel*, qu'on pourrait traduire billet à ordre
tiré (1). Cette disposition de la loi allemande a été
reproduite par les Codes *suisse*, art. 724 et *espagnol*,
art. 446-2°, et la loi *hongroise*, art. 5. A l'inverse, la loi
scandinave, art. 2-2°, ne voit dans une lettre ainsi
conçue qu'un simple billet à ordre. Le projet de loi
russe suit ici les errements de la loi scandinave, comme
on peut le déduire de la définition qu'il donne de la
lettre de change (voir *supra*). La loi *anglaise* semble
laisser au porteur le choix de considérer le titre ou
comme une lettre de change ou comme un simple
billet à ordre : « Le porteur d'une lettre dont le tireur
« et le tiré sont une seule et même personne, peut la
« considérer comme un *billet de change* » (art. 5-2°).
D'après le Code *italien*, muet sur la question, la lettre
tirée sur le tireur ne semble pas valable : « Car, dit Vi-
« dari (*il nuovo codice di commercio compendiosamente
« illustrato coi motivi dà esse, da Ercole Vidari*, 2ᵉ édit.,

(1) *Un eigen trassirter Wechsel*, sans différence de lieux, est
un simple billet à ordre; dans une autre opinion, il n'est pas
valable (Thoel, *op. cit.*, 295, p. 631).

« tit. X, art. 255, note 1), la remise de place en place
« étant supprimée, ce n'est plus là qu'un billet à ordre
« ou à domicile. »

Du domiciliataire. — Le *domiciliataire* est une personne autre que le tiré, au domicile de qui la lettre
est payable. La lettre de change à domicile est d'un
usage très fréquent, vu les nombreux services qu'elle
peut rendre. D'abord le tiré, averti de l'effet qu'il doit
payer, sait devoir être absent à l'époque de l'échéance,
et prie un ami, en lui fournissant les fonds, d'effectuer
le payement en son nom. Ou bien encore c'est un négociant qui, pour éviter les ennuis et les risques des
opérations de caisse, a tous ses fonds disponibles dans
une banque, et met ses traites payables chez ce banquier, qui fait ainsi pour lui office de caissier. Ou encore c'est un fournisseur qui tire sur ses clients éloignés, perdus au fond de la campagne ou dans de petites bourgades, sur lesquelles les recouvrements sont
très difficiles à effectuer, partant exigent une commission assez forte pour le banquier chargé de ce recouvrement. Que fera le tireur? il créera la lettre payable
dans la ville voisine la plus proche du tiré, et évitera
ainsi des frais élevés de négociation, sans que ce soit
d'une grande gêne pour le tiré, qui a avec cette ville
des rapports faciles et constants. Cette dernière application de la lettre de change à domicile se présente
aujourd'hui très fréquemment. La Banque de France,
qui a des succursales dans toutes les villes importantes

du pays, escompte le papier tiré sur ces diverses places : ce papier est dit bancable. Etant d'un placement facile, il est très recherché des banquiers, qui le reçoivent entre eux généralement au pair, et sans exiger pour leur commission autre chose que l'escompte au taux de la banque. Aussi nombre de traites, pourvu qu'elles soient d'une certaine importance, et qui étaient sur ce qu'on appelle le *déplacé,* sont-elles établies payables dans une succursale quelconque de la banque, de façon à devenir d'une négociation et d'une circulation beaucoup plus aisées.

L'art. 111 du Code de commerce fait mention de la traite à domicile : « Une lettre de change peut être tirée sur un individu, et payable au domicile d'un tiers. » De même loi *scandinave,* art, 4 ; Codes *hollandais,* art. 101 ; *italien,* art. 255-1°, et *espagnol,* art. 446. Cette indication du domiciliataire sera faite dans le corps du billet, ou plutôt après le nom du tiré : celui-ci devra en faire mention dans son acceptation. Quant au caractère du domiciliataire, il joue un rôle tout passif : le payement doit être fait chez lui, non par lui.

Du recommandataire ou besoin. — On désigne sous le nom de *recommandataire* ou *besoin* (*Nothadresse*) une personne indiquée comme devant payer à défaut du tiré. Le tireur peut n'être pas très sûr que le tiré fasse honneur au mandat qui lui est donné, et, pour éviter le retour de la traite faute de payement, retour qui peut nuire à son crédit en même temps qu'occasionner des frais, il prend ses précautions, en désignant une personne qui, à défaut du tiré, fera honneur à la lettre de change. Cette mention s'indique par les mots *au besoin chez M...*, d'où le nom de *besoin* donné à ce mandataire en seconde ligne. Cet usage date du XVIIIᵉ siècle, et se comprend d'autant mieux que la lettre est tirée sur une place plus éloignée.

L'indication d'un *besoin* n'exige pas l'aveu de celui-ci; en effet, il ne suppose entre le recommandataire et le tireur aucuns liens autres que ceux résultant de l'amitié ou de la confiance, et la désignation comme tel n'impose au *besoin* aucune obligation : c'est une commission éventuelle de payement qu'il reçoit, mais est libre de ne pas remplir.

Très souvent il arrive que ce soit non pas le tireur, mais un endosseur subséquent qui désigne un besoin : il se peut, en effet, que l'endosseur ne partage pas la confiance du tireur dans le tiré, et veuille éviter de s'exposer au retour d'une lettre non payée. Le besoin ainsi désigné par un endosseur est-il obligatoire pour le porteur? En d'autres termes, le porteur qui, à l'échéance doit, après refus de payement par le tiré, présenter l'effet chez le besoin désigné par le tireur (1),

_____

(1) La présentation d'un effet chez le recommandataire, qu'il soit désigné par le tireur ou un endosseur, ne saurait être obligatoire pour le porteur que si le besoin réside au lieu de l'échéance. « Il ne faut pas tenir compte des besoins in-

doit-il faire même présentation chez le besoin indiqué par un endosseur? L'affirmative ne semble pas douteuse : le porteur, bénéficiaire de l'endossement, est tenu de toutes les conditions licites mises par le cédant à son endossement : si donc ce dernier a désigné un besoin, le porteur, en acceptant le transfert de la lettre à son ordre, a accepté par là même de remplir les obligations que lui imposait l'endosseur (V. Dalloz, *Rép.*, mot *let. de ch.*, 151 ; Nouguier, I, 249). La loi *anglaise*, art. 15, décide en sens inverse que si tout tireur ou endosseur peut indiquer un besoin, le détenteur est libre de recourir ou non contre lui.

Mais entre plusieurs recommandataires ou besoins, auquel s'adresser? En premier lieu évidemment, à celui désigné par le tireur : c'est le tireur qui a créé la lettre, qui en a fait naître les obligations ; par l'indication d'un besoin, à côté du mandat principal donné au tiré, il a donné un mandat accessoire pour le cas où ce mandat principal ne serait pas rempli : il faut suivre la volonté du tireur, créateur du titre. A défaut de recommandataire désigné par le tireur, on s'adressera parmi ceux qu'ont indiqués les endosseurs à celui désigné par l'endosseur le plus éloigné ; car celui-là par son payement donnera lieu à plus de libérations, et il en sera évité autant de recours, sans utilité aucune, entre les

« diqués dans un lieu autre que celui de payement » (Borchardt, *op. cit.*, art. 56, 630 *b*).

divers endosseurs. La loi indique formellement cette
décision à propos du payement par intervention, et on ne
voit pas de raisons pour ne pas l'appliquer ici : mêmes
motifs, au contraire, s'élèvent en faveur d'une parfaite
analogie dans les deux cas (C. de com., art. 159-4°).

CHAPITRE PREMIER

DE L'ACCEPTEUR

1. *Généralités sur l'acceptation.* — Nous avons eu
déjà occasion de dire que le tiré n'était nullement
obligé comme tel, et le mécanisme de la lettre de
change, tel que nous nous sommes efforcé de le faire
comprendre, en est la preuve bien évidente. Qu'est-ce
autre chose qu'une traite, sinon une promesse de
somme d'argent faite par le tireur, et qu'il exécute au
moyen d'un mandat de payer donné à un tiers. Quelque théorie qu'on embrasse sur la nature du titre;
qu'on y voie avec le législateur français un contrat de
change, ou avec les lois modernes une sorte de papier-
monnaie, ces considérations auront de l'influence sur
les rapports respectifs du tireur et du preneur, sur la
situation du tiré aucune. Celui-ci reste toujours un
simple mandataire, qui reçoit une commission de

payement, et tant qu'il n'a pas accepté ce mandat, absolument étranger à toutes les obligations qui découlent de la traite. C'est donc son acceptation seule qui l'oblige. Mais à partir du moment où il a apposé sur la lettre sa signature comme accepteur, il est partie à l'acte et débiteur personnel de tous ceux qui deviendront cessionnaires du titre par lui signé. Remarquons bien la différente position du tiré avant et après l'acceptation. Il se peut très bien qu'il fût débiteur du tireur, par suite obligé en dehors de toute acceptation : dans ce cas, le porteur non payé aurait eu contre lui un recours, mais seulement recours indirect découlant de l'exercice de tous les droits du tireur. Il se peut encore, dans la théorie qui admet la transmission au porteur de la propriété de la provision, que le tiré, ayant reçu provision, soit par suite obligé à acquitter la lettre de change : mais cette obligation n'ayant d'autre cause que la provision qu'il a reçue disparaît avec elle ; que cette provision ne soit plus entre ses mains à l'époque de l'échéance, soit qu'il l'ait remise au tireur, ou pour toute autre cause, et le voilà de nouveau absolument étranger à la lettre de change.

Que si, au contraire, il accepte, il devient débiteur personnel du porteur (Lois *allem.*, art. 23 ; *belge*, article 11 ; *hongr.*, art. 23 ; *scand.*, art. 23 ; Codes *franç.*, art. 121 ; *holl.*, art. 119 ; *suisse*, art. 742 ; *ital.*, article 261 ; *esp.*, art. 480). Et cette dette revêt un caractère si particulier que, quand bien même le tiré accepteur ne serait plus redevable au tireur d'aucune somme, il resterait obligé néanmoins de par la vertu toute-puissante de sa signature.

Il semble, d'après ces explications, que le tiré ne devrait jamais donner son acceptation à une lettre de change, puisque le résultat en est de l'exposer à des poursuites qu'il ne peut repousser sous aucun prétexte. Mais nous verrons tout à l'heure que tout porteur d'une traite a essentiellement le droit de la présenter à l'acceptation, et le tiré doit alors opter entre accepter ou refuser. Dans quel cas devra-t-il accepter? dans quels cas pourra-t-il légitimement refuser? en d'autres termes dans quelles circonstances le créancier d'une personne a-t-il le droit de disposer sur elle par voie de change? La question est délicate et mérite d'être approfondie. Ce peut être une chose grave pour le crédit d'un négociant qu'une lettre qui lui revient non acceptée, et l'on conçoit que s'il l'avait tirée dans les conditions normales où il en avait le droit, il peut réclamer des dommages-intérêts au tiré qui lui a causé ce préjudice.

Il faut d'abord mettre une première hypothèse hors de discussion, celle assez fréquente, du reste, où le créancier a convenu avec son débiteur qu'il tirerait sur lui : cela arrive notamment pour certains fournisseurs, qui, en envoyant la facture de leurs marchandises, ajoutent que s'ils ne sont pas couverts avant un délai fixé, ils feront traite à un, deux ou trois mois. Ce cas, comme tous ceux où il est intervenu une convention formelle, doit donc être mis à part.

Prenons maintenant l'hypothèse la plus commune, ou du moins la seule qui présente quelques difficultés, quand il n'y a rien eu de convenu, expressément ou tacitement, entre le créancier et le débiteur. Le premier a-t-il, en vertu de sa seule créance, droit de faire traite sur le second? Il semble qu'il faille nier d'une façon absolue ce droit, quand il s'agit de dettes civiles. La lettre de change est un instrument éminemment commercial et qui n'est guère usité en dehors du commerce, de plus il entraîne des conséquences particulièrement graves pour les personnes qui y figurent, et il nous paraîtrait exorbitant de demander à quelqu'un qui s'est engagé pour une dette purement civile d'apposer comme accepteur sa signature sur un titre qui changera totalement le caractère de son obligation. Que s'il s'agit non plus d'une dette civile, mais commerciale, la question change de face : c'est qu'ici l'habitude générale, on pourrait presque dire exclusive, du commerce est de solder ses dettes par des effets de commerce, spécialement des lettres de change, et le créancier qui tire sur son débiteur en payement des marchandises qu'il lui a fournies ne fait que se conformer aux usages commerciaux répandus dans le monde entier. Cette règle est universellement admise, et peut se résumer dans cette phrase empruntée à Nouguier : « Le tiré débiteur du tireur ne peut refuser a

14

« bon droit d'accepter une lettre de change, que si
« elle ne porte pas sur l'acquittement d'une dette com-
« merciale » (I, 214). V. de même Lyon-Caen et Renault (*Précis de dr. comm.*, I, 1153). Au contraire, Pardessus (II, 364) et Dalloz (*Rép.* mot *let. de ch.*, 299)
repoussent cette opinion, et pour eux le droit du créancier de tirer sur son débiteur, partant l'obligation pour
ce dernier d'accepter les traites ainsi tirées n'existe
que s'il y a convention expresse ou tout au moins tacite. Nous nous rangerons de préférence à la première
doctrine, en faisant remarquer que lorsqu'il existe des
usages aussi généraux que celui qui consiste pour le
créancier commerçant à disposer par voie de change
sur son débiteur, ne pas les exclure expressément,
c'est en réalité les adopter. C'est, du reste, la règle
qu'a consacrée la loi *belge* dont l'art. 8 dispose : « En-
« tre commerçants et pour dettes commerciales le
« créancier a le droit, sauf convention contraire, de
« tirer des lettres de change sur son débiteur jusqu'à
« concurrence de ce qui lui est dû, et le tiré est tenu
« de les accepter. Si la somme excède le montant de
« sa dette, le tiré n'est tenu d'accepter que partielle-
« ment. » A l'inverse dans le droit *anglais* le tiré, bien
que redevable au tireur d'une somme égale au montant de la lettre, n'est pas obligé de l'accepter ; de
même aux *États-Unis* (Daniel, *On negotiable instru-
ments*, I, p. 370, cité par Barclay, *Les eff. de comm. dans
le dr. anglais*, ch. IV, p. 38). Même décision dans le

droit allemand, d'après Thoel (*op. cit.*, n° 214, p. 257) ;
peu importe que le tiré soit débiteur même par voie de
change (retraite) ou qu'il ait accepté la provision.

Nous avons eu déjà occasion de dire que c'était pour
le porteur un droit absolu de demander l'acceptation
(Lois *allem.*, art. 18 ; *hong.*, art., 18 ; *scand.*, art., 17-1° ;
Code *suisse*, art. 736). Au premier abord et étant donné
la nature intime de la lettre de change, ce droit ne
s'explique guère. En effet, que promet le tireur au
preneur, par suite à l'endosseur qui prend son lieu et
place ? Une seule chose, le payement d'une somme à
échéance déterminée. Quant à l'exécution de cette
promesse, peu importe le moyen employé par le tireur : tout ce que peut exiger le porteur, c'est d'être
payé aux lieu et temps voulus. Dès lors pourquoi faire
intervenir une troisième personne, et demander à cette
troisième personne un engagement personnel que rien
dans les formes extérieures du titre ne rend évident.
Dans le système allemand en particulier qui, à la différence de la loi française, n'oblige nullement le tireur à faire provision aux mains du tiré, n'y a-t-il pas
contradiction à venir demander à ce tiré de s'obliger
personnellement ?

Cette théorie de l'acceptation ne peut s'expliquer,
et ne s'explique en effet que par un engagement accessoire du tireur, engagement accessoire inhérent à la nature de la lettre de change et compris
dans la promesse principale. A côté de cette pro-

messe de payer une somme d'argent, le tireur promet en outre au preneur l'acceptation du tiré, et s'il ne procure pas cette acceptation, il sera exposé aux mêmes recours et demande de remboursement que si le payement n'est pas effectué à l'échéance (Lois *franç.*, art. 118; *belge*, art. 7). Cette promesse accessoire, qu'on a de tout temps considérée comme de l'essence même de la lettre de change, est en réalité une des grandes causes qui ajoutent à son crédit, puisque le preneur s'assure ainsi deux débiteurs au lieu d'un seul; et comme il peut présenter la lettre à l'acceptation quand bon lui semblera, il peut s'assurer immédiatement de l'obligation du tiré et en cas de refus de sa part recourir de suite contre le tireur, sans courir le risque de son insolvabilité possible, s'il fallait attendre jusqu'au jour de l'échéance.

Ce droit général et absolu pour le porteur de demander l'acceptation ne va pas cependant sans une double exception. La première pour les lettres à vue, et la chose n'a guère besoin d'explications : puisque la lettre est payable à présentation, ce que demandera le porteur qui la présentera, ce sera non pas l'acceptation, mais le payement. Le second cas est celui d'une traite stipulée *sans acceptation* : nous aurons plus tard à revenir sur cette mention, contentons nous de dire pour le moment que parfaitement valable dans le système *français*, qui laisse la plus large part aux conventions, elle est au contraire formellement exclue par la loi *allemande* (art. 18-1°) qui ne veut pas de changement aux effets essentiels de la lettre, telle qu'elle en a fixé la nature. Dans le même sens se prononcent les lois *hongroise*, art. 17 et *scandinave*, article 17-2°; et le Code *suisse*, art. 736. A la clause *non acceptable*, il faut assimiler celle de *non acceptable avant telle date* : pareille mention, valide en France, n'est pas admise en Allemagne. Il en serait tout autrement de la mention inverse, par laquelle le tireur ou l'un des endosseurs obligerait le porteur à présenter la traite à l'acceptation avant tel délai : ici le porteur n'a pas à se plaindre qu'on restreigne son droit, il n'a rien à perdre et le tireur peut avoir un très grand intérêt à ce que le tiré se prononce de suite sur sa volonté de refuser ou d'accepter.

Le délai accordé au tiré pour se prononcer est en général de vingt-quatre heures (C. de com., art. 125; de même lois *scand.*, art. 21-1°; *belge*, art. 26; Codes *hol.*, art. 112; *suisse*, art. 736; *ital.*, art. 265; *esp.*, art. 471). En *Angleterre*, le délai d'usage est aussi de vingt-quatre heures (Barclay, *op. cit.*, ch. xi, p. 56). On comprend en effet qu'on ne puisse exiger du tiré qu'il se décide immédiatement : il a besoin de consulter des factures, des lettres d'avis, etc., pour s'assurer qu'il est bien d'accord avec le tireur sur le montant de la traite. Du reste, si l'usage commercial consacré par notre Code est de laisser la lettre de change aux mains du tiré pendant le délai qui lui est

accordé, de façon à ce qu'il puisse vérifier sur ses livres mêmes, rien n'empêche le porteur de se faire
donner une constatation de ce dépôt. Il y aura même
des cas où il sera prudent de le faire : « Quand on con-
« fie une lettre de change à celui sur qui elle est tirée,
« il est bon d'en tirer sa reconnaissance », disait
Roque dans notre ancien Droit (t. II, ch. LXV, n° 1).
Une fois expiré le délai, si le tiré ne rend pas la lettre,
il pourra être poursuivi par le porteur et sera passible
de dommages-intérêts.

La présentation à l'acceptation devra être faite par
le porteur à la personne du tiré, à son domicile, et on
comprend que la loi ne soit guère entrée dans des détails à ce sujet (voir cependant loi *belge*, art. 14, et
Code *hol.*, art. 176). Certaines législations indiquent à
quelles heures doit être faite la présentation : en *Allemagne*, heures diverses suivant les pays (art. 91); en
Hongrie, règlements locaux (art. 102); la loi *scandinave*, art. 89, fixe de neuf heures du matin à sept
heures du soir. La loi *anglaise*, art. 41-1°, autorise la
présentation par la poste, quand l'usage ou une convention l'autorise.

Nous avons toujours parlé jusqu'ici du porteur
comme présentant la lettre à l'acceptation; il ne faudrait pas en conclure que, pour avoir ce droit, il fût
nécessaire de posséder le titre comme cessionnaire
régulier. Il suffit d'être détenteur à un titre quelconque (Lois *allem.*, art. 18-2°; *hong.*, art. 17; *scand.*,

art. 17-1°; Code *suisse*, art. 736). En pratique, c'est la plupart du temps par un simple détenteur que la lettre est présentée au tiré : le tireur ou le preneur qui veut la faire accepter ne se soucie guère de l'envoyer directement au tiré ; il la remet simplement sans aucun endossement à son banquier, qui à son tour l'expédie à un correspondant résidant dans la même ville que ce tiré, et elle est ainsi présentée à ce dernier par un mandataire, qui n'a d'autre droit sur la lettre que la détention matérielle.

Nous avons dit que, sauf deux cas exceptionnels, tout porteur, ou, pour mieux dire, tout détenteur d'une lettre de change, avait droit d'en requérir l'acceptation : mais c'est là une simple faculté, nullement une obligation. C'est en effet en sa faveur qu'existe ce droit, dès lors il est libre de ne pas en user, et personne ne saurait s'en plaindre. Cette considération suffit à démontrer qué si une clause quelconque insérée dans la lettre obligeait le porteur à demander l'acceptation, il devrait se soumettre à ces conditions. C'est qu'alors le tireur ou les endosseurs auraient un intérêt particulier à être fixés sur la décision du tiré, et ce qui n'était pour le porteur qu'une simple faculté toute en sa faveur, prendrait le caractère d'une obligation.

Une autre hypothèse où la présentation à l'acceptation est obligatoire, est celle d'une lettre à délai de vue (1) : dans pareille traite, l'échéance ne peut être fixée que par la date de l'acceptation. Mais les délais laissés au porteur en dehors de toute convention spéciale sont très larges, et comprennent le même temps que ceux donnés au porteur d'une lettre à vue pour la présenter au payement; nous reviendrons sur ces délais fixés par l'art. 160, en nous occupant de l'échéance.

Si le tiré refuse d'accepter, le porteur fera constater ce refus dans un acte appelé *protêt faute d'acceptation*. Ce protêt est rédigé par un notaire ou un huissier : en fait, les huissiers seuls dressent des protêts. C'est donc là un acte authentique. Le protêt, une fois dressé, le porteur a le droit de recourir contre le tireur et les divers endosseurs, qui sont garants solidaires de l'acceptation, tout comme ils le sont du payement. « Ceux-ci, « dit l'art. 119, sur la notification du protêt, sont res- « pectivement tenus de donner caution pour assurer le « payement de la lettre à l'échéance, ou d'en effectuer « le remboursement avec les frais de protêt et de re- « change. » De même, lois *belge*, art. 10, *allemande*, art. 26; la loi *scandinave*, art. 29, permet au porteur de réclamer au lieu de sûreté le payement immédiat, le débiteur défalquant 5 0/0 d'intérêt jusqu'à l'échéance. Nous n'insisterons pas sur ces droits de recours, nous

(1) D'après la loi *allemande,* art. 18, il faut aussi que la lettre soit présentée à l'acceptation, lorsqu'elle est stipulée payable dans un lieu autre que la résidence du tiré, sans indication de domiciliataire.

contentant de faire remarquer que ce sont là questions de fond, non de forme, partant en dehors de notre sujet : il nous était impossible cependant de n'en pas dire un mot.

11. *Nature de l'acceptation.* — Nous avons déjà vu que l'acceptation avait pour résultat de faire du tiré le débiteur personnel du porteur de la traite. Il faut ajouter que cet engagement est irrévocable (Codes *franç.*, art. 121; *ital.*, art. 265; *esp.*, art. 480; lois *allem.*, art. 21-4°; *hong.*, art. 21). L'irrévocabilité de l'acceptation, voilà le grand principe qui assure le crédit du titre, sa facile négociation, la sécurité du porteur. Donc, une fois qu'il a mis sa signature sur la lettre, c'est bien fini, le tiré est obligé et ne se dégagera de cette obligation qu'en payant. *Qui accepte paye*, disait un vieil adage, puissante démonstration de cette obligation rigoureuse qu'encourt l'accepteur.

Une première question qui se pose au sujet de cette irrévocabilité, c'est de savoir si le tiré peut, après avoir donné son acceptation, la biffer? Mettons d'abord hors discussion les points sur lesquels le doute ne saurait exister. Si la lettre acceptée a été remise au porteur, il est incontestable que l'acceptation est dès lors irrévocablement acquise : un contrat est intervenu entre le tiré et le porteur, leurs volontés se sont rencontrées, on ne saurait y revenir. Et non seulement le tiré ne peut à lui seul revenir sur son acceptation sans le consentement du porteur, ce qui est de toute évidence;

mais avec ce consentement même, il semble qu'il ne le
pourrait pas, car, une fois donnée, l'acceptation est un
droit acquis d'abord au porteur, mais en même temps
à tous les endosseurs par là mis à l'abri d'un recours
faute d'acceptation. Donc, sur ce point, pas de difficultés, non plus que sur le cas analogue où le tiré encore
en possession du titre qu'il a revêtu de sa signature, a
averti de son acceptation le porteur, par lettre ou tout
autre moyen. Et la raison nous en est donnée par
Dupuys de la Serra (*Traité s. les let. de ch.*, ch. x, *in
fine*, max. 1) : « L'accepteur ne peut pas se rétracter et
« doit payer, lorsqu'il a délivré (ou notifié) son accep-
« tation au porteur, parce qu'il est dans la bonne foi et
« ses auteurs aussi. » Reste l'hypothèse réellement
délicate, lorsque le tiré, encore détenteur de la lettre
qu'il a acceptée, veut avant de se dessaisir du titre,
bâtonner son acceptation. En a-t-il le droit? Une première opinion le nie : par le dépôt du titre entre ses
mains, le porteur, en demandant au tiré l'acceptation,
lui a fait une véritable offre, et, dès que la volonté du
tiré s'est manifestée par sa signature apposée sur la
lettre, les deux volontés se sont mises d'accord, un contrat désormais irrévocable a été formé (1). La discussion, on le voit, revient à cette question, tant débattue
en droit, savoir à quel moment précis s'opère la ren-

(1) C'est la décision admise par les Codes *holl.*, art. 119-2°
et *suisse*, art. 740.

contre des volontés de deux personnes absentes : est-ce
au moment où celui à qui l'offre était faite accepte cette
offre, ou plutôt au moment où il fait part à l'autre partie de son acceptation. C'est à cette dernière théorie
que se rattache l'opinion qui permet au tiré de biffer
sa signature, tant que le titre reste entre ses mains :
c'est aussi l'opinion que nous adoptons. Si on donne au
tiré vingt-quatre heures, c'est pour lui laisser pleine
liberté de réflexion, et c'est son opinion telle qu'elle
ressortira de cette longue période de réflexion qui sera
jugée la bonne. Que si, dans un premier mouvement, il
a donné sa signature, qui peut prétendre avoir un droit
acquis à cette acceptation ignorée de tous ? C'est donc
uniquement à la dernière décision qu'on doit s'en tenir.
Le principe est posé par ce même Dupuys de la Serra,
que nous citions tout à l'heure (max. 2) : « Tant que
« l'acceptant est maître de sa signature, c'est-à-dire
« qu'il n'a pas délivré la lettre de change, il peut rayer
« son acceptation (1). » La loi *belge*, art. 11, donne
formellement au tiré le droit de biffer son acceptation
dans les vingt-quatre heures, mais il doit notifier la
biffure : même règle dans le droit *anglais* (art. 63-2°)
et aux États-Unis (Daniel, *op. cit.*, I, p. 398). En *Allemagne*, au contraire, l'accepteur qui a une fois donné

(1) V., dans le même sens, Rogue, t. II, ch. LXV, n° 5. —
Nouguier, I, ch. VII, 8. — Pardessus, I, 577. — Lyon-Caen
et Renault, *Précis*, I, 1148. — La jurisprudence est aussi
dans ce sens : Lyon, 9 août 1847.

son acceptation est lié, et, s'il la biffe, il est tenu d'en donner une nouvelle (H. Thoel, *op. cit.*, n° 216, p. 266) : pour d'autres, une acceptation biffée équivaut à une acceptation non biffée.

A la question d'irrévocabilité se rattache celle de savoir si le tiré est restituable contre son acceptation. Certains soutenaient jadis que l'acceptation du tiré était nulle, si la faillite du tireur était survenue avant cette acceptation sans que le tiré pût en avoir connaissance : c'était notamment l'avis de Casarégis (Disc. 152; n° 6 et 33) : aujourd'hui l'art. 121-2° fait disparaître, ce semble, toute espèce de doute à cet égard : « *L'accepteur n'est pas restituable contre son acceptation, quand même le tireur aurait failli à son insu avant qu'il ait accepté* ». Et cette décision est en somme la seule rationnelle : pourquoi favoriser l'accepteur, qui aura toujours quelque négligence à se reprocher au sujet de son ignorance, aux dépens de la bonne foi du porteur et aussi du crédit de la lettre de change. De cet art. 121 résulte implicitement que l'erreur ne saurait d'une façon générale rendre le tiré restituable contre son acceptation, car où trouver de cause d'erreur plus favorable que celle-ci? En est-il de même du dol et de la violence? Non, et l'intérêt du crédit de la lettre de charge doit céder ici devant cette considération, que pour qu'une personne soit obligée, il faut qu'elle ait pu faire acte de volonté. Or, au cas de violence, la volonté disparaît, et l'accepteur n'aura qu'à s'adresser aux tribunaux pour voir tomber son engagement. Au cas de dol il faudra appliquer le principe général, à savoir que le débiteur n'est libéré de son obligation que vis-à-vis l'auteur du dol, non vis-à-vis les tiers de bonne foi ; car ceux-ci n'ont rien à se reprocher, tandis qu'à lui on peut objecter qu'avec une plus grande diligence il n'aurait pas laissé prise au dol. Si donc la lettre est encore aux mains du porteur qui a déterminé le tiré à accepter par dol, celui-ci pourra demander la résolution de son acceptation, non si le titre a été endossé au profit d'un cessionnaire de bonne foi.

III. *Formes de l'acceptation.* — Tout d'abord l'acceptation doit être expresse, c'est-à-dire exige une déclaration formelle de la part de l'accepteur. C'est en effet chose grave pour lui, qui peut avoir les plus dures conséquences. On ne saurait en toute équité induire pareille obligation, même des présomptions les plus sérieuses. Il n'en a pas toujours été ainsi : sous l'ancien droit le fait par le tiré de garder la lettre présentée à l'acceptation au delà du délai fixé par l'usage, était regardé comme une acceptation tacite : *Acceptatio enim fit tacite per receptionem et retentionem litterarum*, dit Scaccia. Pothier professe la même opinion ; au contraire, Jousse et Dupuys de la Serra n'admettent que l'acceptation expresse. Aujourd'hui le doute ne saurait s'élever, et c'est dans le même sens que se sont prononcées toutes les législations modernes : pas d'acceptation tacite.

En principe l'acceptation résulte de l'apposition sur le titre du mot *accepté* suivi de la signature du tiré : elle est donc écrite. Mais est-ce là une règle absolue, et l'acceptation verbale ne serait-elle pas également valable? La chose, possible avant l'ordonnance de 1673, a été proscrite depuis, et avec raison. Le caractère propre de l'acceptation est de venir ajouter à la valeur du titre, en avertissant chaque porteur que le tiré se reconnaît débiteur ; or, ce but n'est pas atteint si le tiré ne fait qu'une simple déclaration verbale, déclaration qui ne sera pas mise par sa nature même à la portée de tous les intéressés. C'est donc *ad solemnitatem* et non pas seulement *ab probationem* que l'écrit est exigé. Cette doctrine que nous admettons avec la plupart des auteurs, est aussi celle de la théorie allemande : la lettre de change devant contenir en elle-même toute sa force, et les obligations des diverses parties résultant exclusivement du titre, on conçoit aisément qu'une acceptation qui ne serait pas écrite sur ce titre n'aurait au point de vue du droit de change absolument aucune influence. Aux *Etats-Unis* au contraire, l'acceptation verbale donnée à un endosseur peut être invoquée par les porteurs postérieurs (*Manuel de dr. comm. français et étr.*, par Hœchster, Sacré et Oudin, nouv. éd., 4ᵉ partie. ch. viii, p. 489).

Un autre point, qui touche à celui que nous venons

de traiter, est de savoir si l'acceptation doit être écrite sur le titre même, ou peut être constituée par acte séparé? La question est des plus controversées et mérite de l'être. — Ceux qui admettent l'acceptation par acte séparé invoquent d'abord le principe général de la liberté des conventions ; de plus, la loi ne dit nulle part que l'acceptation doive être écrite sur la lettre même ; elle le laisse supposer peut-être, mais ce n'est pas un précepte formel, et la règle de droit est bien connue : « Tout ce que la loi ne défend pas est permis. » — Si l'on objecte à cela que l'on ne conçoit pas un engagement, avec un caractère tout particulier comme l'acceptation, dégagé du titre qui le fait naître, on répond par l'analogie de l'aval, qui bien que fait par acte séparé constitue cependant une obligation de change ; la loi est formelle à cet égard (art. 142). La réfutation de l'objection est facile : l'obligation de l'accepteur ayant une nature spéciale parfaitement analogue à celle des divers souscripteurs de la lettre de change, on ne conçoit pas comment cette obligation pourrait naître différemment des autres, c'est-à-dire en dehors de la lettre à laquelle elle s'applique. Quant à l'exemple de l'aval, il doit être écarté. Il a fallu un texte de loi spécial pour faire admettre l'aval par acte séparé ; la loi n'aurait-elle pas pris la même précaution, si elle avait voulu consacrer même forme pour l'acceptation ? Pour ce qui est du principe de la liberté des conventions, il n'est pas ici en question ; nul ne songe à faire tomber

l'obligation du tiré qui a accepté la lettre par acte séparé ; sans doute il sera tenu en vertu de sa propre reconnaissance ; il sera tenu envers celui à qui il a donné
son engagement, mais non comme accepteur. D'où cette
conséquence que le porteur ne pourra exercer contre lui
qu'un recours indirect, et se verra opposer toutes les
exceptions qu'aura le tiré contre le bénéficiaire de
l'acceptation par acte séparé. La règle est bien simple :
d'une façon générale toutes les obligations qui dérivent
de la lettre de change doivent, pour être consacrées par
la loi, provenir d'une mention sur le titre lui-même ; la
preuve, c'est qu'il a fallu un article formel pour en dispenser l'aval. L'acceptation n'étant pas expressément
exceptée rentre dans la règle, et ne sera obligatoire
comme telle qu'à condition d'être inscrite sur la lettre.
Tel était dans l'ancien droit l'avis de Pothier (ch. iii,
art. 3) et plus récemment la décision admise par Dalloz
(n° 317), Vincens, Nouguier, etc. Cette opinion nous
paraît la seule admissible surtout quand envisageant la
nature de la lettre de change, on se dit qu'en somme
l'acceptation a surtout pour but d'assurer le crédit,
partant la facile circulation du titre, but qu'elle ne peut
atteindre qu'à condition d'être par son inscription sur
ce titre lui-même à la portée de tous les regards. Aussi
les nouvelles lois se sont-elles toutes mises d'accord
sur ce point, et la première condition de forme qu'elles
imposent à l'acceptation, c'est d'être écrite sur la
lettre : lois *allemande*, art. 21-1° ; *belge*, art. 12 ; *hon-*

groise, art. 21 ; *scandinave*, art. 21-1° ; *anglaise*,
art. 17-2° ; Codes *hollandais*, art. 115 ; *italien*, art. 262 ;
suisse, art. 739.

Quant aux formes de l'acceptation, il n'y a pas, il ne
saurait y avoir de termes sacramentels exigés par la
loi. Il suffit que l'intention du tiré soit clairement manifestée. D'ordinaire le tiré écrira le mot *accepté*,
qu'il fera suivre de sa signature, ou quelque autre expression analogue, telle que *bon pour payer*. Il est
même universellement admis que la simple signature
du tiré suffit à constituer l'acceptation ; quelle autre
signification pourrait-elle avoir, émanant d'une personne qui n'a aucune raison pour signer la lettre ? Mais
la simple déclaration du tiré qu'il *prend bonne note* de
la lettre, ou qu'il y fera *bon accueil*, ne peut être regardée comme une acceptation, ni même comme un
engagement obligeant le tiré à payer à échéance (1).
Il en serait de même d'un *visa* mis sur la traite. Ce
visa se comprend par exemple dans une lettre à délai
de vue, où le porteur est obligé de présenter la lettre
à l'acceptation pour fixer l'échéance. Il se peut très
bien qu'à ce moment le tiré ne soit pas encore décidé
s'il acceptera ou non ; mais précisément parce qu'il est
indécis, il ne veut pas non plus refuser et faire subir
au tireur avec qui il est en relations suivies les ennuis
d'un protêt faute d'acceptation. Il faut pourtant dans

(1) Cour de cass., 27 *juin* 1859, 14 *mai* 1862.

cette lettre, qui lui a été présentée pour faire courir le délai de vue, fixer le point de départ de ce délai. Le tiré prendra alors un parti mixte, consistant à apposer sur la lettre un *visa* qui fera courir le délai de vue, mais ne l'engagera à rien au point de vue du payement ultérieur de la lettre. Le tireur peut-il se contenter de ce *visa*, et son obligation de faire accepter la lettre est-elle par là suffisamment remplie ? ou plutôt n'est-il pas tenu de considérer ce *visa* comme un refus d'accepter, et de faire protester en conséquence ? Evidemment il en a le droit, puisque tout porteur peut exiger l'acceptation, et à défaut faire dresser protêt ; or, en aucune façon un *visa* ne peut tenir lieu d'une acceptation. Mais certains vont plus loin, en déclarant que ce droit est en même temps un devoir ; en d'autres termes, pour conserver son recours contre ses endosseurs, le porteur devrait ou obtenir l'acceptation, ou faire protester. Par sa forme même, dit-on, la lettre à délai de vue prouve l'intention formelle du tireur de la faire présenter au tiré, pour être ainsi fixé s'il veut payer oui ou non ; or, en se contentant d'un simple *visa*, le tireur et les endosseurs ne sont précisément pas fixés sur ce point, puisque l'engagement du tiré n'étant pas donné, le payement par lui à échéance reste hypothétique (1). On répond à cela que l'art. 160 fait, il est vrai, obligation au porteur de présenter à l'acceptation toute

(1) Horson, n° 76. — Dalloz, n° 299.

lettre à délai de vue, mais il ne l'oblige pas à faire dresser protêt à défaut d'acceptation. La présentation n'est requise que pour fixer l'échéance, qu'importe de quel acte résultera cette fixation? Nous dirons donc avec Nouguier et la plupart des auteurs récents (1) que le porteur, qui du reste peut exiger l'acceptation, peut aussi fort bien se contenter d'un simple *visa*, et n'en conserve pas moins son recours entier contre ses divers garants solidaires.

En principe l'acceptation n'a pas besoin d'être datée : peu importe à quelle époque le tiré aura donné son adhésion au mandat dont il est chargé. Il est cependant un cas où cette date a une importance capitale : c'est celui que nous venons d'examiner, où la lettre étant à délai de vue, l'acceptation fait courir le délai : « l'acceptation est datée, si la lettre est à un ou plusieurs jours ou mois de vue » (art. 122-3°). Qu'arrivera-t-il si en fait cette date est absente? Trois systèmes sont en présence : d'abord le système *français* qui paraît le plus simple et consiste à rendre « la lettre exigible au terme exprimé, à compter de sa date » (article 122-4°). Dans la théorie *allemande*, adoptée par la plupart des lois du continent, la règle est tout autre, et le délai court à dater du terme extrême laissé au porteur pour la présentation de la lettre (Lois *allem.*, arti-

(1) V. Lyon-Caen et Renault, *Man.*, 580. — Loi *belge*, article 22.

cle 20-3°; *hong.*, art. 20; *scand.*, art. 19-3°; Code
suisse, art. 738). Enfin, la loi *anglaise* autorise tout détenteur d'une lettre à délai de vue, acceptée sans date,
à y insérer la date vraie de l'acceptation, et la lettre sera
payable conformément à cette date; si par erreur de
bonne foi, le détenteur a inséré une date erronée et
que la lettre postérieurement passe aux mains d'un
détenteur régulier, elle n'est pas annulée par là même,
mais produit tous ses effets et est payable, comme si la
date ainsi insérée était vraie (art. 12-1° et 2°). On voit
d'après ces trois dispositions le triple point de vue auquel on peut se placer pour apprécier le défaut de date.
Ou bien on le considérera comme une négligence du
tiré, dont il doit par conséquent supporter les suites :
il a donné son engagement en oubliant d'en fixer l'é-
chéance, dès lors on appliquera le principe : *quod
sine die debetur, statim debetur* ; son obligation sera
échue au terme le plus proche qu'il est censé avoir accepté par son silence, c'est-à-dire au bout du délai, en
prenant pour point de départ la création de la lettre.
Au contraire, le système allemand voit dans cet oubli
un peu de la faute du porteur et un doute dans l'intention du tiré : or, en vertu de cette règle que « *le doute
doit toujours s'interpréter en faveur du débiteur* », elle
repousse son engagement à la dernière limite. A notre
avis, de ces deux systèmes, c'est le français qui est
préférable, comme punissant l'accepteur de sa négligence et donnant en même temps de son silence l'ex-

plication la plus plausible. Mais nous avouons préférer
encore la théorie anglaise, qui satisfait tous les intérêts. Le principe qu'elle pose, c'est que la date, qui
servira de point de départ au délai de vue, sera la date
vraie de l'acceptation. Jusqu'ici donc, on reste dans
les termes mêmes de l'engagement pris. Seulement
cette date exacte est des plus difficiles à déterminer,
et comme il faut envisager surtout l'intérêt du porteur,
ce sera à lui de la fixer. Et rien de plus naturel, l'engagement non daté de l'accepteur étant entre ses mains
une sorte de blanc-seing : s'il le remplit de bonne foi,
même en admettant que son énonciation soit erronée,
l'accepteur n'a pas à se plaindre, et il est éminemment
équitable qu'on fasse passer devant son intérêt celui
des détenteurs de bonne foi, qui particulièrement en
matière de lettre de change doit primer toute autre
considération.

L'acceptation est absolue, c'est-à-dire qu'elle ne peut
être soumise à aucune condition. Comprenons bien le
sens de cette disposition : cela ne veut pas dire que le
tiré ne puisse accepter sous certaines conditions. Le
porteur qui pouvait ne pas demander l'acceptation, ou
après l'avoir demandée sans l'obtenir, ne pas faire
dresser protêt, peut bien évidemment et à plus forte
raison se contenter d'une acceptation conditionnelle.
Mais il peut aussi ne pas s'en contenter et exiger, sous
peine de protêt, l'acceptation pleine et entière. Il n'est
fait, et presque partout, qu'une exception à cette rè-

gle, exception traduite par l'art. 124 de notre Code :
« L'acceptation ne peut être conditionnelle, mais elle
« peut être restreinte quant à la somme acceptée (de
même, lois *allem.*, art. 22; *belge*, art. 15; *hong.*, article 22; *scand.*, art. 22; Codes *holl.*, art. 120; *ital.*, article 266; *suisse*, art. 741; *esp.*, art. 479). L'acceptation peut donc être partielle dans ce sens que le porteur ne peut la refuser : il conserve le droit de faire
dresser protêt pour le surplus. Le § 2 de l'art. 124
semble même lui en faire l'obligation : « *Dans ce cas,*
« *le porteur est tenu de faire protester la lettre de change*
« *pour le surplus.* » Mais il ne faut pas prendre cette disposition à la lettre : comment, en effet, comprendre
que ce porteur qui, après avoir présenté la lettre au
tiré et reçu de lui refus d'accepter, n'est pas obligé de
la faire protester, le soit quand il lui a été donné une
satisfaction partielle. Si le porteur se contente d'une
acceptation partielle ou même d'une acceptation conditionnelle, cette acceptation sera parfaitement valable dans les termes où elle a été donnée (1). C'est ainsi
qu'un tiré qui aurait accepté la traite sous cette condition qu'à l'échéance il aura provision du tireur, ne
pourrait refuser le payement une fois la condition réa-
lisée sous prétexte que son acceptation était nulle, en

---

(1) Toute restriction à l'acceptation est un refus, mais l'accepteur demeure obligé, loi *allemande*, art. 22. — De même
loi *hongroise*, art. 22; Codes *italien*, art. 266; *suisse*, art. 741;
espagnol, art. 479.

tant qu'acceptation conditionnelle. Comme nous l'avons dit plus haut, l'acceptation dans ces termes engage pleinement celui qui la donne : la seule chose qui la distingue d'une acceptation absolue, c'est que le porteur pouvant ne pas s'en contenter, elle ne met pas le tiré à l'abri du protêt.

Quant aux effets de l'acceptation, nous n'avons pas à y insister, sous peine de toucher à des questions qui doivent nous rester étrangères. Nous avons déjà dit que son principal résultat était de faire du tiré le débiteur personnel, et en même temps le débiteur principal de la lettre de change. C'est là une conséquence que nous voyons consacrée par toutes les législations : lois *allemande*, art. 23-1° ; *scandinave*, art. 23 ; Codes *français*, art. 121 ; *hollandais*, art. 119 ; *italien*, art. 268 ; *suisse*, art. 742 ; *espagnol*, art. 480.

Acceptation par intervention. — Outre les frais qu'il occasionne pour le protêt, le refus d'acceptation expose le tireur à un recours de ses cédants. Pour lui éviter ce discrédit, il se peut qu'une personne résidant au lieu d'échéance se présente à la place du tiré, et remplissant le mandat que celui-ci a refusé d'exécuter, accepte la traite. C'est là une véritable gestion d'affaires, appelée *acceptation par intervention*. C'est en effet un tiers qui intervient pour le tireur ou l'un quelconque des endosseurs. L'accepteur par intervention sera, aussitôt sa signature apposée sur la lettre, comme un véritable accepteur, c'est-à-dire qu'il devient débiteur personnel, et qu'aucune exception, aucune circonstance ne pourra désormais le libérer de l'obligation qu'il a contractée envers le porteur du titre à échéance.

Le principe en matière d'intervention est qu'elle n'est possible qu'aux tiers, aux personnes étrangères à la lettre. La raison de cette disposition est évidente : pour que cette acceptation ajoute une valeur quelconque à la traite, et ait ainsi une raison d'être, il faut qu'elle procure quelque obligation nouvelle. Si donc elle émane d'une personne qui, à un titre quelconque, figure déjà sur la lettre, où sera l'engagement nouveau? Mais de ce que l'intervenant doit être un tiers par rapport à la lettre, résulte que le tiré peut très bien intervenir et, après avoir refusé d'accepter comme tiré, accepter comme intervenant. En effet, nous avons eu déjà maintes occasions de voir que le tiré, comme tel, n'était aucunement obligé, et qu'aussi longtemps qu'il n'a pas accepté le mandat à lui donné, il reste aussi parfaitement étranger à la traite qu'une personne dont le nom même n'y figure pas. Quant à l'intérêt que peut avoir le tiré qui a refusé son acceptation, à accepter ensuite par intervention, nous y reviendrons tout à l'heure.

La deuxième condition à l'intervention est qu'il ait été dressé protêt du refus d'acceptation du tiré : l'intervenant n'apparaît qu'à défaut de celui-ci, et il faut tout d'abord s'assurer d'une façon indubitable, assurance que donnera le protêt, acte authentique émanant d'un officier ministériel, que le véritable mandataire, ou du moins mandataire en première ligne du tireur, qui est le tiré, a refusé la mission qui lui était confiée. De ce que l'intervention a toujours lieu après protêt, lui vient aussi le nom d'*acceptation sous protêt*; on l'appelle enfin *acceptation pour faire honneur*, car c'est pour faire honneur à la signature du tireur que l'intervenant s'oblige.

L'acceptation doit être mentionnée dans le protêt; elle doit être aussi signée par l'intervenant (*C. de comm.*, art. 126). Où doit se trouver cette signature? à la suite de la mention d'acceptation faite dans l'acte de protêt, ou plutôt sur la lettre qui se trouve revêtue dès lors d'une acceptation analogue à l'acceptation pure et simple? Bien que notre loi n'en dise rien, il semble ressortir de son esprit général que c'est de cette dernière condition qu'il s'agit, et que l'intervenant doit en même temps que faire mentionner par l'officier public son acceptation dans le protêt, l'apposer lui-même sur le titre par sa signature. Dans ce sens : lois *scandinave*, art 58, et *anglaise*, art. 65-3°.

Dans son intervention, le tiers doit noter pour qui il intervient : nous avons déjà laissé entendre qu'on pouvait intervenir pour le tireur et pour les endosseurs. L'intervenant, véritable gérant d'affaires, doit désigner celui pour le compte de qui il opère cette gestion, et c'est par cette désignation que sera déterminé son recours. Qu'adviendra-t-il, s'il a négligé ou omis cette désignation? Jusqu'à preuve contraire, il sera présumé être intervenu pour le tireur. Une autre question est celle de savoir à qui l'on donnera la préférence, s'il se présente plusieurs intervenants? La loi ne tranche pas la difficulté, tandis qu'elle est formelle à cet égard à propos du payement par intervention. Dans ce dernier cas, elle règle (art. 159-4°) que, s'il y a concurrence pour le payement d'une lettre par intervention, celui qui opère le plus de libérations est préféré : or, celui qui opère le plus de libérations est celui qui intervient pour le tireur, il libère tous les obligés, ou pour le plus ancien endosseur, il libère tous les endosseurs postérieurs. Pourquoi ne pas appliquer par analogie cette disposition à l'acceptation par intervention, comme le fait expressément le Code *hollandais* (art. 121 à 124)? C'est l'opinion de nombre de bons esprits. Mais on peut objecter à cela que l'analogie est loin d'être absolue. A une lettre de change, on ne conçoit et on ne peut concevoir qu'un seul payement, il faut donc bien faire un choix, s'il y a plusieurs personnes qui veulent payer. Au contraire, pareil choix ne s'impose pas quand il s'agit d'obligations contractées : quelle raison à ne pas les admettre toutes ? « L'obligation d'une per- « sonne n'exclut pas celle d'une ou plusieurs autres », disent Lyon-Caen et Renault (*Manuel*, n° 594), et Na- mur est du même avis : « Plus il y aura de signataires « sur la lettre, et partant plus d'individus obligés au

« payement, plus la lettre méritera crédit et pourra
« circuler avec facilité. Le mieux est donc d'admettre
« provisoirement les signatures de tous ceux qui veu-
« lent accepter par intervention, sauf à déterminer
« plus tard un ordre de préférence, quand il s'agira de
« payement » (*Comment. du titre VIII du nouv. C. de
comm. belge*, n° 79).

Nous avons, jusqu'ici, parlé de l'intervention dans
les termes les plus généraux, nous contentant de
rechercher qui pouvait intervenir et dans quelle forme
on devait intervenir. Il nous reste à distinguer deux
sortes d'interventions. Nous savons qu'à côté du
tiré, le tireur ou même les endosseurs désignent
très souvent des mandataires secondaires appelés
besoins, les chargeant de faire honneur à leur signature, au cas où le tiré refuserait de payer. Il est naturel
que cette recommandation n'ait pas effet seulement
sur le payement, mais aussi sur l'acceptation. De
même que le besoin payera à défaut du tiré, de même
il a mission d'accepter, si ce dernier refuse. La loi
française, du reste, ne fait aucune distinction entre l'acceptation par intervention provenant d'un besoin, et
celle émanant d'une autre personne; pourtant la pratique, réglée par l'usage, introduit une différence entre
les deux cas, différence parfaitement justifiée : c'est
qu'après le protêt faute d'acceptation, l'huissier, au
lieu d'attendre que les besoins viennent offrir leur intervention, comme pour les simples tiers, doit se pré-

senter chez eux et leur demander s'ils veulent accepter
oui ou non. En dehors de cette légère différence de
forme, analogie complète entre les deux cas, quant
aux effets de l'obligation. La loi *allemande*, au contraire, établit une distinction radicale entre l'acceptation par un besoin désigné dans la lettre, *Annahme
von der Nothadresse*, et l'intervention proprement dite
Ehrenannahme : nous allons voir dans un instant les
conséquences de cette distinction.

Passons rapidement aux effets de l'acceptation par
intervention. Tout d'abord l'intervenant, constitué débiteur personnel de la lettre, devra payer à échéance,
et s'il ne paye pas sera exposé à des poursuites contre
lesquelles il n'aura aucune exception (1). Mais de ce
qu'il est débiteur personnel, il ne s'ensuit pas qu'il
soit débiteur principal : c'est toujours le tiré qui conserve cette qualité, c'est à lui que la lettre doit être
présentée en premier lieu au jour de l'échéance, contre
lui que doit tout d'abord être dressé le protêt. Entre
l'accepteur et les endosseurs, il faut appliquer le principe général que le gérant d'affaires a un recours
contre celui pour qui il a contracté : l'intervenant a
donc action contre celui pour qui il est intervenu, pour
se faire couvrir de tous ses déboursés et indemniser

_____

(1) Le Code *suiss*, art. 778, renferme cette disposition originale, que si la lettre ne lui est pas présentée au plus tard
le deuxième jour non férié après l'échéance, l'accepteur par
intervention cesse d'être tenu.

des engagements contractés. C'est ici que se manifeste l'intérêt pour lui de désigner la personne pour
qui il est intervenu et contre qui il exercera son recours : il n'interviendra jamais que pour un des endosseurs dont il connaîtra la solvabilité et sera toujours
sûr ainsi de rentrer dans ses frais. Par là également
se voit l'intérêt que peut avoir le tiré à accepter par
intervention après avoir refusé son acceptation pure et
simple. D'abord il peut intervenir pour un des endosseurs qu'il sait solvable, tandis que sa simple acceptation ne l'aurait mis en rapport qu'avec le tireur.
De même si la lettre a été tirée pour compte, le tiré
par son intervention peut se ménager un recours contre
le tireur pour compte, au lieu de n'en avoir qu'un
contre le donneur d'ordre.

Reste à étudier les droits du porteur au cas d'*acceptation sous protêt*. Nous avons vu que le porteur à qui
l'acceptation était refusée avait essentiellement le droit
de recourir contre ses garants, tireur et endosseurs,
pour leur demander à leur gré remboursement de la
lettre ou caution du payement à échéance. Notre loi,
qui pose ce principe d'une façon très générale, n'y fait
aucune exception si la lettre vient à être acceptée par
intervention : cette circonstance ne changera rien aux
droits du porteur. On pourrait alors se demander quelle
utilité offre l'acceptation par intervention : c'est surtout une utilité morale. Presque toujours il arrivera
que le porteur, surtout s'il connaît l'intervenant, et

rassuré sur la perspective du payement par l'engagement d'un nouvel obligé, se contentera de la lettre ainsi acceptée et n'usera pas du droit de recours qui lui est réservé par la loi. Le système allemand est tout autre : il part de la distinction ci-dessus indiquée entre l'intervention par un *besoin* et celle par un tiers; la première remplace absolument l'acceptation pure et simple du tiré, éteint par suite le recours du porteur (Lois *allem.*, art. 56 ; *hong.*, 56 , *scand.*, art. 56; Codes *ital.*, art. 269; *suisse*, art. 774). C'est qu'en effet par la mention même d'un besoin sur la lettre, le tireur avertit tous porteurs successifs qu'il donne par le titre un double mandat : d'abord mission au tiré d'accepter et de payer, et mission pareille au recommandataire, si le tiré ne s'en acquitte pas. Il promet donc l'acceptation du tiré, et à défaut celle du besoin : du moment que l'une des deux leur est acquise, les porteurs n'ont pas à se plaindre, ils ont toutes les sûretés sur lesquelles ils avaient raisonnablement droit de compter. Il n'en est plus de même si l'intervenant est un tiers, et l'on ne saurait forcer le porteur à se contenter de l'engagement d'une personne qu'il peut ne pas connaître, à la place des garanties que lui assurait son titre (Lois *allem.*, art. 57; *hong.*, art. 57 ; *scand.*, art. 57; Codes *ital.*, art. 270 ; *suisse*, art. 775). Cette distinction nous paraît éminemment rationnelle, et mériter d'être adoptée partout.

Une question spéciale se pose, si le tiré accepte par

intervention : le porteur doit-il se contenter de cette acceptation? Evidemment oui. Sur quoi devait-il compter? Sur l'obligation personnelle du tiré. Or, le tiré est devenu débiteur personnel : qu'importe au porteur que ce soit par l'effet d'une acceptation pure et simple ou d'une acceptation sous protêt? Ses engagements quant au payement n'en sont pas modifiés. Il est vrai que la situation n'est pas la même pour l'endosseur, en faveur de qui est intervenu le tiré, que s'il avait accepté directement; mais il ne saurait s'en plaindre, puisque par sa seule qualité d'endosseur, il était exposé à ce qu'en cas de refus du tiré un tiers intervînt de même pour lui, et que le porteur se contentât de cette acceptation.

CHAPITRE II

« L'aval est une convention au moyen de laquelle un tiers étranger à la lettre de change se rend caution du payement à l'échéance, en faveur du tireur, de l'un des endosseurs ou de l'accepteur » (Nouguier, I, 822). L'origine de ce mot est une abréviation du terme *à valoir*, qui signifie que le donneur d'aval ou avaliseur s'engage à faire valoir la traite au jour du payement.

Si on étudie la nature même de l'aval, on y voit un véritable cautionnement, cautionnement adapté par des formes spéciales aux effets de commerce. L'aval a tous les effets d'une signature quelconque apposée sur la lettre de change ; il participe de l'obligation pour laquelle il est fourni, donne des droits et impose des devoirs analogues : c'est ainsi que l'avaliseur sera poursuivi par les modes spéciaux en matière de lettre de change et aura les droits correspondants.

Quant à son utilité, elle apparaît facilement. Voilà un négociant qui a des recouvrements à effectuer, et n'en veut pas attendre le terme : il tirera sur ses débiteurs, et recourra à l'escompte pour se procurer de suite les capitaux dont il a besoin. Mais le banquier auquel il s'adresse n'a pas confiance absolue dans sa solvabilité future et craint de ne pas être couvert au cas où les lettres reviendraient protestées faute de payement. Que va faire ce négociant? chercher une caution qui garantisse le banquier de toute insolvabilité à venir. Et cette caution, au lieu de garantir la somme escomptée, imprime cette garantie sur le titre lui-même, de façon à lui donner une valeur d'autant plus grande que la réalisation à échéance devient moins douteuse. Même chose pour l'endosseur qui, au moment de transférer la lettre dont il est devenu propriétaire, ne trouve pas de preneur, faute de justifier d'un crédit suffisant. Enfin l'aval peut intervenir en faveur de l'accepteur : ce cas se présentera par exemple dans les circonstances suivantes. Un acheteur s'adresse à un négociant qui, ne le connaissant pas, ou doutant de sa solvabilité, n'accepte de lui livrer de marchandises qu'au comptant, ou à terme, à condition que les traites tirées sur lui soient de suite acceptées et ces acceptations cautionnées par un tiers indiqué.

De ces divers exemples il ressort que sinon toujours, au moins dans la plupart des cas, la présence d'un aval sur une lettre de change est une reconnaissance implicite du peu de crédit dont jouit la signature avalisée. En effet, pour qu'on ait exigé garantie, il fallait que la nécessité s'en fît éventuellement sentir. De là

16

l'inconvénient grave pour celui à qui l'on demande de faire avaliser sa signature, de manifester à tous détenteurs ultérieurs de la lettre sa faible solvabilité. C'est pour remédier à cet inconvénient que la loi française, dans son art. 141, autorise l'aval par acte séparé. Une telle garantie ne sera pas un simple cautionnement, ce sera un véritable aval, c'est-à-dire que le signataire sera soumis à toutes les obligations et jouira de tous les droits qui résultent de la lettre de change.

La question de l'aval par acte séparé a été très discutée lors de la confection du Code ; à ses partisans, qui en font valoir l'avantage ci-dessus mentionné, on répondait que ce n'était pas une raison pour faire produire les effets d'une signature sur lettre de change à un écrit qui en est totalement distinct et indépendant. Que le donneur d'aval par acte séparé fût obligé, soit ; c'est évidemment là une convention tacite, partant générative d'obligations, en vertu du grand principe posé dans l'art. 1134 du Code civil que *les conventions font la loi des parties*. Que cette convention revête le caractère commercial, soit parce qu'elle sera le plus souvent contractée par un commerçant, soit parce qu'elle se rattache comme accessoire à un acte éminemment commercial, on peut encore l'admettre. Mais aller plus loin, n'est-ce pas outrepasser une juste mesure, et en somme donner à un acte, qui n'intéresse que celui à qui la promesse est faite, des effets trop absolus et trop généraux, que de lui attribuer tous les

effets d'une lettre de change? « L'aval mis sur la lettre
« s'y incorpore, appartient à tout porteur, dit Nou-
« guier (1, 874); il n'en est pas ainsi de l'aval par acte
« séparé. »

Ces raisons avaient décidé l'ordonnance de 1673 à
ne pas admettre l'aval par acte séparé (Jousse et Savary), et on pourrait se demander pourquoi le Code
de 1807 s'est ici éloigné de son guide habituel pour
une innovation, qui en somme n'a guère de raison
d'être. Aussi bien si la personne qui recourt au cautionnement d'un avaliseur ne veut pas être connue,
rien n'oblige celui-ci à désigner en faveur de qui intervient sa garantie. Aux yeux des porteurs, l'aval
sera dès lors un simple renfort ajoutant à la valeur du
titre, sans que personne puisse connaître quelle est
l'insolvabilité présumée qui a obligé d'y recourir.

Aussi les nouvelles lois sur la matière sont-elles généralement revenues à la disposition de l'ordonnance
de 1673. Et cette disposition se comprend d'autant
mieux qu'étant donné le nouveau caractère de titre
fiduciaire attribué à la lettre de change, on se demande
comment une mention apposée ailleurs que sur ce
titre pourrait avoir un effet quelconque sur les droits et
obligations qui en résultent. Dans ce sens, la loi *hongroise*, art. 66, et le Code *italien*, art. 274. Le Code *hollandais*, art. 131, et la loi *belge*, art. 32, ont, au contraire, suivi le système français. Les Codes *suisse*, articles 808 et 809, et *espagnol*, art. 486 et 487, parlent

de l'aval, mais sans en régler les formes. Aux *Etats-Unis*, où toutes les matières relatives aux effets de commerce sont régies par les usages, dans certains Etats par des lois spéciales, l'aval peut être donné sur la lettre même ou par acte séparé (Hœchster, Sacré et Oudin, *op. cit.*, 4° part., ch. IX, p. 532). En *Angleterre*, l'aval est inconnu ; la loi de 1882 n'en parle pas : on peut se porter caution par acte séparé, mais ce cautionnement n'a aucun des effets que produit le droit de change ; le seul autre moyen de se rendre légalement garant du payement est l'endossement (Barclay, *Les effets de comm. dans le dr. anglais*, ch. XVII, *in fine*). « Celui qui signe une lettre de change autrement « que comme accepteur ou tireur est soumis à toutes « les obligations d'un endosseur vis-à-vis d'un déten- « teur régulier » (loi angl., art. 56).

Qu'il soit sur la lettre même ou par acte séparé, les termes de la loi sont garants que l'écriture est de l'essence de l'aval. Comme nous le disions plus haut, une promesse de garantie faite verbalement aurait sans aucun doute des effets juridiques, si elle était avouée ou démontrée, mais non les effets spéciaux en matière de change, résultat d'un aval régulier.

L'aval par acte séparé, étant distinct du titre, doit désigner celui-ci le plus clairement possible, de façon qu'il n'y ait pas lieu à confusion. En ce cas, du reste, ce ne serait pas la validité de l'aval qui serait en jeu, mais l'avaliseur qui souffrirait du manque de désignation par lui faite. Pour éviter pareil inconvénient, l'avaliseur transcrira la plupart du temps l'effet qu'il déclare garantir, ou du moins le précisera de la façon la plus spécifiée, en indiquant le tireur, le tiré, les endosseurs, la somme et la date d'échéance. Quant à sa signature, elle va de soi, puisque c'est elle qui constitue l'engagement par lui pris.

Pour l'aval mis sur la lettre même, la loi n'exige aucune forme particulière : pas de termes solennels, pas d'expressions sacramentelles, pourvu que la volonté de l'avaliseur ressorte suffisamment des mots qu'il emploie. L'expression consacrée par l'usage est *aval* ou *bon pour aval*, accompagnée de la signature. Il faut aller plus loin et dire que la simple signature d'un tiers suffirait à constituer un aval ; si en effet, cette signature intervient au recto du titre, elle ne peut avoir d'autre signification que celle d'une garantie donnée pour le payement : ce ne peut être regardé comme une acceptation, puisque nous devons supposer un donneur d'aval autre que le tiré ; ce ne peut être présumé un endossement en blanc, lequel se mettrait au dos du titre. Du reste, le juge est souverain appréciateur du fait de savoir quelles conditions essentielles constituent l'aval, et la Cour de cassation (30 mars 1819), d'accord avec la doctrine, a décidé que la signature en blanc au recto du titre valait aval.

Qui peut être avaliseur ? La réponse à cette question se trouve dans la définition même que nous avons

donnée de l'aval. Tout tiers étranger à la lettre, c'est-
à-dire toute personne qui n'y figure pas déjà à titre
d'obligé, peut cautionner par aval l'une quelconque
des signatures qui y figurent déjà (1). Le but de l'aval
est de donner une vertu nouvelle, une valeur plus sûre,
un crédit plus général, au titre sur lequel il intervient :
comment atteindrait-il ce but s'il ajoutait à la lettre
non pas un engagement nouveau, mais l'engagement
d'une personne déjà obligée à un autre titre.

Nous avons eu déjà occasion de voir que l'acceptation ne saurait être conditionnelle, ou plutôt que le
porteur peut considérer comme nulle toute acceptation conditionnelle, et user des recours qui lui sont
accordés au cas de refus d'acceptation. En est-il de
même pour l'aval, et le tiers qui peut ne pas le donner,
peut-il ne le donner que sous condition ? On ne trouve
plus ici les mêmes motifs de décision absolue et rigoureuse qu'à propos de l'acceptation. L'acceptation
est un droit pour le porteur, et à moins qu'elle ne soit
expressément exclue par le contexte, la faculté de
l'exiger est de la nature même de la lettre de change.
Puisque le porteur y a droit, il a droit à l'avoir tout
entière, sinon il manque quelque chose à la promesse
que lui a faite le tireur. L'aval n'est au contraire,
qu'une sorte de contrat accessoire, qui vient, il est

(1) Disons d'un mot que la capacité pour donner aval est
la même que pour créer une lettre de change (Grenoble,
14 décembre 1833).

vrai, se greffer sur le contrat principal, s'y incorporer même au point de se confondre avec lui, mais il n'en fait pas nécessairement partie. Aussi bien sont-elles les plus nombreuses de beaucoup, les lettres qui ne sont pas avalisées ! On comprend donc fort bien que la caution qui pourrait ne pas accorder sa garantie, sans donner par là naissance à aucun recours du porteur contre les endosseurs, puisse limiter cette même garantie, la soumettre à une condition (C. de comm., art. 142).

Bien que nous nous soyons imposé de ne pas sortir de ce qui touche aux formes de la lettre de change et des divers contrats accessoires qui s'y rattachent, il nous paraît impossible d'abandonner cette question de l'aval sans indiquer au moins, en quelques traits généraux et rapides, les droits et devoirs de celui qui l'a donné. Cette indication est indispensable à faire comprendre le caractère et la nature de ce mode particulier de cautionnement, et à montrer les différences qui séparent son auteur d'un autre obligé par lettre de change, d'un endosseur par exemple. Le principe qui découle des explications mêmes que nous avons données, c'est que l'avaliseur est caution solidaire de celui pour qui il intervient : c'est donc suivant les cas, comme s'il avait tiré, ou endossé, ou accepté la traite (V. Lyon-Caen et Renault, *Précis*, 1, 1172). La règle est simple et d'une application aisée : veut-on savoir à un moment donné quel recours on peut exercer contre l'avaliseur, il suffit de rechercher les droits qu'on a contre l'obligé par lui cautionné. Tout ce qu'on peut contre celui-ci, on le peut contre celui-là, tout, sauf le cas déjà prévu et résultant suffisamment des termes de l'aval, où une restriction a été faite. Quant à avoir contre l'avaliseur plus de droits que contre son ayant cause, ce serait renverser le principe même du cautionnement, à savoir que les obligations de la caution ne peuvent jamais aller plus loin que les obligations de celui qu'elle a garanti (C. civ., art. 2013). Donc le donneur d'aval sera tenu commercialement et solidairement comme celui pour qui il s'est engagé; donc, en sens inverse, il pourra opposer au porteur toutes les exceptions dont bénéficie son auteur, et exercer tous recours au pouvoir de son auteur contre les endosseurs précédents (C. *holl.*, art. 132; loi *belge*, art. 32; C. *ital.*, art. 275).

Quant à savoir en faveur de qui est intervenu l'aval, question de la plus haute importance, puisqu'il en résultera suivant les cas des droits et obligations bien divers, c'est avant tout une question de fait. Si l'aval est donné par acte séparé, il indiquera presque toujours qui il garantit; l'avaliseur n'intervenant dans ce cas que sur la demande du créancier et les instantes sollicitations du débiteur, il ne craindra pas de diminuer le crédit de ce dernier, en le nommant dans un écrit destiné à rester secret. Que si l'aval est donné sur la lettre, sa place même, à côté de la signature

qu'il a pour but de fortifier, manifestera d'ordinaire
pour qui il est donné. En cas de doute absolu, il semble
que le porteur pourrait le considérer comme intervenu
en faveur de celui chez qui il y trouve le plus d'avantage, sauf à l'avaliseur à faire la preuve contraire.

APPENDICE

DES FAUSSES SIGNATURES

I. Commençons par celle du tireur; c'est la première qui se présente aux regards et la plus importante. Quand la signature du tireur a été falsifiée, en d'autres termes quand une personne a signé du nom d'un tiers une lettre de change, on dit couramment que cette lettre est fausse. Quelles sont les conséquences de cette situation?

Par rapport à celui dont on a imité la signature, la question ne saurait évidemment faire de difficultés : comment une personne tout étrangère à la lettre de change, dont le nom s'y trouve engagé sans qu'elle le sache et sans qu'elle le veuille, pourrait-elle être obligée? Même si le tiré, après avoir payé était créancier du tireur supposé, il ne pourrait précompter sur sa dette le payement par lui effectué, toujours pour cette même raison que la lettre fausse est et ne peut rester que complètement étrangère au tireur.

Mais il est d'autres personnes qui peuvent avoir été

parties à la traite fausse. A côté de la signature falsifiée, il peut être intervenu des signatures vraies, celles d'un endosseur, d'un accepteur : qu'en adviendra-t-il? Il semble au premier abord que la question soit bien simple à trancher. Une signature fausse c'est comme une signature absente : dès lors il manque à la lettre de change une condition essentielle, la présence d'un tireur. La lettre n'est donc pas valable, et cette nullité radicale entraîne du même coup la nullité de toutes les déclarations qui auraient pu y être ultérieurement apposées. Ce raisonnement, qui au point de vue logique paraît irréfutable, se heurte à une impossibilité pratique venant de la bonne foi des tiers. La lettre de change est éminemment un papier de circulation; il y aura souvent un très grand nombre de personnes intéressées à une même traite, et quelle injustice à les traiter selon la rigueur des principes, quand elles sont de parfaite bonne foi, et que la forme même du titre n'a pu les avertir de leur erreur? On compare la signature fausse au manque de signature, mais quelle différence entre les deux cas! Si la signature est absente, tout porteur de la lettre, toute personne qui à un titre quelconque y appose sa signature, voit ou doit voir le vice qui l'affecte : c'est un vice apparent qui saute aux yeux; ne pas s'en apercevoir constitue une négligence impardonnable, et on comprend très bien que celui qui est ainsi en faute ne puisse invoquer l'injustice qu'il y a à le priver de recours. Mais si la signature est fausse, comment le savoir? Quand un commerçant reçoit une lettre de change, le plus souvent il ne s'informe pas du nom ni de la solvabilité du tireur qu'il ne connaît pas, mais s'inquiète seulement de son cédant immédiat, de l'endosseur avec lequel il est en relation d'affaires.

Qu'est-ce donc qui se passera? Prenons le cas le plus simple, celui où le tiré n'a pas accepté la lettre. Si au moment de l'échéance il en connaît la fausseté, il refusera de payer et le porteur aura recours contre ses garants, jusqu'à ce qu'on arrive au premier endosseur ; ce dernier doit connaître celui qui lui a remis la lettre et en obtiendra le remboursement. Si le tiré a payé et ne s'aperçoit que plus tard de la fausseté du titre, quel sera son droit? pourra-t-il se faire rembourser par le porteur? La question est des plus controversées. Pour l'affirmative, on dit qu'en réalité il ne devait rien, puisqu'il n'avait reçu aucun mandat du tireur ; il a payé par erreur ce qu'il ne devait à aucun titre, il a donc payé sur fausse cause et a droit à la répétition de l'indû (1). Cette opinion se heurte malheureusement à cette difficulté, que le porteur, ayant été payé à échéance, n'aura pas fait dresser protêt, et par suite s'il est obligé de restituer au tiré ce qu'il en a reçu, il n'aura plus de recours contre ses endosseurs (2). A cela Boistel répond que par suite de la fausseté de

(1) V. Boistel, § 810. — Alauzet, § 1407.
(2) V. Nouguier, I, § 236. — Pardessus, § 450.

la signature du tireur, il n'y a pas, il n'y a jamais eu
lettre de change. Dès lors, le porteur forcé de restituer
aura le recours de droit commun, s'adressera à son
cédant par une *condictio indebiti* analogue à celle que
lui a intentée le tiré, et l'on remontera ainsi, de degré
en degré, jusqu'à l'endosseur qui a reçu directement la
lettre du faussaire. Malgré cet argument, nous avouons
pencher plutôt vers la première opinion, et à notre
avis le tiré qui a payé une lettre fausse ne pourra rien
réclamer du porteur et n'aura d'action que contre le
faussaire. C'est que sa situation est moins intéressante
que celle du porteur ; avant de payer, il devait examiner plus minutieusement la lettre. Payant sur mandat censé reçu du tireur, il doit connaître la signature
de ce dernier, qui peut être absolument inconnue au
porteur. Nous venons de dire, en effet, que dans les
habitudes du commerce, et par la nature même du
titre, le cessionnaire d'une lettre de change ne s'occupait jamais que de vérifier la capacité de son endosseur immédiat. Nous nous trouvons donc en présence
de deux personnes ; chez l'une la bonne foi est plus
grande encore, ou du moins a plus de raison d'être
que chez l'autre ; motif qui s'ajoute à cet argument de
droit : *in pari causa melior est causa possidentis.* Or, dans
l'espèce, celui qui est en possession, c'est le porteur
qui a reçu payement ; pourquoi le lui faire restituer ?
C'est l'avis consacré par la loi *belge*, art. 47-1° : « Le
« tiré qui a payé une lettre fausse ne peut en récla-

« mer le remboursement au porteur de bonne foi. »

Passons à l'hypothèse plus délicate où le tiré a accepté la lettre : est-il tenu par son acceptation ? Trois opinions se sont élevées en réponse à cette question. Pour la première, l'accepteur n'est jamais tenu ; c'est qu'en effet son acceptation a été faite sur fausse cause, partant est nulle (1). Dans un second système radicalement opposé, l'accepteur est toujours obligé ; son acceptation l'a lié parce qu'il était libre de la refuser, et qu'en la donnant il eût dû prendre toutes informations pour être bien sûr de ne pas s'engager imprudemment. Du reste, cette acceptation a donné une valeur nouvelle à la lettre et a peut-être décidé de nouveaux tiers à l'endosser ; c'est donc une responsabilité qui lui incombe (2). Ce dernier motif donné à l'obligation de l'accepteur a fait naître une troisième théorie, qui distingue entre les signataires de la lettre antérieurs à l'acceptation et ceux postérieurs. Vis-à-vis des premiers, l'acceptation est nulle comme faite sur fausse cause. La même nullité devrait aussi exister à l'égard des endossements postérieurs, mais elle est tempérée par ce fait que l'acceptation du tiré peut avoir été la cause déterminante de ces nouveaux endossements, le tiré aura donc à en répondre vis-à-vis d'eux (3).

Cette distinction paraît un peu subtile, non qu'elle

(1) V. Nouguier, I, § 533. — Bédarride, § 378.
(2) V. Pardessus, § 448. — Alauzet, § 1305.
(3) V. Dalloz, *Répert.*, au mot *let. de ch.*, n° 862.

n'ait sa raison d'être, mais parce qu'elle arrive à déclarer, suivant les personnes, la même acceptation valable ou nulle ; or, l'acceptation est une et ne change pas de caractère suivant ceux dont l'obligation est en jeu. C'est pourquoi nous regarderons le tiré, accepteur d'une lettre fausse, comme obligé dans tous les cas. Bien entendu s'il a payé, il aura un recours contre le faussaire, et, pour arriver jusqu'à ce faussaire, il s'adressera aux divers endosseurs. « Il y a obligation pour les endos- « seurs de justifier de l'existence et de l'individualité « de leurs cédants : car nul n'est censé ignorer la per- « sonne avec laquelle il contracte. Celui qui ne fait pas « cette justification est responsable du dol et de la « fraude, et la présomption de faux pèse sur lui » (Dalloz, *Répert.*, mot *let. de ch.*, n° 862).

La solution que nous avons admise est aussi celle adoptée généralement par les lois étrangères. « La « fausse signature du tireur ne libère pas l'acceptation « et les endossements valables », dit la loi *allemande*, art. 75. (De même, lois *hong.*, art. 88 ; *scand.*, art. 75 ; *belge*, art. 47-2° ; codes *suisse*, art. 801 ; *ital.*, art. 327 et 328.) De ces diverses règles, le motif nous est donné par Borchardt, c'est que toute déclaration de change fonde une obligation indépendante, dont, par conséquent, la validité ne saurait être corrélative des obligations découlant des autres déclarations.

II. Après la signature du tireur, la première qui peut intervenir est celle de l'accepteur. Si l'on a falsifié sa signature, ici encore comme pour le tireur, pas de doute : celui dont la signature a été ainsi imitée ne saurait être tenu. Le faux d'une personne qui lui est totalement étrangère ne peut, d'aucune façon, l'obliger (1). Il reste donc tiré ordinaire, libre de payer ou non à l'échéance, avec droit, s'il paye, de se retourner contre le tireur. S'il paye, sur le vu et déterminé par sa fausse acceptation, pourra-t-il agir contre le porteur en répétition de l'indû ? Évidemment non, et pour une raison bien simple, c'est que, même s'il n'y avait pas eu acceptation, le payement aurait été valable et irrévocable. Du reste, ici, il y a forte négligence de la part du tiré, qui eût dû être le premier à reconnaître la fausseté de sa propre signature (2).

III. Pour l'avaliseur, mêmes décisions : il n'est pas tenu si l'on a imité sa signature ; et si par erreur, erreur qui serait plus impardonnable encore que pour l'accepteur, il venait à payer l'effet présenté à échéance, il aurait les recours d'un simple payeur par intervention.

IV. Quant au faux endossement, nous ne pouvons l'étudier ici, n'ayant pas encore fait connaître les caractères particuliers de ce contrat; nous en dirons quelques mots quand nous serons arrivé à l'étude de cette matière.

---

(1) Mais bien entendu la fausseté de sa signature ne saurait en rien atteindre la validité des autres signatures.

(2) V., dans ce sens, Nouguier, I, § 239; Pardessus, § 453; Bédarride, § 380; Alauzet, § 1409; Boistel, § 810.

DEUXIÈME PARTIE

ÉNONCIATIONS RELATIVES A LA FORME ET A LA NATURE DE LA LETTRE DE CHANGE

SECTION PREMIÈRE

ÉNONCIATIONS ESSENTIELLES

CHAPITRE PREMIER

DE LA DATE

La lettre de change est datée, dit l'art. 110-2° du Code de commerce français. Il faut entendre ici le mot *date* dans un sens plus général que celui qu'il comporte habituellement. Ce n'est pas seulement l'époque, mais aussi le lieu de création qui doit être désigné : exigence spéciale que la loi ne prescrit pas en principe dans les actes sous seing privé.

Cette indication de la date a une grande utilité. D'abord, en nombre de cas, elle fixe l'échéance de la lettre, toutes les fois que celle-ci est indiquée payable à un délai de date ou à usances. Même si la lettre est à vue ou à délai de vue, la date de la création importe,

17

pour le cas sur lequel nous aurons ultérieurement à revenir, auquel la lettre n'aurait pas été présentée à l'acceptation ou au payement dans certains délais prévus par la loi. En outre, la date fait connaître si le tireur était ou non capable lors de la création du titre, par exemple au cas de faillite. Par la désignation du lieu, elle permet de constater la remise de place en place, condition qui a disparu, il est vrai, de toutes les législations récentes, mais occupe encore le premier rang dans notre loi. Autre utilité quand la traite est appelée à circuler dans un pays autre que celui où elle a été créée. Dans ce cas, en effet, en vertu de la règle générale de droit international *locus regit actum*, la lettre sera valable bien que non conforme à la législation du pays où elle circule, pourvu qu'elle ait été tirée dans les formes requises au pays de sa création.

Mais toutes ces utilités semblent disparaître à cette réflexion que la lettre de change, étant un acte sous seing privé à quelques très rares exceptions près, ne fait pas foi de sa date. Il n'en est rien cependant, et les usages commerciaux, tacitement approuvés par la loi, qui n'a établi la règle ci-dessus qu'à propos des actes civils, ont remédié à cet inconvénient en permettant à la lettre de change de faire foi de sa date, non pas jusqu'à inscription de faux, un acte public seul pourrait avoir pareille vertu, du moins jusqu'à preuve contraire (1). Donc la date est présumée sincère, mais la

(1) C. de cass., 13 mai 1809.

fausseté peut en être établie par les voies ordinaires.

La date s'inscrit habituellement en chiffres au haut
de la lettre; la loi n'a, du reste, aucune exigence spéciale à cet égard. Elle indique, avons-nous dit, le lieu
en même temps que l'époque de l'émission. Les lois
étrangères, qui toutes exigent comme la loi française la
mention de la date, sont plus précises, en ce qu'à côté
de l'époque elles exigent expressément l'indication du
lieu de création. C'est ainsi que la loi *allemande*,
art. 4-6°, impose l'expression des *lieu, mois et année*
de la création. Même chose dans les lois *hongroise*, article 3-6°, et *scandinave*, art. 1; dans les Codes *suisse*,
art. 722, et *espagnol*, art. 444-1°. La loi *belge* est
muette; mais, au dire de Namur, adopte l'opinion contraire : « L'indication du lieu d'où la lettre est tirée
« ne fait pas partie de la date, et partant n'est pas in-
« dispensable, surtout qu'aujourd'hui la remise de
« place en place n'est pas une condition essentielle »
(*Comment. du nouv. tit. VIII du C. de comm. belge*,
n° 7). La loi *anglaise* se séparant ici, comme sur plusieurs autres points, des législations du continent, pour
donner toutes facilités au tireur, admet comme valable
une lettre de change, même non datée, ou ne contenant pas l'indication du lieu de sa création (art. 3-4°).

Si les lois diverses, à l'exception de la loi anglaise.
s'accordent pour exiger sur la lettre mention de sa
date, le même accord ne se retrouve plus quand il
s'agit du fait exprimé par cette date. D'après la loi fran-

çaise, toujours en vertu de la théorie générale qu'elle admet, la date indiquée doit être l'expression de la vérité, et désigner le lieu et l'époque *réels* de la création. Au contraire, dans la théorie allemande, liberté complète quant à la fixation de la date : il suffit d'une désignation de temps et de lieu quelconque. C'est qu'il ne s'agit pas de la constatation d'un fait, mais d'une déclaration de volonté. Le contenu de la lettre fait que vis-à-vis de tout intéressé postérieur, la lettre vaut comme ayant été remise au preneur à l'époque indiquée pour celle de sa création (1). A l'inverse, dans notre droit, il serait permis à tout intéressé de prouver, par tous les moyens, que la date énoncée n'est pas la date véritable. Bien entendu, nous ne nous plaçons ici qu'au point de vue de la forme, non au point de vue de la capacité Dans le système allemand, comme dans le système français, on aura toujours droit de prouver l'antidate ou la postdate, si cette supposition a pour but de dissimuler une incapacité. En dehors de ce cas et étant donné que le tireur est pleinement capable au moment où il a effectivement créé la lettre, la loi allemande lui permet de la dater du lieu et de l'époque que bon lui semble, sans possibilité pour les tiers porteurs d'établir la fausseté de cette énonciation. Mais, du moins, faut-il qu'entre le

(1) V. Thoel, *op. cit.*, 172, p. 146 et 147. — De même Borchardt, *op. cit.*, art. 4, Nr 6, 134 à 136.

lieu et le temps de la création et ceux de l'échéance, il n'y ait pas contradiction : pareille contradiction entraînerait forcément la nullité de la lettre (Borchardt, *op. cit.*, art. 4, N^r 6, 130). Thoel dit de même (*op. cit.*, 173, p. 151) : « La lettre qui contient une impossibilité « évidente dans la volonté ou les faits qu'elle exprime « n'est pas valable. »

CHAPITRE II

Nous avons indiqué, parmi les utilités de la date, celle de permettre la constatation de la remise de place en place. Cette *remise de place en place*, que les anciens appelaient *distantia loci*, était en effet jadis, et est encore dans notre législation le grand principe de la lettre de change.

Ce furent les difficultés du transport réel des métaux qui firent créer la lettre de change : leur transmission fictive devint son but et constitua son essence. Or, ce transport réel ou fictif, objet du contrat de change, exécuté par l'instrument de la traite, suppose bien deux lieux distincts. On comprend donc qu'un législateur, qui s'en tient toujours à cette idée de voir sous chaque lettre de change un contrat de change, exige rigoureusement cette condition de la remise de place en place, et l'on peut dire avec Bédarride (1, 51) : « La « remise de place en place est donc restée la condition « essentielle du contrat de change, comme son expres- « sion est devenue celle du contrat de la lettre de

« change ». Lors de la confection du Code de 1807, la
nécessité de cette condition fut très discutée. Déjà,
l'on reconnaissait que la lettre de change avait perdu
son vieux caractère économique; déjà, l'on s'apercevait
qu'elle rendait autant de services comme instrument de
payement ou de crédit que comme instrument du contrat de change. Aussi le Tribunat exprima-t-il le désir
de voir supprimer une formalité gênante et surannée
(Locré, t. XVIII, p. 123). Malgré tout, la tradition l'em-
porta, et Nouguier, partisan de cette vieille doctrine,
l'approuve hautement (*Let. de ch.*, introd., p. 12).
D'après lui, comme d'après les législateurs de 1807,
supprimer la remise de place en place, c'était faire
disparaître la sécurité et le crédit de la lettre de
change, en ne l'appuyant plus sur le contrat séculaire
qui lui donnait sa force et sa vertu ; c'était permettre à
des usuriers sans foi de dissimuler sous la forme d'une
lettre de change de simples prêts, et diminuer ainsi, en
le discréditant, les services qu'un pareil titre rend aux
commerçants sérieux, pour en faire l'instrument de
spéculateurs peu scrupuleux. Pareils arguments ne
semblent pas d'une grande force : que la suppression
de la remise de place en place puisse donner lieu à
certains abus, la chose est possible, elle est même probable; qu'importe si elle doit en même temps procurer
d'immenses avantages aux vrais commerçants, qu'on a
tant à cœur de protéger ! Et ces avantages, ils ne sont
pas douteux : parce qu'un négociant, au lieu de vendre

ses marchandises à quelques lieues en dehors du rayon
de la ville qu'il habite, les vendra aux habitants mêmes
de cette ville, il n'aura plus permission de tirer sur ses
débiteurs, soit qu'il veuille avec les traites ainsi tirées
solder ses propres créanciers, ou escompter son papier pour se procurer les fonds indispensables à son
négoce! D'ailleurs, ces abus qu'on craint de voir engen-
drer si l'on n'exige plus la remise de place en place,
croit-on qu'une simple formalité les empêchera de se
produire? Quand on a un tel intérêt à éluder la loi, on
trouve toujours un moyen de la tourner : et comme il
sera malaisé à ce spéculateur qui veut dissimuler sous
la forme respectable d'une lettre de change quelque
prêt véreux, comme il lui sera difficile de dater sa
lettre d'une ville voisine, voire d'aller l'y créer pour
éviter tout ennui ! Ainsi, de cette règle, qui a pu avoir
jadis son utilité ou tout au moins sa raison d'être, il ne
reste aujourd'hui que gêne et superfluité, et presque
tous les auteurs mettent à en demander la suppression
une touchante unanimité (1) !

Cette suppression que réclament non seulement les
théoriciens, mais encore les commerçants, dont la pratique est entravée, cette suppression est actuellement fait
accompli partout. La loi *allemande* ne fait nullement
mention de la remise de place en place dans son art. 4,

---

(1) V. Demangeat s. Bravard, III, p. 61, note 2. — Lyon-
Caen et Renault, *Manuel*, 529.

énumératif des énonciations essentielles que doit contenir une lettre de change. Le Code *espagnol* qui sur
plusieurs autres points conserve les anciens errements
de notre législation est aussi muet sur cette clause
(art. 444) ; muets également le Code *suisse*, art. 722, et
les lois *belge*, art. 1ᵉʳ ; *hongroise*, art. 3 ; *scandinave*,
art. 1ᵉʳ ; *anglaise*, art. 3. Le Code *italien* va plus loin,
et dans son art. 251 *in fine* dit expressément : « Il
« n'est pas nécessaire que la lettre de change indique
« la valeur ou la cause, ni que par là on opère le transport
« de valeurs d'un lieu à un autre (1) ». Nous avons cependant eu déjà occasion de parler d'un cas où ces
diverses législations exigent, pour qu'il y ait lettre de
change, que le lieu de payement soit autre que le lieu
de création, c'est lorsque le tireur et le tiré ne font
qu'une seule et même personne. Dans ce cas, en effet,
s'il n'y avait pas remise de place en place, la lettre de
change n'aurait plus aucun caractère propre qui la
put distinguer du billet à ordre et se confondrait avec
lui.

Donc, la remise de place en place est une condition
surannée et qui doit disparaître ; mais pour le moment
elle existe encore dans notre loi, et il faut bien nous en

---

(1) Nous n'avons pas parlé du Code hollandais qui, en plus
grande partie conçu sur le modèle de la loi française , exige
comme lui la remise de place en place (art. 100) ; mais cette
exigence sera la première à disparaître dans la refonte pro-
chaine de la législation des Pays-Bas.

occuper. Et, d'abord, ce n'est pas là une simple question de forme, mais essentiellement de fond. Il ne suffit donc pas que mention soit faite de remise de place en place, il faut que cette remise existe réellement. Quand peut-on dire qu'il a été satisfait au vœu de la loi ? D'abord, faut-il s'en tenir aux termes exprès de l'art. 110, et par ces mots *remise de place en place*, entendre que toute lettre de change doit être et ne peut être tirée que d'une place de commerce sur une autre place de commerce ? Evidemment, cette interprétation littérale ne saurait être la bonne. D'abord, quelles difficultés d'appréciation ! Quelle ville est place de commerce, quelle autre ne l'est pas ? En admettant même qu'on fût d'accord sur ce point, pourquoi priver du bénéfice de la lettre de change toutes les villes autres que les places de commerce ? Ne s'y peut-il donc conclure de contrat de change, puisque c'est toujours à la préexistence de ce contrat qu'il faut se référer ? Aussi, doctrine et jurisprudence sont-elles d'accord pour décider que ce mot de *place* doit être entendu dans le sens le plus large, susceptible de désigner même une habitation isolée au fond de la campagne ; l'utilité de la lettre de change n'existe pas que pour les commerçants, elle peut aussi se présenter pour tout particulier.

En second lieu une lettre de change tirée d'une ville sur une autre limitrophe ou très voisine est-elle valable? et peut-on dire qu'il y a là véritablement remise de place en place? Quelques bons esprits en avaient douté, et lors de la confection de la loi les Cours de Bordeaux et de Toulouse firent à ce sujet des observations. La loi ne se prononça pas, regardant la question comme une difficulté de fait à résoudre par les tribunaux. Aujourd'hui la jurisprudence s'est fixée dans le sens le plus libéral et le plus conforme, sinon à l'intention probable du législateur, du moins aux besoins du commerce; et il est reconnu qu'une lettre de change est valable, pourvu qu'elle soit tirée d'une ville sur une autre faisant partie d'une commune distincte.

Enfin il est à noter que la remise de place en place doit résulter simplement du contexte primordial de la lettre de change, et telle autre indication postérieure qui la ferait disparaître ne lui enlèverait pas sa validité. C'est ainsi qu'une lettre tirée sur une place distincte du lieu de création, puis acceptée par le tiré payable dans cette dernière ville sera considérée comme valable, le fait qu'en réalité le payement s'effectuera dans le lieu même de création étant un fait postérieur et étranger aux conditions du tirage (circulaire du Grand-Juge du 31 octobre 1808.— Paris, 8 août 1833). En sens inverse une lettre qui ne contiendrait pas remise de place en place serait viciée dès l'origine et demeurerait nulle alors même qu'en l'acceptant le tiré la déclarerait payable dans un lieu distinct de son domicile. Ce qu'il faut regarder, c'est la lettre dans sa teneur originaire, telle qu'elle sort des mains du tireur, sans avoir à s'inquiéter des mentions qui peuvent intervenir plus tard.

Il est un cas cependant où la lettre de change resterait valable sans contenir la remise de place en place : c'est celui d'une lettre à l'ordre du tireur lui-même. Ici la *distantia loci* doit exister non entre le lieu de création et celui de payement, mais entre le lieu du payement et celui du premier endossement. C'est en ce dernier endroit que prend effectivement naissance le contrat de change, dont la remise de place en place n'est qu'un des éléments. Nous n'insistons pas pour le moment sur cette hypothèse particulière, nous réservant d'y revenir lorsque nous nous occuperons des mentions qui doivent figurer dans l'endossement.

CHAPITRE III

D'après notre législation, par cela seul qu'un écrit remplit toutes les conditions exigées pour la validité d'une lettre de change, il y a lettre de change avec toutes les conséquences qui en découlent. Pour la loi allemande, il faut quelque chose de plus, à savoir que le titre contienne la désignation de ce qu'il est. Le but de cette exigence est évidemment d'attribuer à la traite son caractère propre, d'attirer l'attention des parties sur les conséquences rigoureuses des engagements qu'elles contractent, de faire qu'à première vue chaque personne qui appose sa signature sur la lettre sache bien les obligations auxquelles elle se soumet et les recours auxquels elle s'expose. « La qualification de lettre de change (*Wechselclausel*) est un solennel avertissement (*Allarm*) pour les signataires de la lettre de change », dit G. Cohn (*op. cit.*, § 11, II, p. 58).

Mais ne peut-on pas voir là une superfluité de forme et le caractère de lettre de change ne résulte-t-il pas suffisamment des conditions externes du titre ? Le

Code français, avons-nous dit, qui n'avait pas cette préoccupation de faire de la traite un titre fiduciaire à circulation rapide, indiquant à seule lecture de son contenu toutes les conséquences qu'il entraîne, le Code français n'avait pas pareille exigence. En fait pourtant, même dans notre pays, l'usage commercial remplit le plus souvent une condition qui n'est pas de rigueur, et la plupart des traites sont rédigées : *Veuillez payer par cette seule* ou *première de change*, etc. La loi *allemande* est la première qui est venue imposer cette obligation : c'est même l'énonciation essentielle qu'elle cite en tête de son art. 4 : « La lettre de change doit contenir : 1° la qualification de lettre de change (*Wechsel*). » Et cette exigence est appliquée très rigoureusement par la jurisprudence de l'empire : le mot *Wechsel* est sacramentel, sauf pour le cas où la lettre est rédigée en langue étrangère ; il est alors remplacé par un synonyme. Or, ce caractère sacramentel, nous avons vu qu'il était exceptionnel, la loi en principe exigeant certaines énonciations, mais n'obligeant pas à leur expression en des termes formels. Ainsi le mot *Wechsel* ne saurait être remplacé sur une traite allemande par des termes équivalents, par exemple l'adjonction à l'obligation de payer des mots *en vertu du droit de change* (*nach Wechselrecht* ou *Wechsel anweisung*) (1). La plu-

(1) C'est ce qu'ont décidé le trib. de Berlin (6 mars 1856) et le trib. supr. de Leipzig (24 mars 1871). — V. Borchardt, *op. cit.*, art. 4, Nr 1, zus. 62 *a.*

part des lois récentes ont imité l'exigence de celle de
1849 : lois *hongroise*, art. 3, et *scandinave*, art. 1 ; Codes
italien, art. 251, et *suisse*, art. 722.

Il est cependant tout un groupe de législations qui,
à l'exemple du Code français, se refusent à imposer à
la création de la lettre de change la gêne d'une nouvelle formalité : tels sont la loi *belge*, la loi *anglaise* et
le Code *espagnol*. Il faut aussi indiquer dans ce sens
les lois des *États-Unis* et le Code *hollandais* dont
l'art. 100 reproduit presque exactement les dispositions de notre art. 110.

Il nous reste à apprécier la valeur intrinsèque de la
formalité que nous étudions. Nous ne saurions mieux
faire que de rapporter à ce propos ce qu'en disait
Vidari dans son ouvrage sur *la lettera di cambio*, publié
en 1869, c'est-à-dire bien avant le nouveau Code italien qui prescrit la formalité, mais postérieurement à
la loi allemande qui avait inauguré cette exigence :
« L'exigence du mot *lettre de change* a pour but d'em-
« pêcher que les gens inexperts soient obligés par
« lettre de change, sans autre avis de la nature de
« l'obligation par eux assumée et sans savoir que par
« elle ils sont exposés à l'éventualité d'un traitement
« rigoureux. Ce serait une sollicitude digne d'éloges,
« si elle n'ajoutait une difficulté de plus à la libre et
« prompte émission de la lettre de change » (n° 69,
p. 73).

Nous nous rangeons absolument pour notre part à

cette appréciation des avantages, mais des inconvénients plus grands encore, de la formalité dont s'agit et nous conclurons avec MM. Lyon-Caen et Renault (*Manuel*, 546) : « Qu'il y a toujours inconvénient à « multiplier les conditions de forme dont l'inobserva- « tion entraîne la nullité, et que d'ailleurs le simple « examen du titre révèle aisément que c'est une lettre « de change. »

CHAPITRE IV

1. *Somme à payer.* — Nous avons dit, en étudiant les caractères généraux tant du contrat de change que de la lettre de change, que l'obligation du tireur consiste essentiellement dans le payement d'une somme d'argent. Que s'il s'engage à livrer à échéance des marchandises ou toute autre espèce de valeur, il pourra bien y avoir lieu à un contrat régulièrement conclu, à une promesse valable et susceptible d'exécution forcée, il n'y aura pas lettre de change.

L'expression précise de cette somme d'argent est donc indispensable, puisque c'est l'objet même de l'obligation. Dans la pratique, on l'indique le plus ordinairement deux fois : d'abord tout en haut du titre en chiffres : *B. P. F.* 1,000, et puis ensuite au corps même de l'effet en toutes lettres. Cette double mention n'est pas du reste exigée par la loi. La loi n'exige pas même, nous parlons du *Code français,* que la somme soit exprimée en toutes lettres; elle dit seulement dans l'art. 110 : *la lettre énonce la somme à payer.*

18

Mais la pratique ne se fie guère à une simple désignation en chiffres, qui donne lieu à des fraudes, à des
falsifications faciles.

Les lois étrangères consacrent aussi la liberté donnée
au tireur d'exprimer à son gré l'objet de l'obligation.
Un moment, à la conférence de Leipzig, on avait été
sur le point d'exiger la mention de la somme en toutes
lettres, mais on reconnut que c'était là une formalité
gênante et que si le tireur prudent avait toutes raisons
d'y recourir, il n'y avait pas de motifs pour l'y obliger.
Aussi dans le § 2 de son art. 4, la loi *allemande* exige
simplement l'énonciation de la somme à payer, sans
imposer de termes à cette énonciation. (Dans le même
sens, lois *belge*, art. 1 ; *hong.*, art. 3 ; *scand.*, art. 1 ;
angl., art. 3-1° ; Codes *holl.*, art. 100 ; *ital.*, art. 251 ;
esp., art. 444-4°.) Seul le Code fédéral *suisse* des obligations se montre plus rigoureux et prescrit par son
art. 722-2° l'indication dans le texte et en toutes lettres
de la somme à payer ; l'ancienne loi italienne contenait la même exigence (Vidari, *Il nuovo Codice*, article 251, note 4). Cette rigueur nous paraît superflue :
c'est bien, il est vrai, une garantie pour le tireur, mais
pourquoi la lui imposer ? à lui de savoir s'il veut ou non
courir les risques d'une falsification dans les chiffres
qu'il a écrits.

La somme, avons-nous dit, est presque toujours
énoncée deux fois, d'abord en chiffres au haut, puis
en toutes lettres au corps même du titre. S'il y a diffé-

rence entre les deux sommes ainsi exprimées, à laquelle s'en rapporter? Il faut d'abord prévoir une hypothèse assez fréquente, surtout quand le contexte n'est pas écrit de la main du souscripteur : celui-ci fera le plus souvent précéder sa signature du *bon pour*, suivi de l'indication littérale de la somme. Dans ce cas, il paraît de toute évidence que cette énonciation écrite de la main même du tireur et immédiatement signée de lui devra faire foi.

En tout autre cas, ce sera la somme indiquée au corps de la lettre qui sera regardée comme conforme à la volonté du tireur : et c'est là une décision éminemment rationnelle. Il est naturel de penser que le souscripteur aura plutôt porté son attention sur la mention écrite au texte même du titre, à la suite du mandat qu'il donne au tiré, plutôt qu'à celle mise d'ordinaire à la hâte en tête de la traite, et n'ayant presque d'autre but que de permettre le classement facile et à première vue des effets dans le portefeuille. Que si la somme se trouve indiquée deux fois au corps du billet, une fois en toutes lettres, l'autre en chiffres, il paraît encore naturel, notre loi étant muette, de considérer comme exacte l'énonciation littérale ; et toujours pour le même motif à savoir que cette mention a dû attirer davantage l'attention de celui qui l'écrivait. Cette décision paraît tellement rationnelle qu'elle a été admise expressément par la plupart des législations étrangères (lois *allem.*, art. 5; *hong.*, art. 4; *scand.*, art. 6; *angl.*,

art. 9-1ᵉ). Les Codes *hollandais*, *italien*, *suisse* et *espagnol*, ni la loi *belge* ne tranchent la question ; mais la
doctrine et la jurisprudence de ces divers pays admettent la solution que nous avons nous-même adoptée dans
le silence de notre Code. Si enfin la somme venait à être
exprimée deux fois en toutes lettres ou deux fois en chiffres avec des différences, en vertu de cette règle générale d'équité que le doute s'interprète en faveur du
débiteur, on déciderait que la somme la plus faible est
celle réellement promise (voir les différents articles
que nous venons de citer, de plus le Code *suisse*,
art. 723).

La somme à payer doit être énoncée d'une façon
nette et précise : mais c'est là une disposition qui peut
s'entendre de manières très diverses. Faut-il que la
somme soit d'ores et déjà déterminée quant à son
montant exact ? ou suffit-il qu'elle contienne tous les
éléments d'une détermination facile pour tout possesseur ultérieur ? Peut-on ou non faire à la désignation
de la somme certaines adjonctions ?

La question présente un grand intérêt pratique au
point de vue de la stipulation d'intérêts. Il peut arriver
fréquemment que le négociant qui accorde un délai de
payement à son acheteur et tire une traite sur lui, ne
consente ce terme qu'à condition de recevoir les intérêts du capital qui lui est dû : il se contentera d'é-
noncer le capital et d'y ajouter : *avec intérêts à* 5 0/0 ou
6 0/0. La somme se trouve bien déterminée puisque,

par un calcul très simple, chaque intéressé peut établir le montant des intérêts, et l'ajoutant au capital former le total de la somme à payer. Aussi ne voit-on guère au premier abord pourquoi une pareille clause ne serait pas valable. Eu égard à ces considérations, et en dépit du silence de notre Code, la régularité de cette énonciation est chez nous chose reconnue, attendu qu'il suffit qu'au vu de la lettre la somme puisse être évaluée exactement. Le Code *hollandais*, comme celui de 1807, est muet sur la matière ; muette aussi la loi *belge*, et dans ces deux pays la pratique et la théorie admettent la solution que nous venons d'indiquer. La loi *anglaise* autorise expressément la stipulation d'intérêts (art. 9-1°) : « La somme à payer est considérée « comme certaine, bien qu'il soit requis de payer avec « intérêts », et ajoute (art. 9-2°) : « que les intérêts « d'une lettre payable avec intérêts courent, sauf « clause contraire, du jour de la date, à défaut de date « du jour de l'émission. »

Au contraire dans la théorie qui, poussant peut-être à l'excès les idées nouvelles sur la nature de la lettre de change, n'y voit plus qu'un titre fiduciaire, les décisions sont tout autres. Le titre est appelé à circuler rapidement : toutes énonciations de son contenu doivent immédiatement sauter aux yeux; car toute mention qui ne serait pas apparente, nuirait à la rapide négociabilité de la lettre, partant aux avantages qu'elle est appelée à rendre comme papier-monnaie. « La re-

« cherche du calcul des intérêts ferait perdre trop de
« temps pour établir la somme exactement (Vidari, *Il
nuovo codice di commercio compendiosamente illustrato
coi motivi di esse*, 2ᵉ éd., ch. ɪ, art. 255, note 3). C'est
pourquoi on n'admet l'adjonction d'aucune énonciation
accessoire à l'indication de la somme : en particulier,
on rejette toute stipulation d'intérêts.

Mais qu'adviendra-t-il si en fait pareille mention se
trouve sur la lettre ? Deux solutions sont possibles :
l'une, plus logique peut-être, mais aussi plus rigoureuse, la nullité de la traite. C'est, qu'en effet, si le
tireur a stipulé des intérêts, il a fait de ces intérêts une
partie essentielle de la somme : la considérer comme
non écrite, c'est aller évidemment contre sa volonté,
c'est donner à son obligation un objet tout autre que
celui qu'il avait en vue. Or, mieux vaut annuler son engagement que de le changer aussi complètement.
L'autre solution, plus libérale, est de considérer la stipulation d'intérêts comme non écrite : c'est là une
condition illicite, puisqu'elle est exclue par la loi, et
cette même loi de par sa toute-puissance, la supprime
où elle la trouve.

C'est cette dernière opinion qu'ont embrassée la
plupart des lois qui ne veulent dans l'expression de la
somme qu'un chiffre exactement déterminé. « *La stipulation d'intérêts insérée dans une lettre de change
est réputée non écrite* », dit la loi *allemande* dans le
§ 2 de son art. 7. Ce paragraphe n'était pas contenu

primitivement dans la loi sur le change ; il résulte de la quatrième *novelle de Nuremberg*. Nous avons eu déjà occasion de dire que ces novelles n'avaient pas reçu force de loi en *Autriche* : dans ce pays, une ordonnance du 2 novembre 1858, a décidé que la promesse d'intérêts rendait la lettre nulle (Borchardt, *op. cit.*, art. 7, note *). Au contraire, la décision de la loi allemande, est aussi celle des lois *hongroise*, art. 3-2° et *scandinave*, art. 7 ; des Codes *italien*, art. 254-2°, et *suisse*, art. 725.

Cependant, il ne faut pas pousser la règle à l'exagération. Ce qui est annulé, c'est la stipulation d'intérêts s'ajoutant à la somme énoncée au moment de l'échéance ; mais supposons une prorogation d'échéance, et pour ce cas une promesse d'intérêts payables à partir de la première échéance, cette promesse sera valable (Borchardt, *op. cit.*, art. 7, 183). Il n'y a plus ici les mêmes motifs : le titre a pour ainsi dire joué son rôle de papier-monnaie, et en vertu de la prorogation il intervient comme un nouveau contrat, susceptible de clauses additionnelles.

En règle générale, le payement s'effectuera dans la monnaie en cours au lieu de payement. Le tireur peut cependant imposer sa volonté à cet égard, et spécifier l'espèce de monnaie qui devra être payée.

Si la lettre est tirée d'un pays sur un autre, où la monnaie du pays de création ne soit pas en usage, on aura recours à la monnaie du lieu d'échéance au cours du jour, à moins toutefois de stipulation contraire expresse. Le Code français se contente de dire dans son art. 143 qu'une lettre de change doit être payée dans la monnaie qu'elle indique ; mais on admet, sans conteste, la solution que nous venons de donner pour le payement en monnaie nationale au cours du jour de la somme énoncée en monnaie étrangère. Les lois des autres pays sont généralement plus détaillées sur ce point, et précisent la règle (Loi *allemande*, art. 37 ; loi *belge*, art. 33).

II. *Lieu de payement*. — La lettre doit désigner le lieu de payement explicitement ou implicitement. Par désignation implicite, nous voulons parler de l'usage général d'indiquer à la suite du nom du tiré son domicile ou son adresse commerciale, qui devient ainsi le lieu de payement. La loi *française*, toujours très brève dans ses dispositions, se contente d'exiger que la lettre de change énonce le lieu où elle est payable (art. 110); il suffira donc que ce lieu soit désigné d'une façon quelconque, et en fait il le sera presque toujours, comme nous venons de le dire, par l'indication de l'adresse du tiré. Les lois étrangères sont plus explicites. A l'imitation de notre Code, toutes rangent parmi les énonciations essentielles que doit contenir la traite, le lieu de payement (lois *allemande*, art. 4-8° ; *belge*, article 1 ; *hongroise*, art. 3 ; *scandinave*, art. 1 ; *anglaise*, art. 3 (1) ; Codes *hollandais*, art. 100 ; *italien*, art. 251 ;

(1) Cependant la loi *anglaise*, dans le même art. 3-4°, dé-

suisse, art. 722-8°; *espagnol*, art. 444). Mais, en outre, presque toutes indiquent expressément qu'à défaut d'énonciation spéciale du lieu d'échéance, le domicile indiqué comme celui du tiré ou à côté de son nom, vaudra comme lieu de payement (lois *allem.*, art. 4-8°; *hong.*, art. 3-8°; *beige*, art. 2; *scand.*, art. 4-8°; Codes *ital.*, art. 251-8°; *suisse*, art. 722-8°).

Il est même un cas où l'indication du domicile du tiré, en principe toute facultative, devient obligatoire : c'est lorsque la lettre est payable à un domicile autre que le sien. C'est, qu'en effet, il importe dans ce cas, au point de vue de l'acceptation de connaître ce domicile, puisque c'est là qu'elle doit être demandée.

III. *Époque de payement* (1). — Le grand principe qui domine toute la matière, c'est que l'échéance doit être fixe. Une des conséquences particulières de la lettre de change est la présentation obligatoire pour le porteur au jour indiqué. C'est que, dans le commerce, le moindre retard peut être fatal à un négociant. Chacun échelonne ses rentrées, de manière à ce qu'elles correspondent exactement aux payements à effectuer, et à ce que ses fonds ne restent jamais oisifs au fond de

clare valable la lettre de change où manque l'énonciation du lieu de payement.

(1) Toutes les législations s'accordent à en exiger la mention : Lois *allem.*, art. 4-4°; *hong.*, art. 3; *scand.*, art. 1; *angl.*, art. 3-1°; Codes *franç.*, art. 110; *holl.*, art. 100; *ital.*, art. 251; *suisse*, art. 722-1°; *esp.*, art. 444-2°.

sa caisse. Et cette importance de la fixité de l'échéance pour le débiteur n'est pas moins grande pour le créancier ; le titre qu'il a est éminemment convertible en espèces, il a un droit acquis à compter sur la somme promise au jour indiqué : retarder d'un jour, c'est courir les risques d'une insolvabilité qui, la veille encore, pouvait ne pas exister. Donc, l'échéance doit être précise : partant, ne sont pas valables les lettres payables pendant un délai ou après un délai dont on n'énonce pas le point de départ (H. Thoel, *op. cit.*, 181, p. 175 et s.).

Il y a plusieurs façons d'énoncer l'époque de payement, et l'on peut, à ce point de vue, distinguer les lettres de change en deux grandes classes : *lettres à vue ou délai de vue, lettres à échéances fixes*. La différence essentielle entre les deux catégories est que, dans la première, une certaine liberté d'action est laissée au porteur ; pourvu qu'il n'excède pas certains délais très larges fixés par la loi, il peut se présenter, quand bon lui semble, pour exiger le payement. D'ordinaire, il se présentera le plus tôt possible, car, plus tôt il aura obtenu la somme à laquelle il a droit, plus tôt il pourra s'en servir, l'employer à son commerce ou lui faire produire intérêts. Quant au débiteur, il doit toujours être prêt ; il se trouve sous le coup d'une demande de remboursement qui peut lui être faite du jour au lendemain. Ce que nous venons de dire et qui s'applique exactement à la lettre à vue, n'est pas tout à fait vrai de la lettre à délai de vue : celle-ci n'est à échéance indéterminée que jusqu'au moment de l'acceptation. Tant que l'acceptation n'a pas été demandée, le porteur peut, à son gré, retarder la date du payement, mais, dès que le visa du tiré est intervenu, le délai commence à courir, et la lettre rentre dans la catégorie des traites à échéances fixes.

En se plaçant à un autre point de vue, celui de la forme donnée à l'indication de l'échéance, il faut distinguer, avec l'art. 129 du Code de commerce, cinq genres de lettres de change : les lettres payables à vue, à délai de vue, à délai de date, à jour fixe, en foire.

Les *lettres à vue*, nous en avons déjà parlé : leur nature essentielle consiste en ce que le tiré doit toujours être prêt à les acquitter, tandis que le porteur les présentera à l'époque que bon lui semblera : « *la lettre de change à vue* (1) *est payable à sa présentation* » (*C. de comm.*, art. 130; loi *belge*, art. 21). Mais nous avons déjà donné à entendre qu'il y a des limites à cette liberté laissée au porteur. C'est ainsi que l'art. 160 de notre Code, modifié par la loi du 3 mai 1862, décide que le porteur d'une lettre de change tirée du conti-

(1) Les mots payables à vue ne sont pas formellement exigés : du moins faut-il que les termes employés en soient absolument synonymes. Ainsi une lettre stipulée payable *à présentation* est parfaitement valable ; mais la C. de cass. a refusé de reconnaître le caractère de traite à vue à une traite stipulée payable *toutefois et quand* (20 avril 1829).

nent et des îles de l'Europe ou de l'Algérie, et payable dans les possessions européennes de la France ou dans l'Algérie à vue, doit en exiger le payement dans les trois mois de sa date; ces délais sont augmentés et peuvent être portés jusqu'à un an, suivant l'éloignement du lieu de payement au lieu de création. Même règle en *Belgique* (art. 51). Quant à la raison de cette disposition, c'est l'importance qu'il y a pour le tireur et les divers endosseurs solidairement responsables vis-à-vis du porteur à être fixés sur le sort de la lettre, et dégagés en même temps de cette responsabilité hypothétique suspendue, véritable épée de Damoclès, sur leur crédit et la marche de leurs affaires. La loi *allemande*, art. 31, fixe pour la présentation extrême des lettres à vue, un délai unique de deux ans, sauf le cas où l'endosseur en a lui-même indiqué un. Le délai n'est que d'un an pour les Codes *italien*, art. 261, et *suisse*, art. 750; le tireur ou l'endosseur peuvent toujours fixer un délai moindre, passé lequel ils sont libérés. En *Angleterre*, c'est là une question de fait laissée à l'appréciation des tribunaux : « Une lettre payable sur demande est considérée « comme échue après un temps exagéré » (art. 36-3°).

La *lettre à délai de vue* est celle dans laquelle le délai commence à courir de l'acceptation, ou tout au moins du visa du tiré. Nous avons déjà vu que c'était le seul cas où le porteur fut obligé de présenter la lettre à l'acceptation, présentation qui, en principe, n'est pour lui qu'une faculté, non un devoir. Si le tiré accepte, rien n'est plus simple, de même que s'il appose son visa sur la lettre : c'est du jour de l'acceptation ou du visa que courra le délai. En cas de refus d'acceptation, le protêt que fera dresser le porteur servira de point de départ. Qu'adviendrait-il au cas où le tiré aurait accepté, mais négligé de dater son acceptation? Nous avons traité cette question en détail à propos des formes de l'acceptation, et nous nous contentons ici, sans y revenir, de renvoyer aux explications déjà données à ce sujet. Le délai de vue peut être exprimé de plusieurs façons : par jours, mois ou usances. Nous retrouverons dans les lettres à délai de date ces diverses indications, et, tout ce que nous en dirons alors, s'appliquera également au cas qui nous occupe présentement.

La *lettre à délai de date* est celle dans laquelle la date de création sert de point de départ au délai exprimé dans le titre. Il est donc essentiel à ce point de vue que la date soit exprimée, et nous avons vu que c'était là une des raisons qui avaient déterminé, de la part des législateurs, l'exigence de cette mention. Il est pourtant une législation, avons-nous dit, qui regarde comme valable la lettre non datée (loi *anglaise*, art. 3-4°). Mais comment calculera-t-on l'échéance, si une pareille lettre est stipulée payable à délai de date? Ici nous retrouvons une disposition analogue à celle que nous avons rencontrée pour le calcul du délai de vue, lorsque la lettre a été acceptée sans exprimer la date de l'acceptation : tout porteur peut insérer la véritable

date dans la lettre, et cette insertion est valable, alors.
même qu'il y aurait erreur de la part du porteur,
pourvu qu'il soit de bonne foi (art. 12). — Les raisons
de cette disposition, nous les avons données : le tireur
est en faute de n'avoir point daté sa lettre, et par cette
omission, il a tacitement reconnu la validité de la date
qu'inscrirait postérieurement un intéressé quelconque
de bonne foi.

Le délai de date peut être, comme celui de vue, calculé à un ou plusieurs jours, à un ou plusieurs mois,
à usances. — Au premier cas, la date précise de l'é-
chéance s'obtiendra par un calcul très simple, en tenant compte de la règle *dies termini non computatur in
termino*. Le jour d'où part le délai, *dies a quo*, n'est pas
compté ; au contraire, pour le dernier, *dies ad quem*.
C'est ainsi qu'une lettre, datée par exemple du 1ᵉʳ juillet, et payable à vingt jours de date, tombera à échéance
le 21 juillet. Cette décision n'est pas explicitement
contenue dans le Code *français*, mais ressort des principes généraux du droit en matière de terme. Quelques
lois étrangères ont cru utile d'établir expressément la
règle : « La lettre payable à tant de vue ou de date ne
« compte pas le premier jour du délai, mais bien ce-
« lui du payement » (loi *angl.*, art. 14-2° ; de même,
loi *hongr.*, art. 32 ; Code *suisse*, art. 751).

La traite peut aussi être calculée à un ou plusieurs
mois de date. Ici une difficulté se présentait. L'usage
dans le commerce est de considérer le mois comme de

trente jours, notamment pour faciliter les calculs d'intérêts. Fallait-il appliquer cette règle et décider que, par un ou plusieurs mois, le tireur entendait parler d'un ou plusieurs délais de trente jours? ou ne valait-il pas mieux, suivant l'interprétation qui se présentait naturellement à l'esprit, calculer le délai de date à date? Ainsi, une lettre tirée le 15 avril et payable à deux mois de date, écherra le 15 juin. C'est à cette dernière opinion que s'est rangé le législateur, et avec raison ce semble, l'usage normal étant de comprendre par le renvoi à un mois la date correspondante du mois suivant. L'art. 132 du Code de commerce dit : « *Les mois sont tels qu'ils sont fixés par le calendrier grégorien* ». (De même, Codes *holl.*, et *ital.*, art. 285-1°; loi *angl.*, art. 14.) L'art. 751 du Code *suisse* est plus explicite, imitant en cela les lois *allemande* et *hongroise*, art. 32, la loi *belge*, art. 23 : « Les lettres indiquées « payables à délai de mois le sont au quantième cor- « respondant ».

Il peut cependant se présenter deux difficultés. Et d'abord quelle sera l'échéance, si le mois où aboutit la lettre n'a pas de date correspondante à celle du mois d'émission? Prenons comme exemple une lettre tirée le 31 janvier et payable à un mois, février n'a que vingt-huit jours, à quand l'échéance? Ce sera au jour qui précède la date absente, dans l'espèce au 28 février, fin de ce mois. C'est là une décision très rationnelle : le tireur, en remettant l'échéance à un

mois, a clairement manifesté son intention que la
lettre fût payable dans le mois qui suit celui en cours;
on ne saurait, sans aller contre cette intention, renvoyer l'échéance aux premiers jours du second mois;
et quant à la date, il a voulu non moins évidemment
que ce fût, dans les derniers jours du mois, celui correspondant le plus approximativement au jour man-
quant. Au point de vue juridique, on peut aussi tirer
un argument frappant en faveur de cette décision de
l'art. 134, qui reporte à la veille l'échéance tombant
un jour férié légal : cette disposition s'appliquera *a
fortiori* lorsque le jour n'existe pas. Mais cet argument
sur lequel nous n'insistons pas, ne peut être invoqué
d'une façon générale, nombre de lois étrangères,
comme nous aurons occasion de le voir, fixant au contraire au lendemain l'échéance des effets payables au
jour férié. La loi *belge*, art. 23-3°, consacre formellement la solution que nous venons d'exposer : « si cette
date n'existe pas, la lettre est payable le dernier jour
du mois de l'échéance ».

La deuxième difficulté que nous laissions entrevoir
provient de la situation inverse : c'est lorsque le mois
de l'échéance est plus long. Ainsi voilà une lettre tirée
le 28 février à un mois. A s'en tenir à la lettre du texte,
le payement devra se faire le 28 mars. Mais ne pourrait-on pas dire que l'intention réelle du tireur était, de
même que le tirage avait lieu à la fin du mois, de renvoyer l'échéance à la fin du mois suivant? Ce serait là

très souvent une supposition gratuite : rien n'empê-
chait le tireur, si telle était son intention, de déclarer
la lettre payable fin mars. Donc, à notre avis, et pour
reprendre l'exemple invoqué, la lettre payable à un
mois et datée du 28 février viendra à échéance le
28 mars. La question serait plus délicate si la lettre
était datée fin février, ce qui tendrait à démontrer
assez clairement la volonté du tireur de reporter l'é-
chéance à la fin, par conséquent au dernier jour du
mois suivant.

Du délai de date indiqué par mois, on peut rapprocher, bien que la loi n'en parle pas, celui exprimé par
semaines. On ne voit pas pourquoi une pareille indication ne serait pas valable, la semaine étant une période fixe tout comme le mois. Dans ce cas le calcul de
l'échéance se fera de jour à jour : une traite tirée le
mardi 3 mai, et payable à trois semaines de date, sera
échue le 24, mardi de la quatrième semaine. Cette règle qui semble implicitement comprise dans celle que
donnent les diverses législations à propos du délai à
tant de mois, l'art. 751 du Code *suisse* l'a formulée
expressément : il décide que la lettre à délai de semaine est payable au jour correspondant de la semaine
indiquée.

Enfin, on peut indiquer comme délai un demi-mois,
et dans ce cas on se conformera à l'usage qui, dans le
commerce, compte tous les mois de trente jours : le
demi-mois équivaudra à quinze (Code *suisse*, art. 751,

19

in fine). Les autres lois admettent tacitement la même règle. Plusieurs mentionnent expressément que si le délai est de plusieurs mois et un demi-mois, on doit compter d'abord les mois entiers, puis y ajouter le demi, c'est-à-dire quinze jours. Un exemple fera voir la différence qui résulterait des deux modes de computation : nous partons toujours du mois de février, de beaucoup plus court que les autres, pour rendre l'exemple plus frappant. Supposons une lettre tirée le 16 janvier à un mois et demi de date : si nous calculons d'abord le mois, cela met au 16 février, plus quinze jours pour le demi-mois, l'échéance tombe le 3 mars. Que si au contraire, on prend d'abord les quinze jours, on arrive au 31 janvier, puis y ajoutant ensuite le mois, le payement, en vertu de la décision déjà donnée pour le cas où le mois d'échéance n'a pas de date corrélative à celle du mois de création, le payement, disons-nous, devra être effectué le 28 février.

Un troisième et dernier mode de calculer les délais de date ou de vue consiste dans les usances. Par *usance* il faut entendre un certain délai, essentiellement fixé, le mot le dit, par l'usage. L'emploi des usances était jadis très fréquent ; il tend à diminuer aujourd'hui : c'est qu'en effet il ne présente pas la même certitude, la même fixité, puisqu'en vertu des usages l'usance varie non seulement de pays à pays, mais encore dans l'intérieur d'un même pays, suivant la place sur laquelle la lettre est tirée. C'est pourquoi plusieurs lois nouvelles ont, avec raison suivant nous, supprimé ce mode de calculer les délais. Cette suppression a eu lieu notamment en *Allemagne* : l'art. 4, ne faisant pas mention de l'usance parmi les modes de désigner l'échéance, en abroge tacitement l'usage. De même lois *hongroise* et *scandinave* art. 3, Codes *italien*, art. 959 et *suisse*, art. 722. — Quant aux pays qui admettent encore les usances, la longueur de ce délai varie : en *France* et en *Belgique* il est de trente jours (C. de comm., art. 132-1°; loi belge, art. 25). Le Code *espagnol* fixe divers délais d'usance suivant les pays sur lesquels est tirée la lettre : l'usance avec la France est de soixante jours (art. 453).

Quant à la *lettre à jour déterminé* (1), pas de difficultés : l'échéance peut être exprimée soit par une date : *le* 15 *avril, veuillez payer*, etc., soit par une désignation analogue, le premier mardi de février, ou encore la veille de la Toussaint ou de toute autre fête à échéance fixe. Il arrive assez fréquemment qu'on mette la lettre payable au commencement, au milieu ou à la fin d'un mois ; l'habitude commerciale, d'accord avec le langage usuel, entend par là le premier, le quinzième ou le dernier jour du mois. Cette règle est même expressément consacrée par plusieurs lois étrangères (lois *allem.* et *hong.*, art. 30; Codes *ital.*, art. 285 et *suisse*, art. 749).

---

(1) Par jour déterminé il faut entendre celui dont on est sûr qu'il viendra et quand il viendra (H. Thoel, *op. cit.*, 175, p. 155).

Enfin, une traite peut être payable en *foire* ou *marché*, cas jadis très fréquent, vu l'importance qu'avaient les foires à une époque où les difficultés de communication ne permettaient pas journellement aux consommateurs de se mettre en rapport avec les producteurs. Les petits marchands faisaient leurs provisions en vue des foires, et les vendeurs tiraient sur eux de manière que les traites arrivant à la fin de la foire fussent soldées avec l'argent résultant des ventes faites. Cet usage tend à diminuer de plus en plus, mais non à disparaître complètement. Il faut distinguer les foires qui ne durent qu'un jour et celles qui en durent plusieurs. Pour les premières tous les législateurs sont d'accord, la traite est payable au jour unique de la foire (lois *allem.* et *hong.*, art. 35; Codes *franç.*, art. 133; *holl.*; *ital.*, art. 236). Si la foire dure plusieurs jours, l'échéance tombera la veille du jour fixé pour la clôture : disposition toute conforme au but du délai fixé, but que nous venons d'exposer. Il faut que le tiré ait eu le temps de faire argent de ses marchandises, pour faire honneur à la traite; d'un autre côté fixer l'échéance au dernier jour de la foire, c'était mettre le porteur, en cas de refus de payement, dans l'impossibilité de faire faire le protêt, puisqu'avec la fin de la foire s'en vont généralement les marchands, et que le protêt doit être fait par sommation au tiré. Donc, le porteur devra se présenter la veille du jour fixé pour la clôture de la foire (voir les articles ci-dessus cités). La loi *hongroise* fait une distinction suivant que la foire

dure huit jours ou plus : si la durée n'excède pas huit
jours, on s'en tient à la règle sus-énoncée ; sinon l'é-
chéance arrivera le huitième jour de la foire, quelle que
soit sa longueur (art. 35). On ne voit pas trop la raison
de cette règle : le tireur, qui a mis sa lettre payable en
foire, savait sans doute ce qu'il faisait, en connaissait
la durée, et voulait donner au tiré tout ce temps pour
ramasser les fonds nécessaires à l'acquittement de sa
dette. Cette disposition originale a sans doute pour
cause des usages locaux.

Voilà, avons-nous dit, les seules manières de désigner l'échéance qui soient admises par les diverses
législations. Ainsi on ne pourrait renvoyer le payement
à une date indéterminée. A cela on objectera peut-
être que les lettres à vue ou délai de vue sont à date
indéterminée : pour le tiré, soit ; mais non pour le
porteur, qui est maître de fixer l'échéance par la présentation, soit à l'acceptation, soit au payement, On ne
pourrait donc valablement tirer une traite payable lors
d'un fait conditionnel, par exemple à l'arrivée de tel
navire, c'est que dans ce cas ce ne serait pas seulement la date qui serait indéterminée, mais l'existence
même de l'échéance qui serait en question. Pourrait-
on davantage subordonner l'échéance à l'arrivée d'un
fait certain quant à son existence, mais non quant à
son époque, par exemple la mort d'une tierce personne? Pas davantage, du moins dans les diverses législations du continent. La loi *anglaise* est beaucoup

plus large, et dans son art. 11 déclare possible « la dé-
« termination de l'échéance à un événement devant
« se réaliser certainement, sans qu'on en sache
« l'époque. » Il ne faut voir là que la consécration de
vieux usages, inconnus à l'Europe continentale, et dont
l'utilité ne paraît pas suffisamment démontrée, pour
qu'ils soient adoptés par la théorie. Nous trouverons
bientôt, à propos des délais de grâce, une autre application de ces vieux usages du commerce anglais. Mais,
au point de vue théorique, il semble que cette détermination tout incertaine de l'échéance, soit à repousser, car elle enlève à la lettre de change, en la
privant de sa fixité dans l'époque de payement, plusieurs de ses principaux avantages.

Si l'échéance tombe un jour férié légal, le payement
ne saurait évidemment être exigé ce jour-là. Deux
écoles : d'après l'une, la lettre devra être présentée la
veille, et protestée le lendemain ; d'après la seconde,
la présentation n'aura lieu que le jour ouvrable suivant. A notre avis, la première décision est la plus
équitable, de quoi peut se plaindre le tiré? On lui demande le payement un jour plus tôt, c'est vrai ; mais il
peut ne l'effectuer que le lendemain, et il a jusqu'au sur-
lendemain, c'est-à-dire jusqu'au dernier délai sur lequel il avait raisonnablement droit de compter pour se
libérer, sans craindre de protêt (1). C'est la règle ad-

(1) Si le tiré paye aux mains de l'huissier, celui-ci peut

mise par le Code *français*, art. 134 : « Si l'échéance
d'une lettre de change est à un jour férié légal, elle est
payable la veille » ; par les lois *be'ge*, art. 25, et *anglaise*, art. 14-1°. — En sens contraire, lois *allemande*,
art. 92 ; *hongroise*, art. 103 ; *scandinave*, art. 91 ; Code
suisse, art. 819.

Kassirtage.—Il est certaines places de commerce où
l'usage a consacré des jours dits de payement, *Kassirtage* : deux ou trois jours dans la semaine sont consacrés à l'acquittement des obligations. Sur ces places,
l'échéance des lettres payables pendant l'intervalle de
deux jours de payement est reportée au jour de payement qui suit, à moins qu'il ne s'agisse d'une lettre à
vue. C'est ce que décide l'art. 93 de la loi *allemande*.

Maintes fois déjà, nous avons parlé de l'importance
qu'il y a à ce que la lettre soit payée exactement à
échéance. Cette importance se manifeste plus encore
que jadis, aujourd'hui que la lettre de change, servant
de papier-monnaie, demande à se transformer sans
faute en numéraire le jour de son échéance. Autrefois,
pourtant, la règle n'était pas absolue, et l'ordonnance
de 1673 accordait un délai de grâce, dix jours, pendant lesquels il était loisible au porteur de ne pas présenter la lettre, au tiré de ne pas la payer. Pareille faculté était inconciliable avec l'exactitude des relations

lui réclamer le coût du protêt qu'il a préparé (Cass., **21** août
1860).

commerciales, aussi les législateurs de 1807 se gardè-
rent-ils de la reproduire. Non seulement ils firent disparaître ce délai de grâce légal, accordé de par la
toute-puissance de la loi à un débiteur quelconque;
bien plus, ils ne voulurent même pas reconnaître aux
juges le droit de donner des délais de faveur aux débiteurs dont l'état semblerait le plus intéressant. Et ils
eurent grandement raison; dans le commerce, la faveur faite à un débiteur peut entraîner la catastrophe
de son créancier, qui comptait sur les fonds qui ne lui
sont pas rentrés. Aussi l'art. 135 prononce-t-il formellement : « *Tous délais de grâce, de faveur, d'usage
ou d'habitudes locales pour le payement des lettres de
change sont abrogés* ». Et cette interdiction a été reproduite partout, au moins dans toutes les législations
du continent (lois *allem.*, art. 33, et *belge*, art. 48;
Code *suisse*, art. 752). Au contraire, les usages
anglais ont toujours admis des délais de grâce; ce délai,
fixé à trois jours, existait même pour les lettres à vue :
n'en étaient exceptées que les lettres payables à première réquisition. La loi nouvelle sur le change de 1882,
ne faisant, du reste, que consacrer une loi antérieure
sur la matière, a mis plus d'unité, en ne distinguant
plus entre les lettres payables à vue, sur demande et
sur réquisition; pour toutes indistinctement les jours
de grâce sont supprimés. Mais ils continuent à subsister comme par le passé, c'est-à-dire au nombre de
trois, pour toutes autres traites que celles à vue. La

lettre est donc payable le troisième jour qui suit son échéance, ou la veille, si ce troisième jour est férié; si les deux derniers jours sont fériés, le payement ne pourra être exigé que le jour suivant (art. 14-1°). N'était le respect bien connu des Anglais pour leurs vieux usages, et leur habitude de traduire dans leurs lois les traditions du pays, on pourrait se demander l'utilité de ces délais de grâce. Quand de pareilles coutumes sont introduites si profondément dans les mœurs, il arrive un fait très simple : c'est que la pratique tient compte de l'usage, et se règle d'après lui. Dans le cas qui nous occupe, par exemple, on est habitué à considérer toute lettre comme payable trois jours après l'échéance fixée; et, si l'on tient à une date précise, on en sera quitte pour fixer le payement au troisième jour avant cette date. Nous ne voyons donc pas que sur ce point les lois continentales aient rien à envier, ni par suite à emprunter à la loi anglaise, et il nous paraît que la théorie ne peut que condamner en principe l'application de délais de grâce en matière de change.

Qu'adviendrait-il au cas où l'échéance d'une lettre de change ne serait pas mentionnée? A ce problème deux solutions ont été données. Ou bien considérer la lettre comme payable à vue, ou bien la déclarer nulle faute d'une mention essentielle à sa validité. En faveur de la première solution on peut dire que le titre, étant supposé régulier, il y a due et valable obligation du tireur; s'il n'a pas apposé de terme à cette obligation, c'est qu'il est prêt à la remplir dès que bon semblera au bénéficiaire. En sens inverse, on répond que la lettre de change est un titre solennel, dont le contenu doit au premier abord indiquer tous les engagements qu'il renferme; et à l'absence d'une des formalités requises, il n'est qu'une sanction, la nullité. En fait les deux systèmes ont été admis : la loi *belge* dans son art. 2 et la loi *anglaise* (art. 10-1°) décident que si une lettre de change ne contient pas d'époque de payement, elle est payable à vue (1). Nous savons déjà que ces deux législations sont de beaucoup les plus libérales au point de vue de la forme. Elles évitent autant que possible de prononcer des nullités et cherchent à suppléer les défauts d'énonciation par la volonté probable des parties. Au contraire, la loi *allemande*, qui fait de la traite un titre ayant en lui toute sa force, est très sévère en tout ce qui touche aux formalités essentielles, et prononce la nullité de toute lettre à qui manque une de ces formalités (art. 7). De même lois *hongroise*, art. 6; *scandinave*, art. 5; Codes *italien*, art. 254; *suisse*, art. 723; *espagnol*, art. 450. Le Code français ne contient aucune disposition analogue : il indique simplement ce que doit contenir la lettre de change, et n'a pas d'article prononçant formellement la nullité au cas de défaut d'une de ces énonciations. Dans ce

(1) Cette disposition reçoit l'approbation absolue de G. Cohn, dans son étude déjà citée sur le projet russe : *quod sine die debetur, statim debetur.*

silence de la loi, que décider? La nullité, ce semble. C'est l'avis généralement suivi, bien que l'opinion contraire ait aussi ses partisans. Mais il ne faut pas exagérer la règle, et si par exemple une échéance incomplètement indiquée pouvait être complétée par des indications tirées du contexte, il faudrait regarder comme parfaitement régulière l'époque de payement ainsi établie (Borchardt, *op. cit.*, art. 4, N^r 4, 90). Et non seulement l'insuffisance, mais le défaut absolu de l'échéance pourrait être suppléé par le contexte.

L'échéance doit être unique pour toute la somme : la traite ne saurait donc être indicative de payements partiels. Une de ses grandes utilités disparaîtrait dès que toute la somme promise ne pourrait être au jour **fixé** convertie en numéraire. Cette décision, qu'admet la jurisprudence dans le silence de notre Code, est aussi celle des lois *allemande*, art. 4-4°; *hongroise*, art. 3; *scandinave*, art. 1; des Codes *italien*, art. 252, et *suisse*, art. 752. Ici encore la législation *anglaise* se sépare des lois continentales et admet formellement dans son art. 9-1° que la somme à payer est considérée comme déterminée, bien qu'il soit requis de payer par fractions fixes.

Faut-il assimiler à ce cas ce que les Allemands appellent *Ratenwechsel*? Ils entendent par là une lettre indiquant plusieurs sommes avec plusieurs échéances. Thoel, qui se pose la question (*op. cit.*, 185, p. 189), répond par la négative et admet la validité d'une telle lettre : « Il ne faut pas, en effet, regarder chaque

« somme comme une portion de la somme totale,
« mais comme des sommes distinctes : dès lors une
« pareille traite n'est plus irrégulière ; en réalité elle
« contient plusieurs traites indépendantes, qui n'ont
« qu'un point de commun, à savoir d'être rédigées
« sur un même papier. En quoi cette circonstance
« toute externe nuirait-elle à leur validité ! » L'argument paraît sérieux, et on ne voit guère, en effet, de
raisons pour prononcer la nullité. Il faut observer pourtant qu'en fait l'usage de ce genre de titre n'est pas
très pratique. Si le tiré ne paye pas à la première
échéance, on dressera protêt : mais comment en fera-
t-on signification, le porteur devant conserver le titre
pour le représenter lors de la deuxième échéance?

CHAPITRE V

DE LA CLAUSE A ORDRE

A l'origine les lettres de change étaient payables au porteur ou à un individu déterminé : la clause à ordre, nous avons déjà eu occasion de le dire, date du xvıᵉ siècle. C'est elle qui donna tout son essor au développement de la lettre de change, en même temps qu'elle multipliait les services par elle rendus. Ainsi s'explique l'opinion d'Alauzet que c'est du jour seulement de la création de cette clause que date la véritable lettre de change. La principale raison d'être de ce titre, surtout de nos jours où il n'a plus guère pour but d'épargner le transport des métaux précieux, c'est une circulation rapide, une négociabilité facile. Ce double résultat est obtenu par la clause à ordre, puisque grâce à elle il suffit d'une simple inscription mise au dos de la lettre, pour en transférer la propriété. Aussi, dès qu'elle eût fait son apparition, la clause à ordre devint d'usage dans toutes les lettres de change; cependant elle n'était pas encore d'un emploi obligatoire, et l'ordonnance de 1673 autorisait la lettre en droiture. Le égislateur de 1807 s'est montré plus exigeant, et considérant combien la facilité de transmission par la vertu de l'endossement était inhérent à la nature même de la traite, il exigea d'une façon expresse la mention de la clause à ordre : « *La lettre est à l'ordre d'un tiers, ou à l'ordre du tireur lui-même* » (art. 110).

C'était peut-être pousser l'exigence un peu loin ; il peut se présenter des cas où l'utilité de l'ordre ne se fait pas sentir. Pourquoi défendre au tireur, qui veut faire faire un payement aux mains d'une personne déterminée, d'employer la voie de la lettre de change? Ainsi que le dit Thoel (*op. cit.*, p. 458) : « l'intérêt du commerce exige seulement que la lettre « de change puisse être négociable, non que toute « lettre le soit ». Aussi les lois étrangères, s'écartant des dispositions de notre Code, admettent en général la validité d'une lettre payable à personne déterminée, *Rectawechsel*, disent les Allemands (Lois *allem.*, art. 4-3°; *hong.*, art. 3-3°; *scand.*, art. 1 ; *ang.*, art. 3-1°; Codes *holl.* et *suisse*, art. 722). D'après ces mêmes lois si un endossement est néanmoins effectué, il n'a aucune vertu de change (Lois *allem.*, art. 9-2°; *ang.*, art. 8-1°; Codes *ital.*, art. 257; *suisse*, art. 727) (1).

Mais parce que la traite en droiture se présente ra-

____

(1) Remarquons, avec Borchardt, que l'expression des mots *nicht an Ordre* (non à ordre) n'empêche pas l'endossement pour l'encaissement (*op. cit.*, art. 9, 207 *a*). — Loi *scand.*, art. 9-2°.

rement, tandis que la clause à ordre au contraire correspond à la nature intime de la lettre de change, les lois que nous venons de citer exigent qu'il en soit fait mention d'une manière spéciale. Qu'adviendrait-il au cas où le preneur aurait été simplement désigné, sans l'adjonction des mots à ordre? D'après la loi *française*, on ne saurait suppléer à ce défaut d'énonciation, et notre loi n'admettant pas la lettre en droiture, une pareille lettre de change serait forcément nulle. Au contraire, la plupart des législations, suppléant au défaut d'énonciation du tireur par la nature même du titre, regardent comme sous-entendue la clause à ordre : quand on veut l'exclure, il faut le faire en termes exprès (1). Du reste même au point de vue de la loi française, une lettre est indifféremment stipulée, payable « *à l'ordre d'une personne,* » ou bien « *à cette personne ou à son ordre* ». (2). Mais il ne faudrait pas regarder comme valable la lettre payable non à telle personne, mais à son ordre (V. H. Thoel, *op. cit.*, p. 143).

La *lettre au porteur*, c'est-à-dire payable au déten-

---

(1) La loi anglaise de 1882, en adoptant cette règle, n'a fait que consacrer l'ancienne règle écossaise contraire aux usages anglais (V. Barclay, *op. cit.*, p. 11, note D). — Loi *scand.*, art. 9-1°. — V. l'approbation de cette disposition par G. Cohn (*op. cit.*, p. 86 et 87).

(2) Le mot *ordre* n'est pas sacramentel (Douai, 24 octobre 1809), et serait parfaitement valable une lettre contenant toute autre indication équivalente; par exemple : *payez à M. X... ou à sa disposition.*

teur du titre, exagère encore, si l'on peut dire, les facilités de circulation et de négociation si avantageuses
au commerce. Il est vrai qu'à côté de ces avantages,
elle présente des inconvénients graves : difficulté, souvent même impossibilité de prévenir le tiré au cas de
perte ou de vol, et dès lors nombreux dangers auxquels
est exposé le porteur. Aussi les lois du continent n'ont
pas admis cette forme simple par excellence de la lettre de change : la loi *allemande* elle-même, qui n'y
voit qu'un titre fiduciaire, s'est refusée à lui reconnaître
le caractère qui viendrait mettre le sceau à ce rôle de
papier-monnaie, et repousse la lettre au porteur. La
loi *anglaise* au contraire, l'admet (art. 3-1°); elle répute même lettre au porteur celle dont le preneur est
fictif ou n'existe pas (art. 7).

A côté de la lettre au porteur, il faut placer celle qui,
bien qu'à ordre peut cependant jouer le rôle de titre au
porteur, parce que le nom du bénéficiaire a été laissé
en blanc. Une pareille lettre est-elle valable? La question ne se pose bien entendu que pour les législations qui
ne reconnaissent pas la lettre au porteur. La loi belge a
tranché expressément la question : un amendement
Jacobs, pour que la lettre pût être créée pour circuler
en blanc dès le principe sans indication d'aucune personne dénommée, a été retiré (V. Namur, *Comment.
du tit. VIII du nouv. C. de comm. belge*, n° 18). Les
autres lois sont muettes, mais leur silence **est** des plus
significatifs : toutes, parmi les énonciations essen-

tielles de la lettre de change, font figurer le nom du preneur; si donc ce nom est laissé en blanc, la mention requise fait défaut, la lettre n'est pas valable : il faudrait pour la valider un article formel qui n'existe pas.

Faut-il décider de même pour la lettre à l'ordre du tireur endossée en blanc par ce dernier? Dans la loi *française*, l'affirmative semble s'imposer ; nous avons vu qu'au point de vue du Code de commerce la lettre à l'ordre du tireur est incomplète, n'est pour ainsi dire que le piédestal sur lequel s'échafaudera le titre, valable au moment où interviendra la personne du preneur. Ce que la loi exige, c'est l'existence même de ce preneur, distinct du tireur et du tiré, existence prouvée par l'énonciation faite dans la lettre. Or, dans une lettre à l'ordre du tireur, il n'y a pas encore de preneur ; si cette lettre est endossée en blanc, le cas sera absolument identique à celui où la lettre serait directement tirée avec en blanc le nom du bénéficiaire. Au contraire, dans les lois étrangères que nous avons vues reconnaître comme valable d'ores et déjà, avant tout endossement, la lettre à l'ordre du tireur, la solution sera tout autre. Pour Thœl, cependant (*op. cit.*, art. 171, p. 143), n'est pas valable une lettre à l'ordre du tireur endossée en blanc. Mais cette opinion nous paraît en désaccord avec l'art. 6 de la loi *allemande*, qui regarde comme parfaite avant tout endossement la lettre à l'ordre du tireur (C. de Nuremberg,

20

2 mai 1864. — Borchardt, *op. cit.*, art. 6, 175 *a*).

La clause à ordre, qui a pour but essentiel de faciliter la circulation de la lettre de change, en permet la cession par un mode très simple, connu sous le nom d'endossement. Notre intention, nous l'avons dit au début, n'étant pas seulement d'examiner la lettre de change au moment de sa création, telle qu'elle sort des mains du tireur, mais aussi de l'étudier telle qu'elle se présente, avec toutes les mentions accessoires qu'elle peut contenir, au moment où on en exigera le payement, l'étude quelque peu détaillée de la théorie de l'endossement rentre dans le cadre de notre travail. Mais, vu l'importance considérable de cette étude, nous croyons devoir la détacher de la clause à ordre à laquelle elle se rattache naturellement, pour en faire l'objet d'un chapitre à part (1).

A côté du transfert de la lettre de change par endossement, il faut aussi parler de celui par simple tradition de la main à la main. Ce mode, commun à tous les titres au porteur, n'a pas de raison d'être pour toutes traites tirées sous le régime des législations continentales. Mais il n'en est plus de même en ce qui concerne l'Angleterre, pays où nous avons vu les

(1) Pour conserver plus d'ordre dans notre travail, et comme l'endossement n'est qu'une mention postérieure à la création de la lettre, nous en rejetterons l'étude après ce qui a trait aux conditions essentielles de forme, que nous examinons présentement (V. p. 322).

lettres au porteur regardées comme valables. Quant aux
droits qui résulteront pour le cessionnaire de la tradition, ils sont résumés dans l'art. 59-3° de la loi anglaise : « Le transférant par délivrance qui négocie une
lettre de change garantit par cela même à son cessionnaire immédiat, détenteur contre valeur, que la lettre
de change est bien ce qu'il la prétend être, qu'il a le
droit de la transférer et qu'à l'époque du transfert, il
n'a connaissance d'aucun vice pouvant affecter sa valeur. »

CHAPITRE VII

DE LA VALEUR FOURNIE

Un principe général domine toute la matière des conventions, c'est qu'à toute obligation il faut une cause et une cause licite. Par *cause*, il faut entendre la raison déterminante de la convention ; c'est ainsi que dans tout contrat synallagmatique l'obligation de chaque partie sert de cause à celle de son cocontractant. Mais il est une autre règle, protectrice du secret des accords, en vertu de laquelle cette cause n'a pas besoin d'être exprimée dans le contrat : « La convention n'est pas moins valable quoique la cause n'en soit pas exprimée » (C. civ., art. 1132). Il faut que la cause existe, mais cela suffit ; et tant qu'elle n'est pas niée, alors même que dans l'acte constatant la convention il n'en est pas fait mention, elle est présumée exister.

Il semble donc qu'à s'en tenir à ces préceptes généraux, éminemment équitables et rationnels, la lettre de change, rentrant dans la catégorie commune, soit, comme tout autre acte, dispensé de l'expression de sa cause. Le législateur de 1673 ne l'estima pas ainsi ; il tenait essentiellement, nous avons eu maintes fois occasion de le dire, à ce que la lettre de change fût la constatation d'un contrat de change réellement existant. Aussi l'ordonnance sur le commerce exigeait-elle que la traite constatât la valeur donnée par le preneur, et reçue par le tireur en échange de la promesse qu'il faisait. On s'assurait ainsi qu'il s'agissait bien de réaliser un contrat de change, puisque la somme promise à l'échéance n'était que la représentation de la valeur fournie par le bénéficiaire de la lettre.

Quant au but de cette mention, il est multiple. D'abord assurer à l'égard des tiers, qui peuvent en devenir endosseurs ou bénéficiaires, le crédit de la lettre de change. On comprend, en effet, que le commerçant à qui on offrira une traite sera plus tenté de la prendre, s'il sait qu'elle est la constatation d'un contrat réel et sérieux, que si elle ne s'appuie sur aucune négociation. Rendre manifeste la raison d'être de l'obligation du tireur, n'est-ce pas affirmer la valeur du titre ? L'expression de la valeur protège aussi le tireur, en ne lui permettant de créer une lettre de change et de la transmettre que contre valeur reçue. Elle combat la fraude, en empêchant de dissimuler sous l'aspect d'une traite d'autres contrats que celui de change (1).

Mais il faut avouer que ce sont là protections peu

____

(1) V. Savary, *Parfait négociant*, I, p. 146. — Merlin, *Répert.*, mot *let. de ch.*, § 2, 2.

efficaces et, qu'en somme, le but de la loi n'est guère atteint. Quoi de plus facile au tireur qui veut simuler un contrat de change que d'exprimer une fausse valeur dans la lettre, et donner ainsi une sécurité apparente aux tiers ; si bien que la mention qui devait les préserver de la fraude est précisément ce qui les trompera en leur inspirant pleine confiance. En outre, cette formule de la valeur fournie contient véritable quittance en faveur du preneur ; si la lettre énonce la valeur fournie, c'est que le tireur reconnaît l'avoir reçue ; et très souvent cette mention étant fausse et ne correspondant nullement à la réalité des faits, il arrivera au tireur de se trouver embarrassé par la clause même exigée pour le protéger. Du reste, pourquoi faire intervenir dans la lettre de change les rapports du preneur avec le tireur ? La traite n'a à constater que l'engagement de payer pris par le tireur ; quant à la cause de cet engagement, elle doit exister et être licite, mais ce sont là considérations tout étrangères aux obligations qui résultent du titre. Enfin, cette formule, qui si souvent peut devenir dangereuse à ceux qu'elle a pour but de protéger, est des plus gênantes ; elle est l'occasion de nombreuses nullités, par suite une entrave à la libre création, et aussi à la libre circulation de la lettre de change. C'est qu'en effet tout ce que nous avons dit de l'expression de la valeur fournie dans le corps de la traite s'applique à la même énonciation exigée dans l'endossement. Aussi, tous les auteurs modernes de notre pays s'unissent pour blâmer l'exigence de la loi : « Cette nécessité d'exprimer la valeur four-« nie ne me paraît pas susceptible d'être justifiée ; elle « ne doit pas subsister dans notre législation » (Demangeat s. Bravard, III, p. 56, note 1) (1).

Ce progrès a été réalisé par la loi allemande, dont l'art. 4 ne mentionne pas au nombre des énonciations exigées de la lettre de change celle relative à la valeur fournie. Même silence significatif dans les lois *belge*, art. 1⁺ʳ; *hongroise*, art. 3; *scandinave*, art. 1⁺ʳ; *anglaise*, art. 3-4°; Code *suisse*, art. 722. Le Code *italien*, art. 251, indique formellement que l'expression de la valeur n'est pas nécessaire. Au contraire, le Code *espagnol*, art. 444 exige non seulement l'expression de la valeur, mais plus rigoureux que notre Code, veut encore le nom du donneur de valeur, s'il est distinct du preneur. Pas plus que chez nous cette disposition ne semble facile à justifier : elle est, du reste, l'objet de fraudes journalières, fraudes qu'il est presque impossible de découvrir; et plus impossible encore est d'en faire la preuve.

Notons que les diverses législations qui n'exigent pas l'énonciation de la valeur ne la prohibent pourtant pas : seulement cette formule n'a aucun effet au point

(1) V., dans le même sens, Frémery (*Et. de dr. rom.*, p. 121, 122 et 125). — Lyon-Caen et Renault (*op. cit.*, 1042) ; Garsonnet, Vidari, G. Cohn.

de vue du droit de change, parce que la traite n'a pas à régler les obligations du preneur vis-à-vis du tireur. La loi *anglaise* (art. 27 à 30), qui contient des dispositions spéciales à propos du détenteur contre valeur (*détenteur régulier*), règle exclusivement par là une question de fond, nullement une question de forme : peu importe que la valeur soit ou non exprimée ; ce qu'il faut pour la détention régulière du titre, c'est qu'elle ait été reçue.

Nous nous trouvons donc en présence de trois législations, qui, seules, au point de vue de la forme du titre, veulent que la mention de la valeur y figure. C'est d'abord le Code *français*, suivant en cela les vieux errements du passé ; c'est le Code *hollandais* bâti sur le modèle du nôtre, sauf deux ou trois règles rajeunies aux besoins de l'époque ; c'est, enfin, le Code *espagnol*. Nous allons étudier, particulièrement au point de vue de la loi française, par quel mode d'énonciation sera satisfaite l'exigence du législateur.

Ce qui domine notre législation en cette matière, c'est que non seulement la valeur doit être fournie et mention en être faite, mais il faut indiquer comment a été fournie cette valeur ; d'où, en thèse générale, il faudra bannir toute expression vague ne donnant pas cette indication d'une façon précise. « L'insuffisance « de l'indication de la valeur rend la lettre de change « simple promesse, ou même la frappe de nullité abso- « lue » (Cass., 19 juin 1810).

Dans nombre de cas, la valeur sera fournie en espèces, en numéraire, et cette énonciation satisfera pleinement aux exigences de la loi. Il est une expression qu'auteurs et tribunaux s'accordent à reconnaître comme synonyme de *valeur en espèces*, c'est celle de *valeur reçue comptant*, réputée régulière. La valeur peut avoir été fournie, et c'est un cas fréquent chez les commerçants, en marchandises ; la lettre de change peut encore avoir pour contre-valeur un contrat quelconque ayant engendré une obligation de la part du tireur : c'est ainsi qu'une traite aura pour but de solder le prix d'achat d'un immeuble ou des loyers d'habitation. C'est que, dans tous ces cas, nous trouvons indiqué d'une façon précise ce que le tireur a reçu en échange de la lettre par lui créée. Dès que les termes deviennent généraux, la loi qui, en exigeant l'expression de la valeur, a voulu assurer la sincérité du contrat de change, voit une porte ouverte à la fraude, et annule la mention, partant la lettre. C'est ainsi que les expressions *valeur reçue* (depuis l'ord. de 1673), et, à plus forte raison, *valeur entendue*, ne sauraient être admises comme valables. Ici, pourtant, la loi *espagnole* se montre moins rigoureuse que notre Code, et admet que la valeur soit simplement mentionnée *reçue* ou *entendue* (art. 444 et 445); de même, le Code *hollandais* (art. 100) admet l'expression *valeur reçue* dans la définition même qu'il donne de la lettre de change.

L'expression *valeur en compte* fut longtemps discu-

lée, et on ne l'admit pas sans vive controverse : c'est
que la fraude peut se dissimuler aisément sous une
mention aussi vague. D'un autre côté, vu les rapports
constants de compte courant entre commerçants, particulièrement entre négociants et banquiers, et des
mouvements continuels de valeurs s'opérant entre eux,
il était impossible de prohiber une opération qui est
de tous les jours, et qui, si elle peut couvrir une fraude,
n'en constate pas moins, la plupart du temps, des opérations réellement existantes.

Une autre expression parfois employée est celle de
valeur en moi-même; il n'est qu'un cas où cette mention
ait sa raison d'être, par suite ait été admise, c'est lorsque la lettre est tirée à l'ordre du tireur lui-même.
Tant que par suite d'un premier endossement le preneur n'existe pas, le tireur ne peut constater la récep-
tion d'aucune valeur reçue de ce preneur. Il se contente d'exprimer la seule valeur que possède encore la
lettre, et qui est la sienne propre, puisqu'il s'e t engagé à faire effectuer le payement à échéance. Mais
notons que telle indication n'est qu'une sorte de pré-
misse, et que la véritable expression de la valeur sera
faite par l'endossement, qui constatera l'existence du
preneur et de la contre-valeur par lui fournie. Nous
avons dit en effet que l'endossement devait, comme le
contexte même de la lettre, contenir l'expression de la
valeur reçue, et que toutes les règles sont communes
à cette double mention. Une différence pourtant : la

lettre de change qui ne contient pas l'expression de la valeur est nulle; l'endossement, où se trouve pareille omission, est nul comme endossement translatif de propriété, mais conserve toute sa valeur pour opérer procuration. Il n'en est pas de même pour le Code *espagnol* : celui-ci exige bien que l'endossement exprime la valeur (art. 462), mais son art. 465 ajoute que les endossements en blanc ou auxquels manquent l'expression de la valeur transfèrent la propriété de la même façon que s'il y avait valeur reçue.

La mention de la valeur reçue, soit dans la lettre, soit dans l'endossement, vaut véritablement quittance en faveur du preneur ou du bénéficiaire de l'endossement; mais il est naturel que ce ne soit là qu'une présomption qui peut tomber devant la preuve contraire faite par le tireur ou par l'endosseur.

Théorie de la provision (1). — Le tireur s'est engagé à l'acquittement de la lettre à échéance. Il aura à sa disposition divers moyens pour remplir son obligation :

---

(1) L'étude de la provision ne paraît pas rentrer au premier abord dans le cadre que nous nous sommes tracé; mais il nous paraît impossible de n'en pas parler, pour bien faire comprendre le mécanisme de la lettre de change. C'est donc un simple aperçu du sujet que nous donnons; nous ne rentrerons pas dans le détail des discussions auxquelles la matière a donné lieu, nous contentant d'exposer les principales solutions admises, sans reproduire les arguments divers invoqués pour ou contre.

il peut se transporter lui-même avec l'argent aux jour
et lieu fixés, ou encore prier le tiré de lui faire l'avance
de la somme promise. Mais le moyen le plus simple à
la fois et de l'emploi le plus fréquent est de faire provision aux mains du tiré.

Qu'est-ce que la provision ? Nouguier (liv. III, ch. vi)
la définit : « L'ensemble des fonds ou valeurs envoyés
« au tiré ou des dettes existant entre ses mains, et des-
« tinés à solder la lettre de change. » La provision
n'ayant qu'un but, permettre à échéance l'acquittement de la lettre, il suffira qu'elle existe à ce moment
aux mains du tiré ; seulement celui-ci, qui n'est pas
obligé par la lettre tirée sur lui, refusera l'acceptation
si à l'époque où elle lui est demandée il n'est pas muni
de la provision. En quoi consiste la provision, la définition ci-dessus énoncée l'exprime suffisamment :
contentons-nous de dire qu'il n'est pas nécessaire pour
qu'il y ait provision que la dette du tiré ait été liquidée
et arrêtée entre les parties, pourvu qu'elle soit au moins
égale au montant de la lettre de change (1).

La grande difficulté sur la matière est la question de
la propriété de la provision. D'abord le tiré en devient-
il propriétaire ? Il faut distinguer deux cas : celui où
elle a été faite avec ou sans affectation spéciale. Dans
cette dernière hypothèse, elle est évidemment tombée

(1) V. Locré, art. 116 ; Pardessus, II, 293 ; Vincens, II,
191 ; Dalloz, 207.

dans la masse des biens du tiré, qui en revanche est obligé à payer la lettre ; mais s'il tombe en faillite, il en sera de cette obligation comme de toutes autres par lui contractées, elle sera réduite au prorata de l'actif. Que s'il y a eu affectation spéciale, la provision n'est qu'un dépôt qui a pour objet l'acquittement de la lettre, et n'est pas devenu sa propriété. Mais dans l'un et l'autre cas, si le tiré accepte, la provision devient un gage entre ses mains, destiné à l'indemniser de l'obligation qu'il a contractée.

Entre porteur et tireur la question est plus délicate. La difficulté se présente au cas de faillite du tireur : la faillite a-t-elle le droit de réclamer la provision faite aux mains du tiré, ou le porteur a-t-il un droit sur elle en vertu de la lettre qu'il détient ? — Mettons tout d'abord deux cas hors cause : celui où le tiré a accepté, nous venons de voir qu'alors la provision est un gage entre ses mains et les créanciers du tireur failli ne pourront la revendiquer ; et celui où il y a eu affectation spéciale, affectation qui frappe la provision d'une sorte de privilège au profit du porteur. Reste le cas le plus habituel, où le tireur fait provision sans affectation spéciale et où le tiré n'accepte pas. Le porteur a-t-il alors un droit sur la provision ? La question a été des plus discutées, et il ne manque pas de bonnes et solides raisons en faveur de l'une ou de l'autre solution. Cependant, la théorie qui paraît triompher aujourd'hui, en France, à la fois

en doctrine (1) et en jurisprudence (2) est favorable au
porteur. Elle peut se traduire dans cette phrase : « La
« provision s'attache à la lettre de charge et la suit
« dans quelques mains qu'elle passe » (Bédarride, I,
165). C'est qu'en effet cette solution, qui repose sur
des arguments juridiques pour le moins aussi bons que
l'opinion adverse, a de plus cet avantage de favoriser
la circulation des lettres de change en donnant plus
grande sécurité au porteur ; de plus, elle coupe court
à quantité de contestations sur le point de savoir si la
provision avait ou non reçu une affectation spéciale.
« La convention de change a pour principal effet de
« transférer au porteur la propriété de la lettre de
« change, et cette propriété embrasse le papier qui en
« est le signe et la valeur qu'il représente » (Dalloz,
229). Aussi cette théorie a-t-elle été formellement
adoptée dans la nouvelle loi belge, dont l'art. 6 est
ainsi conçu : « Le porteur a vis-à-vis des créanciers du
« tireur un droit exclusif à la provision qui existe entre
« les mains du tiré lors de l'exigibilité de la traite » (3).

---

(1) V. Bédarride, I, 162 ; Pardessus, II, 392 ; Dalloz, 239 ;
Boistel, 773 ; Nouguier, 272 ; Alauzet, 1285 ; Demangeat s.
Bravard, III, p. 474. — *Contra*, Frémery, ch. vi, p. 134.
Horson, *Quest.*, 64.

(2) C. de Dijon, 27 décembre 1871. — Cass., 20 août 1873.

(3) Le Code *hollandais*, art. 110, formule la règle inverse :
« En aucun cas le porteur d'une lettre de change protestée
« n'a droit sur la provision faite par le tireur chez le tiré ; —
« à défaut d'acceptation la provision revient à la masse du

Nous avons exposé jusqu'ici, au sujet de la provision, la théorie admise dans notre Code, et qui remonte aux premiers temps de la lettre de change. Mais étant donné les explications par nous fournies sur la théorie allemande, actuellement presque partout adoptée, on peut prévoir que la provision n'y joue plus le même rôle que chez nous. Laissons la parole aux représentants de la nouvelle école : « La lettre de change doit « contenir elle-même la preuve de sa validité et tirer « d'elle-même toute son efficacité ; elle n'indique rien « quant à l'existence de la provision, et doit produire « les mêmes effets, que la provision existe ou non » (Mittermaier, *Rev. fr. et étr. de législ.*, 1841, p. 121 et s.). On retrouve la même manière de voir chez Vidari (*op. cit.*, 211, p. 203) : « Le devoir du tireur d'une part « et le droit du porteur de l'autre, les deux seuls faits « valablement nécessaires pour constituer une régu- « lière obligation de change, sont totalement indépen- « dants des rapports personnels qui peuvent par aven- « ture intervenir entre le tireur et le tiré ; de tels rap- « ports peuvent très bien ne pas exister, et l'obligation « de change du tireur et de l'accepteur envers le pre-

« tireur, en cas de faillite de celui-ci ; — en cas d'acceptation, « elle reste au tiré. » — De même loi *anglaise*, art. 53-1° : « La « lettre ne vaut pas cession des fonds propres à être appli- « qués au payement ; — 2° exception en Écosse : La lettre « vaut cession de la somme chez le tiré à partir du jour où « elle lui a été présentée. »

« neur, en tant qu'elle résulte de la lettre, n'en sera
« pas moins réelle et pleinement efficace », et plus
loin (n° 212, p. 204) : « Destinée à régir les rapports
« juridiques qui découlent de l'obligation par lettre de
« change, la législation du change n'a pas à s'occuper
« des rapports, qui sont par nature purement civils; or,
« les rapports résultant de la provision sont des rap-
« ports de mandat. »

C'est qu'en effet, dans le système allemand, on ne
fait attention qu'au tireur : c'est sa solvabilité seule
qui est en jeu, lorsqu'il présente une traite à l'escompte. Dès lors, à moins d'acceptation, le tiré reste
tout en dehors du contrat d'endossement. La provision
sera, il est vrai, pour le tireur le mode le plus habituel
de faire effectuer le payement à échéance; mais c'est
là considération qui doit rester étrangère au porteur :
il n'aura donc aucun droit sur la provision, puisqu'en
devenant bénéficiaire de l'endossement il n'a acquis
que le droit de recourir faute de payement à échéance
contre ses divers endosseurs.

A notre avis, le système belge, qui est aussi, d'après
la jurisprudence, le système français, est préférable.
Même si l'on regarde la lettre de change exclusivement
comme un titre fiduciaire, ne doit-on pas s'efforcer par
tous les moyens possibles d'assurer le crédit de ce papier-monnaie? Les rapports du tireur et du tiré restent et doivent rester étrangers au porteur, d'après la
théorie allemande; nous l'admettons : aussi le porteur

ne pourrait-il exiger qu'il soit fait provision par le tireur. Mais si cette provision existe, pourquoi ne pas
accroître la valeur de la lettre de change, confirmer la
sécurité du porteur, en lui accordant un droit de préférence sur cette provision et lui donnant ainsi une
sauvegarde contre la faillite du tireur.

———

CHAPITRE VI

THÉORIE DE L'ENDOSSEMENT

1. *Généralités.* — On peut d'une façon générale définir l'endossement : une inscription faite au dos de la
lettre,ayant pour but de transférer au bénéficiaire certains droits sur cette lettre. Si nous nous contentons
ici d'une définition aussi large, c'est que toute autre
restreindrait trop notre pensée, en s'appliquant spécialement à l'une ou l'autre catégorie d'endossements.
Nous verrons, en effet, que les droits transférés par
l'endosseur au bénéficiaire (1) peuvent consister en un
droit de propriété, un droit de procuration, ou simplement un droit de garantie. En définissant l'endossement comme nous venons de le faire, nous ne caracté-

(1) Tandis que notre langue juridique a un mot pour désigner l'auteur de l'endossement, *endosseur*, elle n'en a pas pour
celui au profit de qui il est fait. Le mot *endossataire* proposé
par quelques auteurs, en imitation du mot allemand *Indossa-
tar*, n'est pas entré dans le langage courant. Nous serons
donc obligé de nous en tenir au terme général de bénéficiaire
de l'endossement, sauf à employer parfois celui moins exact
de cessionnaire.

risons que sa nature générale, embrassant à la fois les trois genres spéciaux ci dessus désignés.

L'étymologie du mot est facile à trouver : l'endossement est ainsi nommé parce que la mention faite a coutume d'être inscrite au dos du titre, *quia dorso inscribi solet* (Heineccius, chap. II, 27).

On a vu par notre définition que l'endossement est essentiellement constaté par écrit : l'écrit ici n'est pas exigé seulement comme preuve de la translation du droit, *ad probationem*, il est requis *ad solemnitatem*, pour opérer la translation même. En dehors de cette inscription, il peut y avoir cession, il n'y aura pas endossement avec les effets spéciaux qui en résultent. Cette décision, qui va de soi dans la nouvelle théorie, où le titre et toutes les mentions y apposées n'ont d'autre valeur que celle résultant de leur propre contexte, est aussi la règle implicitement admise par la loi française, laquelle énumère en détail les formes auxquelles doit satisfaire un endossement et par là même suppose un écrit (art. 137).

Sur ce point, pas de difficultés, mais il s'en est élevé sur la question de savoir si l'endossement peut ou non être donné par acte séparé. Pourquoi non, a-t-on dit? La loi ne le défend pas; or, il est de principe que tout ce qui n'est pas défendu, et n'est pas en même temps contraire aux bonnes mœurs, doit être permis en matière de contrats : « *les conventions font la loi des parties.* » Cette opinion est celle de Nouguier, qui recon-

naît la validité de l'endossement fait par acte séparé
(*De la let. de ch.*, I, 666). Mais une pareille décision
paraît exorbitante. Qu'on attribue à un endossement de
cette nature les effets d'une cession ordinaire, qu'il soit
valable *inter partes*, rien de mieux, mais ce n'est qu'aux
seules parties qui ont figuré dans l'acte que s'applique
le grand principe de l'art. 1134 : « les conventions font
la loi des parties. » Et comment admettre qu'un tel endossement ait plein effet vis-à-vis des tiers ? Prenons le
tiré pour exemple : il doit payer au porteur régulier,
sans lui opposer aucune des exceptions qu'il a contre
l'endosseur ; c'est une situation qu'il a prévue et
acceptée, mais encore ne l'a-t-il admise que pour
faciliter la circulation et le crédit de la lettre de
change. Or, pour ajouter à ce crédit, la circulation doit
être apparente, au grand jour, manifestée par une
mention intervenue sur le titre lui-même. Et qu'on
n'argumente pas de l'analogie de l'aval : d'abord l'avaliseur est bien moins que l'endosseur partie directe à
la lettre de change ; il n'en est que caution. Du reste,
il a fallu pour autoriser l'aval par acte séparé un texte
formel (art. 142), preuve de plus qu'en principe le législateur n'attribue qu'aux mentions inscrites sur la
traite même les droits exorbitants qui en résultent. Il
ne semble donc pas que le doute soit permis, et l'on
doit avec Pardessus (chap. III, 343) et Dalloz (*Rép.*,
mot *eff. de com.*, 367), décider que par son nom même,
par sa nature et les effets qu'il est destiné à produire,

l'endossement pour valoir comme tel, doit être inscrit sur le titre. Même obligation dans les lois *allemande*, art. 11; *hongroise*, art. 10; *scandinave*, art. 11; *anglaise*, art. 32-1°; Codes *italien*, art. 258, et *suisse*, art. 729.

L'endossement se fait normalement par signature privée; ce que nous disions plus haut à propos des inconvénients des lettres de change notariées s'applique avec plus de force encore quand il s'agit de l'endossement. L'endossement est destiné à faire circuler rapidement et sans frais aucun la lettre de change, une mention sous seing privé peut seule remplir ce double but. Certains jurisconsultes ont été plus loin et refusé d'admettre qu'un endossement pût être fait par acte authentique : tels sont Locré (*Esp. du C. de com.*, II, p. 141), Pardessus (II, 343 et 345), Demangeat sur Bravard (III, p. 146), Boistel (n° 748), Ruben de Couder (*Dict. du com.*, V, 487). Il est à remarquer que les mêmes auteurs admettent comme parfaitement régulière une lettre de change notariée. Il ne nous paraît pas très facile à comprendre pourquoi l'on veut établir une différence entre les deux cas : il règne entre eux, à notre avis, la plus complète analogie. Pour la création de la lettre comme pour son endossement l'intervention d'un notaire procure le même avantage, de faire figurer comme tireur ou endosseur une personne qui ne sait ou ne peut signer. Ruben de Couder invoque un argument au moins étrange : partant de ce principe par nous admis, que l'endossement pour être valable doit

figurer sur le titre, il en conclut à repousser l'endossement notarié : « Il suit de là que la forme sous seing
« privé remplit seule le vœu de la loi : la propriété
« même se prouve immédiatement par la lecture de
« l'endos sans qu'il soit nécessaire d'aller rechercher
« des actes séparés. » Mais pourquoi l'endossement
notarié obligerait-il à recourir à un acte séparé? pourquoi ne pas permettre au notaire de le rédiger en bre-
vet, comme il aurait fait pour la lettre elle-même?
pourquoi enfin ne pourrait-il authentiquer une mention
faite sur le titre, quand on lui a permis d'authentiquer
le titre? Quant à cet autre argument qu'admettre l'endossement notarié « ce serait nécessiter des frais
« d'acte, de timbre, etc., chose contraire à la facilité
« et multiplication des transactions commerciales »,
il nous paraît passer un peu trop du domaine de la théorie à celui de la pratique. Nous n'avons jamais eu la
prétention de dire que l'endossement notarié fût d'un
usage bien commode et bien fréquent, nous cherchions
simplement à savoir s'il était possible dans quelques
cas heureusement exceptionnels. Les reproches que
fait à l'endossement notarié Ruben de Couder sont fon-
dés, mais il semble oublier qu'on n'y aura recours que
lorsqu'on ne pourra faire autrement, et qu'alors quelques inconvénients sont encore préférables à une impossibilité absolue. Certes, la loi serait à critiquer
comme entravant la négociabilité des effets de commerce, si elle exigeait que l'endossement fût fait tou-

jours par acte authentique; elle la favorise, au contraire, en permettant ce mode de transfert à ceux qui
ne peuvent recourir à un écrit sous signature privée.
Cette doctrine qui, d'une façon générale, a prévalu
tant en France qu'à l'étranger est celle de la pluralité
des auteurs : Nouguier (I, 666), Alauzet (1344), Bédarride (288, 289), Dalloz (367), et pour la résumer nous
dirons que l'endossement notarié doit être admis, sans
qu'en fait on ait presque jamais occasion d'y recourir,
vu les frais et les lenteurs essentiellement inconcilia-
bles avec la nature de la lettre de change qu'il entraîne
forcément à sa suite.

Nous avons dit, et son nom en est la preuve, que
l'endossement était fait au dos de la lettre de change.
Est-ce là une condition indispensable, et un endossement régulièrement inscrit au recto de la lettre n'au-
rait-il pas valeur égale? Dans le silence de la loi il ne
semble guère qu'on puisse établir contre un tel endossement une sanction aussi rigoureuse que la nullité.
C'est l'opinion générale : Nouguier (I, 661), Alauzet
(1344), Boistel (768), Ruben de Couder (V, 565), Lyon-
Caen et Renault (I, p. 585, note 5), Vidari (*Il nuovo
codice*, art. 258, n° 4).

Il peut se produire, et il se produit en effet souvent,
que les endossements successifs occupant tout le verso
de la traite, il n'y ait plus de place pour les endossement nouveaux. L'usage est alors de mettre à la traite
une *allonge* ou *rallonge* : on entend par là une feuille de

papier blanc de même dimension que la lettre et collée à l'un des bouts, sur laquelle les nouveaux endossements sont inscrits à la suite des premiers. Mais il serait à craindre que la rallonge ne fût détachée d'une traite pour être jointe à une autre, par exemple d'une valeur plus élevée ou dont les signatures paraîtraient au porteur peu solvables. Pour parer à cet inconvénient on transcrit littéralement la lettre de change au recto de la rallonge, les endossements se mettant au verso. Il arrive aussi fréquemment que l'on se dispense de la rallonge, se contentant d'inscrire les derniers endossements en travers des premiers; mais ce mode qui peut rendre illisibles les mentions ainsi traversées, oblige à un travail de recherches souvent difficile le porteur qui veut savoir quels signataires il a pour garants.

L'endossement s'applique en principe au montant total de la lettre de change, et il est de toute évidence que lorsqu'il ne contient, ce qui est l'habitude, aucune mention à propos de la somme, il s'applique à celle exprimée dans le titre. Une restriction est-elle possible? l'endossement ne portant que sur partie de la somme, et pour ce appelé *endossement partiel* est-il valable? Il ne semble pas qu'il y ait là rien de contraire à la loi, et on ne voit pas pourquoi, se conformant à l'adage *qui peut le plus peut le moins*, le propriétaire d'une lettre de change, qui peut en transférer la propriété, ne pourrait pas diviser sa propriété et la transmettre seulement pour partie (1)? Mais en fait un pareil endossement sera peu usité, vu les difficultés pratiques qu'il entraîne. L'endosseur doit remettre l'effet endossé au cessionnaire : comment opérer cette tradition s'il y a plusieurs bénéficiaires? Et le tiré, à qui sera présenté l'effet pour le payement, devra faire attention aux termes restrictifs de l'endossement, pour ne payer au porteur que la part qui lui est attribuée. Bref, ces inconvénients pratiques empêchent que l'endossement restreint, quoique parfaitement licite, devienne d'un usage courant dans les habitudes commerciales. Les lois étrangères sont, comme la loi française, muettes sur la question. En *Allemagne*, la jurisprudence a admis la validité de l'endossement partiel (trib. de Berlin, 13 mars 1860. Borchardt, *op. cit.*, art. 9, 244). Mais tous les auteurs ne se sont pas rangés à cette opinion que repousse formellement H. Thoel (*op. cit.*, art. 264, p. 484); et cette doctrine semble facilement justifiable dans la théorie allemande qui, recherchant avant tout la prompte et facile circulation d'un titre fiduciaire, doit repousser toute mention tendant à entraver d'une façon quelconque cette rapidité de circulation. Pour la loi *anglaise*, l'endossement doit porter sur la valeur totale de la lettre; un endossement partiel n'en constitue pas négociation (art. 32-2°).

(1) V. Nouguier, I, 665; Pardessus, II, 344; Dalloz, n° 371; Ruben de Couder, 490.

Une question, qui touche de très près à celle que nous venons de traiter et la plupart du temps se confond avec elle, est de savoir si l'endossement peut comprendre plusieurs bénéficiaires. Il y a cette différence avec le cas ci-dessus qu'un seul endossement comprend bien toute la somme, mais payable au profit de plusieurs personnes, et que par suite il faudra leur présence à toutes et l'acquit de chacune pour valider le payement, de même que la signature de toutes pour permettre un nouvel endossement(1). Si les bénéficiaires sont associés, la chose va de soi : la société, personne morale, est en réalité véritable cessionnaire. Même en dehors de cette hypothèse, nous ne voyons pas en quoi la présence de plusieurs cessionnaires nuirait à la validité de l'endossement (2).

L'endossement, exécution d'un contrat synallagmatique, est évidemment, comme tout contrat, irrévocable par la seule volonté d'une des parties ; mais ici, comme à propos de l'acceptation, on peut se demander à quel moment a lieu le concours des volontés de l'endosseur et du cessionnaire. Est-ce au moment même où celui-là inscrit l'endos, ou seulement lorsque celui-ci reçoit

(1) « Si la lettre est payable à deux ou plusieurs bénéficiaires, l'endossement doit émaner de tous » (Loi *anglaise*, art. 32-3°).

(2) Ici encore Thœl est d'un avis contraire : « Les endossements doivent être au profit d'un seul bénéficiaire » (*op. cit.*, 264, p. 484).

le titre? Cette dernière opinion paraît la plus juste.
C'est que presque toujours l'endosseur fait l'endossement avant que le bénéficiaire n'en soit averti : il n'y a
donc pas concours de volontés. Ce n'est qu'au moment de la délivrance que celui-ci ayant connaissance
du contrat proposé et l'acceptant, le contrat se forme.
La situation est bien différente de celle de l'accepteur : à celui-ci une offre permanente est faite, il suffit
de son acceptation une fois donnée, signe manifeste
de sa volonté, pour déterminer l'obligation. Une preuve
qu'au contraire l'endosseur, en endossant des effets, ne
fait qu'une offre qui demande la ratification du bénéficiaire, c'est qu'on voit assez fréquemment des négociants endosser des effets, par exemple à leur banquier,
et celui-ci les renvoyer parce qu'il ne trouve pas une
garantie suffisante dans la signature des tirés ou des
précédents endosseurs. La conclusion de ces prémisses,
c'est que l'endosseur est absolument maître et seul
maître de son endossement, tant qu'il n'a pas remis
l'effet au cessionnaire, ou du moins qu'il n'a pas averti
celui-ci de l'endossement fait en sa faveur et acquis
certitude de son acceptation ; par suite, il lui est loisible de le biffer ou raturer, et l'on en voit en pratique
de nombreux exemples.

Nous venons de voir toutes les généralités qui ont
trait à l'endossement, tout ce qui se rapporte d'une
façon collective aux trois sortes d'endossement, dans
le détail desquels il nous faut maintenant entrer. Ces

trois sortes d'endossement sont, nous l'avons dit, l'*endossement de propriété*, par lequel le titulaire de la
lettre de change transporte à un tiers tous ses droits ;
l'*endossement de procuration*, par lequel il lui donne
mandat d'obtenir le payement en son lieu et place ;
l'*endossement de garantie*, par lequel il donne son
titre en gage, ou sûreté d'une créance quelconque.
C'est cet ordre que nous suivrons dans notre étude,
car cette triple distinction tient à la nature même et
aux effets des divers endossements. On peut aussi, au
point de vue de la forme, distinguer les endossements
en réguliers et irréguliers. L'*endossement régulier* est
celui qui contient toutes les mentions exigées par la
loi ; au contraire, à l'*endossement irrégulier* manquent
une ou plusieurs de ces énonciations. Notons dès
maintenant que cette seconde distinction, toute de
formalités externes, a pourtant dans la loi française un
rapport avec la première, puisque, sans tenir compte
de l'intention des parties, le Code de 1807 répute endossement de procuration tout endossement irrégulier.

II. *Endossement de propriété. — Nature.* — L'endossement, nous l'avons vu, est un transfert au moyen
duquel le propriétaire d'une lettre de change substitue
à ses droits un cessionnaire. Quelle est la nature propre
de ce contrat ? faut-il le faire rentrer dans un contrat
nommé, ou plutôt lui attribuer un caractère particulier ?

On a voulu voir dans l'endossement une cession, mais grande est la différence qu'il y a entre eux. On ne cède que ce qu'on a ; or, l'endosseur cède plus qu'il n'a, puisqu'il met son ayant cause à l'abri des exceptions qui lui seraient personnellement opposables. Du moins, si l'on veut absolument voir dans l'endossement une cession, y faut-il voir une cession d'une nature toute spéciale, n'entraînant aucun ou presque aucun des effets de la cession ordinaire.

L'endossement est-il plutôt un cautionnement ? Incontestablement il emprunte au cautionnement quelque chose de sa nature, en ce que l'endosseur garantit le bénéficiaire contre l'insolvabilité du tiré. Mais il y a plus qu'un cautionnement, puisque ces droits qu'il garantit, l'endosseur a commencé par les transférer. Et puis, quand certaines signatures apposées sur la lettre sont fausses, celle du tireur par exemple, on ne peut faire intervenir l'idée de cautionnement. Dans ce cas l'endosseur régulier n'en reste pas moins obligé, ce qui déroge au principe fondamental du contrat de cautionnement, que la caution ne peut s'appliquer qu'à une dette déjà existante ; ici, pas de dette, par suite du manque de tireur.

Il faut donc reconnaître que l'endossement sert à exécuter un contrat d'une nature spéciale ; sans doute il touche à plusieurs autres, particulièrement il emprunte certains des caractères de la cession et du cautionnement, mais sans se confondre avec aucun. Po-

thier, et avec lui la plupart des anciens auteurs, voyaient
dans l'endossement un véritable contrat de change, et
cette idée paraît la plus juste, tant l'endossement ressemble à la création d'une lettre de change. Au lieu de
créer une nouvelle traite au profit d'un tiers, le preneur d'une traite déjà créée trouve plus simple de l'endosser. Or, jadis toute traite n'étant et ne pouvant être
que le moyen d'exécution d'un contrat de change, l'endossement, qui reproduit la nature même de la lettre
de change, devait être aussi regardé comme l'exécution d'un contrat de change. H. Thoel (*op. cit.*, art. 250,
p. 423 et suiv.) reproduit cette idée, mais ne s'en tient
pas à cette notion étroite jadis admise, et il rajeunit la
théorie de Pothier, en la mettant d'accord avec les
idées nouvelles. Puisque le plus souvent la lettre de
change est un instrument de payement ou un instrument de crédit, il en sera de même de l'endossement.
L'endossement n'est autre chose qu'une traite, ne dif-
férant d'une traite régulière et nouvelle qu'en ce que
toutes les circonstances du premier contexte y sont
sous-entendues, à l'exception de certains changements
portant sur la date et le nom du cessionnaire ; la
somme et l'époque de payement resteront les mêmes.
« Cet endossement nouveau représente une nouvelle
« opération de change indépendante avec ses effets
« indépendants, sur la base de la lettre de change »
(trib. de Berlin, 17 juillet 1858. — Borchardt, *op. cit.*,
art. 9, n° 211). Cette assimilation de l'endossement à

une véritable traite résulte de son but, de sa forme, de ses effets ; *but* : l'endosseur veut en somme procurer au bénéficiaire une promesse de payement, et l'endossement lui épargne la création d'une nouvelle traite ; *forme* : l'endosseur tire une véritable traite au profit du bénéficiaire, en omettant d'y noter ce qui se trouve déjà dans le titre, et qui ne doit pas être changé, échéance et somme à payer ; *effets* : ils sont les mêmes que si l'on avait tiré autant de traites différentes ; mêmes obligations du tiré vis-à-vis du cessionnaire que vis-à-vis du preneur, même garantie due par l'endosseur au bénéficiaire que par le tireur au preneur.

Que si maintenant l'on désire une définition exacte de l'endossement type, c'est-à-dire de l'endossement translatif de propriété, nous ne saurions mieux faire que de l'emprunter à MM. Lyon-Caen et Renault (*Précis de Dr. com.*, 1, art. 1079) : « L'endossement est « un contrat particulier comprenant une espèce de « vente de la lettre considérée comme marchandise et « en même temps un cautionnement ».

Effets. — Nous n'y insisterons guère, aussi bien cette étude nous paraît-elle sortir quelque peu du cadre de notre sujet. Néanmoins, il serait difficile de comprendre le mécanisme même extérieur de l'endossement, si l'on n'en connaissait les effets principaux. Ils peuvent se résumer à trois : 1° L'endosseur transmet au bénéficiaire tous ses droits sur la lettre de change ; celui-ci peut donc et doit exiger le payement à l'échéance, faire dresser le protêt faute de payement, requérir l'acceptation ou en faire constater le refus, et dans tous les cas recourir contre le tireur exactement comme aurait fait le preneur (1) ; 2° l'endosseur garantit au preneur le payement intégral de la lettre à échéance, et s'il y a plusieurs endossements, tous les endosseurs sont solidairement responsables envers le porteur qui peut, à son choix, s'adresser à l'un quelconque d'entre eux ou à tous à la fois (2) ; 3° aucun obligé ne peut opposer au bénéficiaire les exceptions qu'il prétend avoir contre l'endosseur. C'est là, nous l'avons vu, ce qui constitue le caractère le plus original de l'endossement et lui donne sa grande utilité au point de vue commercial, en attribuant à la lettre une valeur propre indépendante des rapports existants entre les parties qui y figurent. Il est bien évident que lorsqu'on établit cette règle « que le bénéficiaire de l'endosse- « ment peut se prétendre directement créancier des « obligés, sans que ceux-ci soient autorisés à lui oppo- « ser des exceptions du chef de son endosseur » (Lyon-Caen et Renault, art. 1090), on suppose un cessionnaire

_____

(1) Lois *allem.*, art. 8 ; *belge*, art. 26 ; Codes *franç.*, art. 136 ; *ital.*, art 256-1° ; *suisse*, art. 728 ; *esp.*, art. 467. — Le bénéficiaire de l'endossement est investi de tous les accessoires de la lettre : Loi *belge,* art. 26, formelle sur le transport des garanties hypothécaires.

(2) Lois *allem.*, art. 14 ; *belge*, 30 ; Codes *franç.*, art. 140 ; *ital.*, art. 256-2° ; *suisse*, art. 728 ; *esp.*, art. 467.

de bonne foi, la loi n'ayant pas pour but de favoriser la fraude.

Formes. — Aux termes de l'art. 137, *l'endossement est daté, il exprime la valeur fournie, il énonce le nom de celui à l'ordre de qui il est passé.* Occupons-nous d'abord de la date.

On sait quelle en est l'importance pour la lettre de change elle-même, ici elle est plus grande encore. D'abord, elle établit la capacité de l'endosseur, mais surtout, en cas de faillite, il importe au plus haut point de savoir à quelle époque précise un endossement a été fait. Le tireur, qui, en créant une lettre de change, l'antidate, ne transmet au preneur, quand il n'a pas été fait provision, qu'une valeur négative : c'est lui qui s'engage à faire payer à échéance, et, s'il est en faillite, ce payement ne pouvant avoir lieu, ses créanciers ne seront nullement lésés. Il en est tout autrement d'une traite endossée, c'est une véritable valeur dans le patrimoine du porteur; en la transmettant à un tiers par antidate pour ne pas que l'acte encoure annulation, il fraude ses créanciers sans aucun moyen pour ceux-ci de remédier à cette fraude. Aussi notre loi se montre-t-elle très sévère pour l'antidate : « *Il est défendu d'antidater les ordres à peine de faux* » (art. 139). Même disposition de la loi *belge*, art. 29, et du Code *espagnol*, art. 464. Le groupe des lois *allemandes* n'établit pas de disposition analogue. Il est du reste entendu que pareille peine de faux n'est prononcée que

s'il y a de la part de l'endosseur, auteur de l'antidate,
intention frauduleuse; au cas contraire, il ne serait
passible que de dommages-intérêts. En dehors de ce
qui regarde ce cas particulier, à propos de la date (formellement exigée par les législations *belge*, art. 27;
holl., art. 134; *ital.*, art. 258; *esp.*, art. 462; les lois
allem., *hongr.*, *scand.* et *angl.* n'en parlent pas), il faut,
d'une façon générale, appliquer les règles déjà posées
à propos de la date de la lettre de change.

Au sujet de la date, on peut se demander si l'endossement d'une lettre de change est possible après
échéance. La question n'est pas de savoir si les droits
du porteur peuvent ou non être transmis à un tiers
même après échéance : sur ce point, l'affirmative ne
saurait faire doute. Mais ce transport est-il possible
par le mode spécial de l'endossement avec tous ses
effets ordinaires? La doctrine est très divisée sur la
question. Et, d'abord, mettons hors discussion les rapports qui résultent de l'endossement entre le cédant et
le cessionnaire : entre eux, il y a volonté d'opérer la
cession, et la loi n'imposant aucune forme spéciale,
cette transmission de propriété est aussi régulièrement opérée par l'endossement qu'elle le serait par un
autre mode quelconque. Il s'agit donc exclusivement
de l'effet que produira l'endossement à l'égard des
tiers. Ceux-ci seront-ils suffisamment avertis de la cession par l'endos mis sur la lettre, sans qu'il soit besoin, comme aux cas ordinaires, de l'agrément du cédé

ou d'une signification à lui faite. La négative professée
jadis par Savary (§ 75), plus récemment par Pardessus
(II, 352), Dalloz (408), Nouguier (I, 679), s'appuie sur
des motifs spécieux. Une fois échue, dit-on, la lettre
est définitivement entrée dans les biens du porteur, le
sort de tous les signataires est donc définitivement fixé
et ne saurait plus être modifié ; du reste, après
échéance, la lettre de change n'existe plus comme
telle ; dès lors l'endossement, mode de transmission
qui lui est tout spécial, ne doit plus s'appliquer. Mais ces
arguments ne semblent pas tenir devant la généralité
de l'art. 136, d'après lequel « *la propriété des lettres de
change se transmet par voie d'endossement* » ; prétendre qu'une fois échue la lettre de change n'a plus ce caractère, c'est discuter sur des mots. La preuve qu'elle
le conserve, c'est que c'est justement après échéance
que s'exerceront la plupart des droits qui en résultent,
tels que recours des coobligés entre eux. Même en dehors de ces recours, est-ce qu'après échéance l'accepteur ne reste pas obligé ? est-ce qu'une intervention ne
peut pas avoir lieu (1) ? Le plus souvent, il est vrai, les
recours appartenant au porteur seront éteints, du
moins si l'on suppose la lettre de change endossée
après échéance sans protêt ; mais c'est affaire à l'endosseur qui ne transmettra que les droits qui lui restent encore. On fait d'autres objections contre l'endos-

(1) V. G. Cohn, *op. cit.*, p. 123.

sement après échéance : il prête à la fraude et expose
celui qui a payé sans se faire donner quittance à un
double payement. Mais, au premier cas, le cessionnaire, le tiré qui paye au second cas n'ont qu'à prendre leurs précautions. Au contraire, en faveur de l'endossement après échéance, militent les retards nombreux qui résultent des arrivées des navires, des che-
mins de fer, de la poste (1). C'est à l'opinion la plus
libérale que, malgré quelques arrêts contraires, s'est
définitivement rangée la jurisprudence (Cass., 26 janvier 1833, 22 mars 1853). C'est aussi celle admise par
la majorité de la doctrine : Bédarride (I, 296), Demangeat s. Bravard (III, p. 154 et suiv.), Lyon-Caen et Renault (I, 1094), Ruben de Couder (V, 522). Alauzet qui
l'admet également, restreint cette solution au cas où
la lettre n'est pas protestée : on ne voit pas trop pourquoi les droits du porteur négligent seraient plus
étendus que ceux du porteur qui a fait dresser protêt à
bonne date.

Les législations étrangères ont aussi donné pleine
force à l'endossement intervenant même après protêt.
D'une façon générale pourtant, elles font cette restriction que l'endossement d'une lettre échue ne produit
pas absolument tous les effets d'un endossement ordinaire. C'est ainsi, notamment, que l'endosseur ne
transmettra à son cessionnaire que les droits qu'il a,

(1) V. G. Cohn, *op. cit.*, p. 123 et 124.

par conséquent les exceptions valables contre l'un seront opposables à l'autre. En d'autres termes, l'endossement d'une lettre échue ne constitue qu'une simple cession (1). (Lois *ang.*, art. 36-2°; *belge*, art. 16; Code *italien*, art. 260; usages *amér.*). La loi *allemande*, distingue deux cas : si les délais de protêt sont écoulés sans que le protêt ait été fait, le cessionnaire a un droit contre le tiré accepteur et un recours contre tous ceux qui ont endossé la lettre, ce même délai expiré; que si, au contraire, la lettre protestée en temps utile vient à être endossée, le bénéficiaire a tous les droits de son endosseur contre l'accepteur, le tireur et les précédents endosseurs : seul son endosseur immédiat n'est pas tenu par voie de change (art. 16). De même loi *scandinave*, art. 15. Quant au Code hollandais, il proscrit formellement dans son art. 133 l'endossement après échéance, et ajoute (art. 139) : « Les lettres de « change échues ou non payables à ordre ne peuvent « être endossées, mais la propriété en doit être trans- « mise par acte de cession, conformément aux règles « du droit civil. »

La seconde formalité exigée par la loi française pour la perfection de l'endossement est l'expression de

(1) D'après G. Cohn on devrait assimiler l'endossement après échéance à celui fait avant, vu la généralité de l'obligation contractée par les accepteur, tireur et endosseurs, et l'on éviterait ainsi la preuve de savoir si l'endossement est intervenu avant ou après échéance (*op. cit.*, p. 128).

la valeur fournie. Nous n'entrerons point ici dans les explications concernant cette exigence inutile, trace d'une théorie disparue. Nous avons déjà étudié la matière en détail à propos de la même énonciation dans le corps de la lettre de change, et ce que nous en avons dit alors se rapporte exactement à l'endossement. Qu'il nous suffise d'ajouter qu'une pareille mention introduit entre endosseurs et cessionnaires des relations totalement en dehors du titre, et qui doivent y rester étrangères. « La prescription d'énoncer dans l'endos« sement la valeur fournie est superflue, car la ques« tion de savoir si la valeur a été fournie intéresse « uniquement l'endosseur et celui à qui il a passé l'ef« fet : ces deux parties peuvent s'entendre entre elles « à cet effet de telle manière qu'elles le jugeront con« venable. Peu importe à l'accepteur et aux porteurs « subséquents que chaque endosseur précédent ait « reçu la valeur de son endossement » (Mittermaier, *Revue fr. et étr. de législ.*, t. VIII, p. 114). Aussi, à l'exception des Codes *hollandais*, art. 134, et *espagnol*, art. 462, toutes les lois nouvelles n'ont aucune exigence à propos de cette énonciation (lois *allem.*, art. 11; *hong.*, art. 9; *scand.*, art. 10-2°; *belge*, art. 26; *ang.*, art. 32; Codes *italien*, art. 258, et *suisse*, art. 729).

L'endossement doit, en troisième lieu, contenir le nom du bénéficiaire. On retrouve ici toutes les règles que nous avons déjà posées à propos du nom du preneur; il ne semble donc pas qu'il soit utile d'y revenir.

Le Code *espagnol* reproduit la même exigence que pour la lettre elle-même, et impose l'énonciation des nom et prénoms du donneur de valeur, lorsqu'il est distinct du cessionnaire. De cette exigence, nous ne ferons que répéter ce que nous en avons dit lorsqu'il s'agissait du corps de la traite, qu'elle ne présente aucune utilité, et, par contre, est une gêne considérable à la facile circulation des lettres de change.

La clause à ordre fait-elle partie intégrante de l'endossement? Pour la loi française qui exige cette clause dans la lettre, on comprendra aisément qu'elle l'exige aussi dans l'endossement, qui ne fait que renouveler l'exécution de cette première clause à ordre : « *l'endossement énonce le nom de celui à l'ordre de qui il est passé* » (art. 137). Pour les lois étrangères qui admettent la lettre à personne dénommée, il ne saurait en être de même. On ne comprendrait pas, en effet, pourquoi un endosseur quelconque n'aurait pas le droit du tireur de restreindre son endossement au profit d'une seule personne. Cependant, tout en admettant ce principe, il ne faut pas le pousser à l'excès, et reconnaître à la simple énonciation d'un endosseur le droit de modifier le caractère même de négociabilité imprimé à la lettre par le tireur qui y a inséré la clause à ordre. Aussi la loi *allemande*, art. 15, a-t-elle fait, à notre avis, une sage distinction entre le cas où la négociation est interdite par le tireur et celui où elle l'est par un endosseur. Dans la première hypothèse, là lettre n'est d'aucune façon négociable par voie d'endossement; elle l'est, au contraire, dans la seconde, seulement ceux qui l'ont acquise après l'endosseur qui a inscrit la clause *non à ordre* n'ont aucun recours contre ce dernier. Dans le même sens, loi *hongroise*, art. 13; Code *suisse*, art. 733. Au contraire, d'après la loi *anglaise*, art. 35-2°, l'endosseur a, comme le tireur, le droit d'interdire, par un endossement restrictif, toute négociation postérieure de la lettre.

Enfin, cela va de soi, l'endossement doit être signé, puisque la signature seule de l'endosseur lui donne l'existence. La plupart des lois n'en disent rien, tant la chose est évidente; on trouve cependant la règle formellement énoncée dans les Codes *italien*, art. 258, et *espagnol*, art. 462. Si la signature a été falsifiée, si l'endossement est faux, qu'adviendra-t-il? D'après le Code français, l'opposition du propriétaire de la lettre qui l'a perdue est valable : le tiré ne pourra donc payer au porteur de bonne foi en vertu d'un endossement faux (Nouguier, I, 340; Dalloz, 870). Ce dernier va jusqu'à dire que le tiré doit même refuser le payement, s'il a des causes graves de soupçonner l'individualité du porteur. Mais, naturellement, s'il n'y a pas eu opposition, le tiré est valablement libéré par un payement de bonne foi fait au cessionnaire du propriétaire apparent (Nouguier, I, 339). Étant donnée cette théorie de la nullité du faux endossement, même pour le porteur de bonne foi, on devrait aussi lui refuser tout recours contre les premiers endosseurs : cependant la Chambre des requêtes (30 janv. 1850) a décidé que le porteur, en vertu d'un endossement faux, peut en poursuivre le payement contre les précédents endosseurs, alors qu'il est de bonne foi et qu'il a versé à son cédant, auteur du faux, le montant de cet effet. D'après la loi *allemande*, le bénéficiaire d'un endossement faux a un droit issu de la lettre de change, comme s'il était vrai.

L'endossement conforme aux règles que nous venons de tracer, et dit, pour ce motif, endossement régulier, est translatif de propriété. Mais ce n'est là qu'une présomption de la loi, qui peut tomber devant la preuve d'une volonté contraire chez les parties.

Endossement irrégulier. — C'est celui à qui manque une des formalités exigées par la loi. Au premier abord, il semble qu'un tel endossement ou bien devrait être regardé comme nul, ou, si l'on admet sa validité, produire les effets qu'avaient en vue les parties. La nullité, on n'a jamais songé à l'appliquer. Pourquoi empêcher, par une sanction si dure, la circulation de la lettre de change, quand il peut arriver fréquemment aux commerçants pressés par leurs affaires d'omettre une ou l'autre formalité. Restait donc pour attribuer un effet à l'endossement irrégulier à consulter l'intention des parties, sauf à celles-ci à en faire la preuve; et c'est ce que, par leur silence, paraissent admettre et admettent en effet toutes les lois étrangères. Le Code français donne une autre solution que l'on a peine à s'expliquer : il ne prononce pas la nullité de l'endossement irrégulier, mais il veut néanmoins une sanction contre cette irrégularité, et, pour ce, déclare l'endossement nul en tant que translation de propriété, lui maintenant toute sa force comme endossement de procuration (1). Et ce n'est pas là une simple présomption interprétative de la volonté des parties, pouvant tomber devant la preuve contraire : c'est une sanction qui s'applique dans tous les cas. L'art. 130 est formel : « *Si l'endossement n'est pas conforme aux dispositions de l'article précédent, il n'opère pas le transport, il n'est qu'une procuration* ». Mais remarquons que, si cette présomption est absolue à l'égard des tiers, jurisprudence et doctrine s'accordent à reconnaître qu'il n'en saurait être de même entre les parties, c'est-à-dire entre l'endosseur et le cessionnaire. Entre ceux-ci, il faut rétablir la vérité des faits et consulter avant tout leurs intentions (Ch. des requêtes, 14 avr. 1856, 21 fév. 1870).

Il arrivera que, dans la plupart des cas, les mentions omises dans l'endossement, et ayant pour effet de le rendre irrégulier, pourront être suppléées par l'un des endosseurs particuliers. En remplissant ainsi les omissions, il rendra à l'endossement toute sa perfection, sauf aux parties intéressées à prouver l'irrégularité de cette rectification après coup, preuve d'ordinaire

____

(1) De même Code *holl.*, art. 135. — Le Code *esp.*, art. 463, répute simple endossement de procuration celui où manque la date.

presque impossible à faire. C'est ainsi que, très fréquemment, un endosseur datera les endossements qui précèdent le sien, y ajoutera l'expression de la valeur ou le nom du bénéficiaire. Si, dans la mention de la date, il antidatait en réalité l'endossement, on ne saurait appliquer l'art. 139 punissant les antidates de la peine de faux : c'est qu'il n'y a pas ici, au moins dans la plupart des cas, d'intention frauduleuse, l'unique but de l'auteur de cette antidate étant de régulariser les vices du titre, tout au plus pourrait-on, dans certains cas exceptionnels, obtenir de lui des dommages-intérêts.

Endossement en blanc. — Il faut, parmi les endossements irréguliers, faire une place à part à l'endossement en blanc. On entend par là désigner la simple opposition au dos du titre de la signature de l'endosseur. Cet endossement en blanc a le double caractère d'être un véritable endossement au porteur, puisqu'il ne comporte pas le nom du cessionnaire, et, en même temps, de pouvoir être régularisé et rempli à son profit par un possesseur quelconque. Savary l'appelait une *pierre d'attente.*

L'endossement en blanc est-il par lui-même, et avant d'avoir été rempli par le porteur, translatif de propriété? Non, aux yeux de la loi française, puisqu'il tombe plus encore que tout autre endossement irrégulier sous le coup de l'art. 138. Il est au contraire formellement admis par les lois étrangères (lois alle-

mande, art. 12 ; *hongroise*, art. 10 ; *scandinave*, art. 12 ;
belge, art. 27 ; *anglaise*, art. 32-1° ; Codes *hollandais*,
art. 136 ; *italien*, art. 258 ; *suisse*, art. 730 ; *espagnol*,
art. 465). Toutes ces mêmes lois donnent expressément
au porteur le droit de remplir l'endossement en blanc
ou de s'en servir comme tel. « L'endossement en
« blanc, dit H. Thoel (*op. cit.*, art. 263, p. 481 et suiv.),
« est un endossement au porteur ; le porteur peut
« transmettre la lettre endossée en blanc, remplir ce
« blanc à son nom et à celui d'autrui, faire un endos-
« sement régulier au-dessous de cet endossement en
« blanc » (Lois *allemande*, art. 13 ; *hongroise*, art. 13 ;
scandinave, art. 13 ; *belge*, art. 27 ; *anglaise*, art. 34-3° ;
Codes *italien*, art. 258-2° ; *suisse*, art. 731). Dans le silence de notre loi, on admet en France la même règle,
et le blanc-seing se change en ordre régulier : « L'en-
« dossement en blanc est, suivant la pittoresque ex-
« pression de Savary, une pierre d'attente. Il peut être
« rempli après coup et par toute personne. Si la la-
« cune est comblée, l'endos en blanc a disparu et fait
« place à un endossement valable » (Nouguier, I, 417).
Cependant, d'après Dalloz (486), cette régularisation ne
saurait intervenir après le décès du donneur de signature en blanc, car il est patent qu'à partir de ce moment, étant mort, il n'aurait pu endosser et dès lors
l'endossement en blanc conserve le caractère d'irrégularité qu'il avait au moment de son décès. Cette décision ne nous paraît pas exacte ; qu'après la mort de

l'endosseur en blanc le porteur ne puisse remplir l'endossement à une date postérieure, rien de plus juste ; mais pourquoi n'en pourrait-il rétablir la date véritable, antérieure par conséquent au décès du donneur de signature ?

On a fait maints reproches à l'endossement en blanc : de constituer un danger pour le signataire ; n'en est-il pas de même pour l'aval et l'acceptation constitués par simple signature ? d'assimiler la lettre de change à un papier au porteur ; mais chacun peut, en remplissant l'endossement, en faire une lettre à personne déterminée ; de rendre irréparable la perte ; de favoriser la fraude de l'endosseur surtout au moment de la faillite. « Ces abus sont du nombre de ceux que les lois « humaines ne sauraient prévenir entièrement, et qui « pouvant causer quelques inconvénients particuliers « sont plus que compensés par l'utilité publique » (D'Aguesseau, *Let. au Parl. de Toulouse*, 1747, 8, 9).

Mentions accessoires. — Il est certaines énonciations que l'endosseur peut ajouter à son endossement ; telles sont celles que le tireur y ajouterait lui-même, *indication d'un besoin, mention sans frais*. Nous verrons plus tard les effets de cette mention ; quant à l'énonciation du *besoin*, elle est obligatoire pour le porteur, qui, bénéficiaire médiat ou immédiat de l'endossement, doit en remplir les conditions.

Nous avons vu que par suite de la nature même de l'endossement, l'endosseur se trouvait obligé à ga-

rantie vis-à-vis de son cessionnaire et de tous endosseurs postérieurs. Mais cette garantie, qui n'est pas de
l'essence de la lettre de change, peut être exclue par
une clause formelle. Cela arrive même assez fréquemment pour certains banquiers qui veulent bien accepter
de procurer à un négociant une lettre de change, mais
à condition de n'en pas cautionner le payement ; ils
obtiendront ce résultat par la clause *sans garantie*.
Grâce à cette clause, toute garantie disparaît pour l'endosseur ; pour le tireur, seulement s'il y a eu provision ; l'endosseur ne reste garant que de l'existence de
la lettre de change, et de son fait personnel. Notre loi
ne dit rien de cette convention spéciale, mais d'une
façon générale elle permet l'apposition à la lettre de
change de toutes modifications qui n'en détruisent pas
l'essence, et celle-ci est du nombre. La plupart des
lois étrangères reconnaissent expressément la validité
des endossements sans garantie (Lois *allemande*,
art. 14 ; *hongroise*, art. 12 ; *scandinave*, art. 14 ; *anglaise*, art. 16-1° ; Codes *italien*, art. 259-2° ; *suisse*,
art. 732 ; *espagnol*, art. 467).

III. *Endossement de procuration*. — L'endossement
de procuration est celui par lequel l'endosseur donne
au bénéficiaire mandat de toucher en son lieu et place
le montant de la lettre de change. Il est bien évident
tout d'abord qu'un endossement même parfaitement
régulier, c'est-à-dire contenant toutes les mentions
exigées par la loi pour opérer transfert de propriété,

peut n'opérer que procuration, s'il en contient l'indication suffisamment claire. C'est ainsi qu'un endossement stipulé *valeur en recouvrement* ne constituerait qu'un simple endossement de procuration. Nous savons en outre que dans le système français tout endossement irrégulier est regardé comme procuration, et que cette présomption est invincible du moins à l'égard des tiers. Même décision pour le cas inverse, c'est-à-dire si un endossement régulier comme translatif de propriété n'était dans l'intention des parties que pour opérer procuration ; preuve de cette intention serait admissible entre les parties, mais non à l'égard des tiers, qui ont dû pouvoir se fier pleinement aux formes de l'endossement. Nous avons vu aussi que le Code espagnol répute, à l'exemple de la loi française, endossement de procuration celui qui ne contient pas mention de la date, mais valide celui auquel fait seulement défaut l'expression de la valeur.

Les effets de l'endossement de procuration sont faciles à déduire de son caractère même. Et d'abord le cessionnaire n'est pas l'ayant cause, mais le simple mandataire de l'endosseur : c'est donc au nom de ce dernier, non au sien propre qu'il agira, et il lui devra compte de l'exécution de son mandat.

Quant au tiré, sa position est tout autre qu'en présence d'un endossement de propriété : l'endossement de propriété a pour caractère propre et vraiment original de faire le porteur propriétaire absolu de la lettre de change, sans crainte d'aucune des exceptions opposables aux précédents endosseurs. Ici, il n'en est plus de même, et le tiré fera valoir contre le mandataire toutes exceptions qu'il a contre l'endosseur mandant.

Enfin, à l'égard de l'endosseur, la propriété n'étant pas transférée lui reste tout entière : il ne se dessaisit pas de la possession, et le bénéficiaire de l'endossement n'est que simple détenteur de l'effet. Conséquence en cas de faillite de ce dernier, l'endosseur pourra très valablement réclamer dans la masse de la faillite les effets endossés au profit du failli. Ce n'est pas là un privilège créé à son profit, et qui nuise aux autres créanciers, puisqu'il se contente de reprendre des valeurs dont il est toujours resté propriétaire. C'est pourquoi les banquiers ont presque toujours soin d'endosser leurs effets « *valeur en recouvrement* », pour bien faire comprendre qu'ils ne chargent leurs correspondants que de l'encaissement, mais conservent la propriété des titres.

Passons aux droits du bénéficiaire de l'endossement de procuration. Et d'abord il peut toucher la traite à échéance, c'est là le but de la procuration qu'il a reçue. Il est en attendant chargé de tous actes conservatoires : c'est ainsi qu'il pourra présenter l'effet à l'acceptation, et faire protester au cas de refus, puis recourir contre le tireur ou les précédents endosseurs; mais notons que ceux-ci ont, de même que le tiré, toujours droit de lui opposer toutes exceptions valables contre son endosseur : c'est en effet uniquement au nom de celui-ci qu'il agit. Au cas de non payement, il pourra poursuivre le tiré, et de même exercer son recours contre l'un quelconque des endosseurs, en ayant seulement soin d'observer la restriction ci-dessus énoncée. Ces diverses conséquences de l'endossement de procuration, dont le Code ne dit rien, sont implicitement comprises dans ce mot de *procuration* qu'il emploie (doctrine et jurisprudence), et formellement consacrées à l'étranger (lois *allem.*, art. 17 ; *hong.*, art. 15 ; *scand.*, art. 16 ; Code *suisse*, art. 735).

Une question plus délicate est celle de savoir quels sont les droits du bénéficiaire quant à une nouvelle négociation. La décision qui se présente d'abord et le plus naturellement à l'esprit est de refuser au porteur le droit de transmettre la lettre par un endossement autre que celui fait à son profit : *nemo dat quod non habet.* Comment celui qui n'a que procuration de toucher pourrait-il transférer une propriété qu'il n'a pas ? Cette décision, qui paraît si équitable, était celle de notre ancien droit (Pothier, *Du contr. de ch.*, 41 ; Savary, *Par.*, 41) ; après la confection du Code de 1807, elle continua longtemps à être admise, et c'est aussi celle de toutes les législations nouvelles (lois *allem.*, art. 18 ; *hong.*, art. 15 ; *scand.*, art. 15 ; *ang.*, art. 35-2° et 3° ; Codes *ital.*, art. 259, et *suisse*, art. 735). Mais la jurisprudence de notre pays ne s'en est pas tenue à cette première opinion, et paraît aujourd'hui, d'accord

23

en cela avec la doctrine, définitivement arrêtée en sens inverse : elle reconnaît au bénéficiaire de l'endossement par procuration le droit de transférer par un endossement régulier la propriété de la lettre de change. C'est qu'en effet la procuration autorise le mandataire, l'oblige même à tirer de la lettre le meilleur parti : or, il est bien des cas où ce mandataire n'aura d'autres moyens de s'acquitter de la mission qui lui incombe que de négocier la lettre. Et si bien souvent il ne peut arriver à un payement que par une cession du titre, cette cession n'est-elle pas autorisée par le mandat de veiller au mieux des intérêts de l'endosseur (1)?

Des deux opinions laquelle semble la meilleure ? La première à notre avis. En restreignant à une simple procuration les effets de son endossement, l'endosseur a clairement manifesté son intention de garder pour lui la propriété de la lettre de change, et il est nombre de cas, celui de la faillite du preneur par exemple, où cette conservation peut présenter une importance capitale. Quel moyen aura-t-il donc de se préserver d'un transfert de propriété, qu'il ne veut pas? Quel remède lui mettre entre les mains? Il faut reconnaître toutefois que l'opinion contraire présente, avec des argu-

---

(1) « L'endossement irrégulier vaut procuration de négo- « cier aussi bien que de toucher » (Cass., 20 janvier 1814).— *Idem*, Cass., 10 mai 1865. — Dans le même sens, Pardessus, II, 354; Nouguier, I, 787; Boistel, 764; Ruben de Couder, V, 583.

ments spécieux, certains avantages pratiques, et dans
le système de la loi française qui, par son art. 139, fait
de tous les endossements irréguliers autant d'endossements de procuration, on comprend que la décision
très libérale de la jurisprudence compense, dans une
large mesure, les entraves qu'apporterait à la circulation des lettres de change la moindre omission dans
une des mentions si rigoureusement exigées par le législateur de 1807.

Les devoirs du mandataire résultent de l'endossement même fait à son profit. C'est une procuration
qu'il reçoit, il est donc tenu de toutes les obligations
d'un mandataire, avec toute la diligence dont il est capable; par suite, il doit opérer toutes les poursuites
nécessaires à l'acquittement de la lettre de change,
après quoi rendre compte de son mandat une fois accompli.

IV. *Endossement de garantie.* — Il peut arriver qu'un
commerçant veuille donner en gage à son créancier une
lettre de change. Ce résultat s'obtiendra sas un endossement dit de garantie, c'est-à-dire causé *valeur en
garantie*; c'est ce qu'exprime l'art. 91-2° de notre Code :
« *Le gage, à l'égard des valeurs négociables, peut aussi
être établi par un endossement régulier, indiquant
que les valeurs ont été remises en garantie* (1). »

On voit qu'il faut ici une volonté formellement ex-

_____

(1) V. *C. italien*, art. 259.

primée, la dation d'effets de commerce en gage étant
un fait assez rare et relativement exceptionnel. La loi
ne saurait d'aucune façon introduire ici certaines présomptions, comme elle a pu le faire à tort ou à raison
pour l'endossement de procuration. Quant aux droits
du créancier gagiste, ils consistent d'abord à retenir la
lettre jusqu'à échéance, et à en toucher alors le montant qui s'imputera sur la créance (art. 91-8°). Que si la
créance est échue avant la lettre, on appliquera par
analogie l'art. 93 du Code de commerce, autorisant la
vente du gage huit jours après sommation faite au débiteur. Seulement, pour une traite, on ne saurait parler de vente aux enchères, et il semble que le pouvoir
donné au gagiste après huitaine serait celui de négocier la lettre (1).

(1) V. Lyon-Caen et Renault, *Man. de dr. comm.*, 567.

SECTION II

ÉNONCIATIONS ACCIDENTELLES

CHAPITRE PREMIER

CLAUSE *avec* OU *sans avis*

C'est là une simple énonciation, sans grande importance au point de vue de la forme de la lettre de change. Le plus souvent le tireur avertit par lettre le tiré de la traite créée sur lui, et la traite contient alors mention de cet avertissement, d'ordinaire en les termes suivants : « *Veuillez payer*, etc..., *que passerez suivant notre avis* (ou *notre lettre*, ou *notre facture*) *du...., à M.*, etc. ». D'autres fois au contraire le tireur, pressé par les circonstances et ayant coutume d'en agir ainsi avec son débiteur, dispose sur lui sans en donner avis. Celui-ci en est averti à la simple inspection de la lettre, qui contient vers la fin l'adjonction des mots : « *Que passerez sans autre avis*, etc.... ». Cet usage est assez fréquent chez les fournisseurs habituels qui expédient périodiquement des marchandises aux petits négociants de détail, se réservant dans des conditions une fois fixées de tirer tous les 15 ou 30 du mois par exemple pour les fournitures faites un ou deux mois auparavant.

CHAPITRE II

CLAUSE *retour sans frais*

Cette mention, apposée par le tireur ou l'un des endosseurs à côté de son endossement, a pour but d'interdire au porteur de faire protester la lettre en cas de refus de payement. On comprend en effet qu'en nombre de cas le tireur, doutant de la solvabilité du tiré et voulant s'épargner des frais, ou bien en rapports suivis avec un client qui n'a pas toujours les fonds disponibles, et voulant lui éviter le discrédit d'un protêt, recourre à cette clause. Mais est-ce là une mention valable ?

Il y a deux choses dans la mention sans frais, une dispense, mais en même temps une prohibition. Tout d'abord le porteur se trouve dispensé du protêt et des poursuites qui en sont la suite, et pourra néanmoins recourir contre son endosseur exactement comme s'il avait rempli toutes les formalités légales. Mais cette dispense est obligatoire, et si outrepassant la défense qui lui est faite, le porteur fait dresser protêt, les frais en resteront à sa charge.

Quelle est la valeur de cette double conséquence ?
On a longtemps, en France, discuté la validité de la
clause, surtout quant au second de ses effets : c'est
qu'on se trouve en présence des termes très généraux
du Code de commerce attribuant de la façon la plus
large le droit au porteur de faire protester la lettre de
change en cas de non payement. C'est là un droit absolu,
reconnu formellement par la loi, disait-on ; si par suite
un de ses garants peut l'en dispenser, ce ne peut être
qu'une dispense facultative. Cette opinion pourtant n'a
pas prévalu, et d'accord avec la majorité des auteurs
(V. Nouguier, 1, 254), la Cour de cassation établissait,
dans ses arrêts des 20 juin 1827 et 23 décembre 1835,
« que les parties peuvent se dispenser, par des conven-
« tions particulières des prescriptions du Code relatives
« aux poursuites à exercer en cas de non payement
« d'effets de commerce ».

Le législateur est aussi intervenu, non pour affirmer
expressément la validité de la clause *sans frais*, mais
pour la reconnaître implicitement. C'est ainsi que la
loi du 5 juin 1850 (art. 8) sur le timbre des effets de
commerce déclare nulle cette mention dans les effets
non timbrés. De même une loi du 5 avril 1879 sur le
recouvrement par la poste des effets de commerce, ne
l'autorise que pour le cas où lesdits effets portent la
clause *retour sans frais*. Il ne semble donc plus aujour-
d'hui que la question soit douteuse.

Les lois étrangères ont pour la plupart formellement

sanctionné l'opinion admise chez nous (1). C'est dans
son art. 42 que la loi *allemande* pose la règle, en indiquant que la dispense de protêt ne vaut pas dispense
de présentation à échéance. De même, loi *hongroise*,
art. 42 ; Code *suisse*, art. 763 ; loi *anglaise*, article 16-2° (2). D'après la loi *belge*, art. 59, pour conserver son recours, le porteur d'une lettre sans frais est
tenu d'informer dans la quinzaine du non payement de
la lettre. Mais il faut noter que la clause de *retour sans
frais* autorisée par les lois sus-mentionnées est simplement facultative, jamais obligatoire pour le porteur.
Celui-ci conserve toujours le droit de faire protester et
de réclamer au tireur les frais du protêt qu'il a fait
dresser : « cette clause (*sans frais*) ne décharge pas de
l'obligation de rembourser les frais de protêt », dit l'article 42 de la loi *allemande*, *in fine*. Il nous semble que
le système admis par la jurisprudence française est
plus conforme au but de la clause qui nous occupe : le
tireur qui, en créant une traite sans frais, veut s'épargner à lui-même et éviter au tiré le coût d'un protêt,

(1) Cependant le Code *italien*, art. 309, répute non écrite la
clause *retour sans frais*.

(2) On peut dire, en quelque sorte, que pour la loi *anglaise*
toute *lettre intérieure* est supposée contenir la *clause sans
frais :* le porteur est dispensé du protêt, mais reste néanmoins tenu de donner aux parties un prompt avertissement
du refus de payement ou d'acceptation (Barclay, *op. cit.*,
ch. XIII, p. 109).

n'obtiendra ce résultat que si la mention par lui faite lie tous les cessionnaires postérieurs.

Étant donnés les effets de la mention *sans frais*, tels que nous venons de les étudier, lorsque la clause est insérée par le tireur, faut-il appliquer les mêmes règles, quand elle émane d'un endosseur? Pas absolument.

C'est qu'en effet une restriction venant de ce dernier ne saurait, en aucune façon, obliger les précédents endosseurs, ni avoir aucun effet à leur égard. Le porteur ne saurait donc être dispensé de protêt et de poursuites vis-à-vis de ces derniers, tandis qu'à l'inverse il le sera à l'égard de l'auteur de la clause et ne pourrait réclamer de lui le montant des frais, s'il en avait fait faire (1). Mais si la clause *sans frais* ne peut avoir effet eu égard aux personnes qui précèdent sur la lettre l'endosseur qui l'y a écrite, faut-il raisonner de même pour les endosseurs postérieurs, qui n'ont pas reproduit la même mention dans leur endossement? La situation est tout autre; l'endosseur a mis une condition à son endossement, et tous ceux qui viennent après lui l'acceptent tacitement par leur silence. La question a pourtant été discutée. Du reste, en fait, il arrivera presque toujours qu'après un *endossement* sans frais, chacun des suivants sera reproduit dans la même forme.

_____

(1) V. loi *belge*, art. 59 *in fine*.

Il faut rapprocher de la clause *sans frais*, sans pourtant la confondre avec elle, la dispense pour le porteur de faire le protêt et de remplir les formalités de dénonciation et d'assignation de l'art. 165 dans les délais légaux. Il y a là dispense, non interdiction, qui se comprend par les difficultés qu'ont, dans nombre de recouvrements sur la campagne, le *déplacé* suivant l'expression consacrée par la langue commerciale, les banquiers à opérer en temps utile ces formalités. C'est ainsi que cette dispense est la plupart du temps insérée dans les tarifs des banquiers, qui font suivre les places qu'ils se chargent de faire recouvrer des lettres *S. G. (sans garantie de protêt à bonne date)*.

Mais ce n'est pas seulement pour défaut de payement qu'on dresse protêt, et il peut y en avoir un faute d'acceptation. Ce sont encore là des frais que peut vouloir éviter le tireur ; s'il a moins que dans le cas précédent le but d'épargner du discrédit au tiré, le refus d'accepter n'attaquant pas la solvabilité d'un commerçant comme le refus de payer, du moins voudra-t-il s'éviter les frais qu'occasionne un protêt. Aussi, de même que la lettre est créée sans frais, l'acceptation peut être demandée sans protêt, et c'est ce qui a lieu la plupart du temps. Nous supposons le propriétaire d'une lettre de change qui l'envoie à un tiers, simplement pour en obtenir l'acceptation par son entremise ; ce tiers est un mandataire qui, conformément au mandat qu'il a reçu, devra présenter la lettre à l'acceptation, et en cas de refus le faire constater par un protêt. La clause contraire l'empêchera de faire dresser ce protêt, sans outrepasser son mandat. Dans la pratique, le propriétaire d'une traite l'expédie sans endossement à un correspondant résidant au domicile du tiré, avec une fiche jointe contenant les mots *acceptation sans frais* ou *sans protêt*.

Mais la simple mention *sans frais* sur la lettre entraîne-t-elle dispense et en même temps défense de protêt faute d'acceptation, ou faut-il pour cela une nouvelle mention spéciale ? A notre avis, et nous sommes heureux d'appuyer ici notre opinion sur celle de MM. Lyon-Caen et Renault (*Précis de Dr. com.*, I, 1154), en insérant la mention *sans frais*, le tireur a eu pour but d'éviter toute espèce de frais, aussi bien pour l'acceptation que pour le payement, et le porteur qui fera protester faute d'acceptation devra en garder seul les frais à sa charge. La Cour de cassation s'est prononcée en sens inverse (Ch. civ. rej., 6 juin 1853), elle se base sur ce que la mention *sans frais*, dérogeant aux droits et devoirs habituels du porteur, doit être interprétée restrictivement, et par suite ne s'appliquer qu'aux frais normalement obligatoires, ceux de protêt faute de payement.

CHAPITRE III

CLAUSE *sans compte de retour*

Nous n'avons pas l'intention d'entrer dans de longues explications au sujet du rechange et de son application par la retraite. Il nous faut cependant en dire un mot pour faire comprendre la mention fréquemment employée de *sans compte de retour*.

Le porteur, qui présente la lettre à l'échéance, compte sur le payement, et peut avoir emploi immédiat des fonds qu'il devait toucher. Si le tiré ne paye pas, il se trouve pris au dépourvu ; il peut, il est vrai, recourir contre ses garants, mais ce sont là formalités plus ou moins longues et qui ne sauraient remplacer pour lui le payement qui devait être effectué. Les usages commerciaux, consacrés par le législateur, lui ont ouvert une autre voie ; le moyen consiste à ce qu'il tire sur l'un quelconque de ses garants une nouvelle lettre de change d'une valeur égale au montant de son recours, plus les frais de négociation. Cette nouvelle lettre de change, causée valeur en compte de retour, est accompagnée d'un compte de retour indicatif des divers élé-

ments qui la composent : montant de la lettre protestée, frais de protêt et ports de lettre, intérêts du jour
du refus de payement, frais de rechange. Cette retraite
est d'ordinaire tirée à vue, mais l'usage est de compter
néanmoins quinze jours d'intérêt et d'ajouter le rechange qui peut être assez élevé. Aussi, beaucoup de
tireurs ou de simples endosseurs ne se soucient guère
de s'exposer à une retraite et en prohibent l'emploi
par la clause *sans compte de retour*. La loi française,
comme les lois étrangères, est muette sur cette énonciation qui, dans le silence des textes, est réputée parfaitement valable et très fréquemment usitée dans la
pratique.

CHAPITRE IV

CLAUSE *sans acceptation*

En principe, c'est un droit pour tout détenteur d'une lettre de change, c'est même une obligation, dans certains cas, de la présenter à l'acceptation. Mais faut-il voir là un droit essentiel, inhérent à la nature même de la lettre de change, ou au contraire une faculté qu'on peut exclure par une disposition contraire ?

La loi française, qui laisse toujours la plus large part à l'application des conventions, permet de prohiber, par une défense expresse, l'acceptation d'une traite. Et le cas se présente tous les jours. Nombre de commerçants ont en effet l'habitude de solder leurs achats, surtout ceux faits à l'étranger, par lettres de change sur leur banquier ; ils ont un compte courant chez ce banquier, et on porte à leur débit les traites, au fur et à mesure qu'elles sont payées. Mais le banquier ne sait jamais d'avance si, au moment de l'échéance, le compte de son client sera créditeur d'une

somme égale au montant des traites tirées, et veut se
réserver la faculté de refuser le payement à échéance,
si à ce moment il a quelques doutes sur la solvabilité de
son client. Par contre, il est tout disposé à payer, si le
compte est créditeur d'une somme suffisante. Pour
conserver cette liberté d'action, il ne peut accepter la
lettre, car il deviendrait dès lors débiteur personnel,
ce qu'il cherche avant tout à éviter; d'un autre côté,
refuser l'acceptation qui lui est demandée, c'est exposer le tireur à des recours. Pour parer à ce double
inconvénient, le tireur déclarera la lettre qu'il crée non
acceptable : « *Veuillez payer par la présente de change
non acceptable* ou *sans acceptation*, etc. C'est d'ordinaire
au corps même de la traite qu'est insérée la mention,
mais elle serait valable apposée sur un endroit quelconque de la lettre.

On comprend que cette validité rentre dans la disposition générale de notre loi, qui, voyant dans la
lettre de change l'exécution d'un contrat, n'a pour but,
en en réglant les conditions, que de déterminer la volonté présumée des parties, et fait céder ses prescriptions devant l'expression formelle d'une intention contraire. Il n'en saurait plus être ainsi dans une législation qui voit presque exclusivement dans la lettre de
change un titre fiduciaire. Une telle loi n'édicte de
règles que pour assurer le crédit de ce titre, et ne
permet pas qu'on y vienne déroger par une exception
faite à ses prescriptions. C'est ainsi que la loi *alle-*

mande établit en principe, pour tout possesseur d'une lettre de change, le droit de la présenter à l'acceptation : ce n'est pas seulement parce qu'elle présume que telle a été la volonté du tireur, c'est surtout parce que ce droit assure la sécurité des porteurs et donne une valeur plus grande à la traite. Aussi n'est-il pas permis de déroger à ce principe : « Toute « clause contraire au droit de présentation à l'accep- « tation n'a aucune valeur au point de vue du droit de « change » (art. 18, Nov. de Nuremb. — De même, lois *hong.*, art. 17 ; *scand.*, art. 17 ; Code *suisse*, art. 736).

Nous retrouvons la même différence entre les deux types de législation dans un autre cas analogue. Il s'agit d'un tireur qui défend au porteur de présenter la lettre à l'acceptation avant un certain délai (*clause d'Augsbourg*) : c'est là, pour notre loi, une clause parfaitement régulière et valable. Celui qui peut défendre d'une façon générale toute espèce d'acceptation, peut de même limiter à une certaine date le droit de présentation à l'acceptation. Au contraire, pareille clause est absolument bannie de la loi allemande, et de toutes celles parties de son principe, et ce pour la raison indiquée plus haut. Il ne s'agit pas d'établir des conventions particulières entre signataires d'une lettre de change, mais de fixer en général des droits qui seront les mêmes pour tous, et auront pour effet de mieux assurer sa circulation, comme papier-monnaie.

Mais si la loi française admet la validité d'une traite

créée non acceptable, comme c'est là une dérogation au droit commun, il faut qu'elle soit expressément formulée. On a voulu soutenir pendant un temps que le mot de *mandat* avait précisément pour sens propre *traite non acceptable*, et, en fait, il était beaucoup employé dans ce sens sur la place du Havre. Mais la jurisprudence n'a pas admis cette manière de voir : la loi n'emploie nulle part le mot *mandat* dans le sens technique qu'on lui attribue, et l'usage n'est pas assez général pour le faire considérer aux yeux de tous comme synonyme de *traite sans acceptation*.

CHAPITRE V

Il arrive fréquemment qu'une lettre de change ne soit pas tirée à un seul original, mais à plusieurs. Les avantages de cette pluralité d'exemplaires sont évidents : d'abord si les traites sont expédiées au loin, on les enverra par voies différentes, de façon à éviter les risques de perte ; de plus, on voudra souvent négocier une lettre pendant qu'elle est à l'acceptation, et on obtiendra ce résultat en négociant un second exemplaire, qui donnera au cessionnaire le droit d'aller chercher à endroit désigné l'exemplaire accepté, sur lequel devra être fait le payement. Mais parce qu'il y a plusieurs exemplaires, il n'y a pas plusieurs lettres de change : c'est toujours la même traite, et le payement sur l'un des exemplaires a pour effet d'annuler les autres. Mention en est même faite sur les lettres, rédigées d'ordinaire en les termes suivants : *Veuillez payer contre cette première ou deuxième de change (la deuxième ou première ne l'étant)*, etc.

L'usage de la pluralité d'exemplaires est ancien en

France (Cleirac, ch. II, 10) et en Italie (Scacchia, § 2,
gl. 6, parle de trois exemplaires). Il a été consacré
par le Code *français*, art. 110, et toutes les législations
étrangères (lois *allem.*, art. 66; *scand.*, art. 66; *ang.*,
art. 71-1°; Codes *holl.*, art. 103; *ital.*, art. 278; *suisse*,
art. 783-2°). Mais il est naturel que les endossements
et autres mentions ne doivent être mis que sur l'un
des exemplaires; car nous l'avons dit plus haut, chacun pris à part a la même valeur, et c'est seulement le
payement de l'un qui a pour effet d'annuler les autres.
Le porteur n'a donc aucune façon de connaître si
l'exemplaire endossé à son ordre est ou non le seul mis
dans la circulation; il n'a d'autre sûreté que la garantie
de son endosseur, aussi cette garantie lui reste tout
entière, au cas où le tireur ou plutôt l'un des preneurs
postérieurs aurait endossé les différents exemplaires à
l'ordre de personnes différentes. A échéance le tiré
serait pleinement libéré en payant l'exemplaire par lui
accepté, ou à défaut d'acceptation l'un quelconque de
ceux qui lui sont présentés; et les porteurs des autres
n'auraient d'autre ressource que de recourir contre
leurs endosseurs jusqu'au premier qui aurait ainsi
effectué plusieurs endossements. Tout ce que nous venons de dire d'endossements différents insérés sur les
divers exemplaires d'une lettre de change peut s'appliquer, *mutatis mutandis*, à l'acceptation. Le tiré ne
doit accepter qu'un seul exemplaire, sinon il devient
débiteur personnel de chacun de ceux qui contiennent

sa signature. De même, si ayant accepté un exemplaire, il paye sur la présentation d'un autre, il n'en reste pas moins rigoureusement tenu de payer le premier. Ces règles, qui ne sont que la conséquence logique des principes généraux en matière de lettre de change, ne sont pas inscrites dans notre Code, mais seulement appliquées en pratique. Les lois étrangères au contraire, ont cru utile de les formuler expressément (lois *allem.*, art. 67 ; *hong.*, art. 71 ; *scand.*, art. 68 ; *belge*, art. 38 ; *angl.*, art. 71-2°-4°-5° ; Codes *ital.*, art. 279 ; *suisse*, art. 784).

Ces mêmes lois se prononcent aussi formellement sur un autre point, le droit pour tout possesseur de la lettre d'obtenir du tireur soit directement, soit par l'intermédiaire de son endosseur en remontant ainsi jusqu'au premier, plusieurs exemplaires de la lettre qui lui a été endossée. Les frais de ces exemplaires resteront à sa charge (lois *allem.*, art. 66 ; *hongr.*, art. 70 ; *scand.*, art. 67 ; Codes *holl.*, art. 104 ; *ital.*, art. 277 ; *suisse*, art. 783-1° et 3° ; *esp.*, art. 448). Dans le silence de la loi *française* le même droit devrait, ce semble, être reconnu, puisqu'il ne blesse en rien les principes généraux.

L'endosseur, qui désire avoir plusieurs exemplaires, a souvent pour but de négocier l'un d'eux, pendant qu'il envoie l'autre à l'acceptation. Il arrivera au même résultat en prenant *copie* de la lettre. La *copie* diffère de l'exemplaire en double, en ce que celui-ci est fait par le tireur et exactement comme l'original lui-même. Au contraire, la copie est l'œuvre d'un porteur quelconque, mentionne que ce n'est qu'une copie, et reproduit, à ce titre, toutes les énonciations contenues sur l'original. Comme un second exemplaire, la copie d'une lettre de change peut devenir un véritable titre, valable par lui seul : cela arrivera si mention n'a pas été faite que c'était une simple copie, et que l'un des détenteurs la mette en circulation comme original. Une autre différence entre un second exemplaire et une copie, c'est que le payement fait sur l'acquit du premier est régulier et libératoire, sauf le cas fréquent du reste où le porteur d'un second exemplaire doit, pour obtenir payement, exiger l'exemplaire accepté. Au contraire, le payement ne saurait être fait sur la copie, qui ne donne jamais qu'un droit : celui de réclamer l'orignal à l'échéance ou à une époque déterminée, et d'obtenir payement sur la présentation de celui-ci. La loi française ne parle pas des copies, qui sont pourtant d'un usage assez fréquent dans le commerce. Quant à leur rédaction, elles consistent dans la reproduction exacte du corps de la lettre de change et des endossements y apposés, jusques et y compris l'endossement au profit de l'auteur de la copie; cette reproduction est suivie des mots *jusqu'ici copie*; suivent les endossements originaux et valables comme tels. L'endosseur a ainsi l'avantage de pouvoir créer par lui-même la copie dont il a besoin, sans être obligé, pour obtenir un second exemplaire, de s'exposer aux frais et aux longueurs d'un recours qui, d'endosseur en endosseur, lui permettrait d'arriver au tireur.

La loi *allemande* qui, dans son art. 70, autorise la copie, en règle aussi les effets, effets analogues à ceux que nous avons déduits dans notre droit des principes généraux. C'est ainsi que l'art. 71 déclare obligé tout endosseur qui a mis sur une copie un endossement original. Quant à l'obligation du dépositaire de l'original, elle consiste à le délivrer à celui qui justifie de son droit (art. 72). On retrouve, à peu de chose près, les mêmes dispositions dans les art. 71 et 72 de la loi *scandinave*; art. 74 et 75 de la loi *hongroise*; art. 281 et 282 du Code *italien*; art. 787 et 788 du Code *suisse*; art. 449 du Code *espagnol*.

CHAPITRE VI

Ce n'est pas là une mention spéciale, inscrite sur la lettre de change, pas plus qu'une forme particulière de traite. Il nous paraît bon, cependant, d'en dire un mot, vu le caractère un peu original qu'elle revêt. C'est une traite ordinaire, destinée à opérer le recouvrement du prix de marchandises, et pour assurer ce payement on joint à la traite les documents, connaissement ou autres, sans lesquels l'acheteur ne peut obtenir livraison de la marchandise. Il y a donc là un véritable gage, assurant le payement de la traite, puisque le possesseur de cette traite ne se défera des documents en son pouvoir au profit de l'acheteur, que s'il est payé. Cette forme de lettre est surtout en usage pour les ventes qui se font au loin, et quand le vendeur n'a guère de moyen d'être exactement renseigné sur la solvabilité de l'acheteur.

APPENDICE PREMIER

DES OMISSIONS OU SUPPOSITIONS

Omissions. — Des omissions nous n'avons presque
rien à dire, ayant eu déjà mainte occasion d'en parler
dans le courant de nos explications. On peut dire, en
résumé, que la sanction de l'omission est la nullité de
l'effet en tant que lettre de change, sauf à conserver,
s'il renferme les éléments nécessaires, le caractère
d'engagement ordinaire. « L'écrit où manque une des
« énonciations essentielles ne produit pas les effets
« d'une lettre de change », dit la loi *allemande*, art. 7-1°
(de même lois *hongroise*, art. 6 ; *scandinave*, art. 5 ;
anglaise, art. 3-2°; Codes *italien*, art. 254-1°; *suisse*,
art. 725).

Si la lettre a été l'objet de ratures ou de modifications, on appliquera la même règle qu'en cas d'omission : « A l'absence totale d'une partie essentielle de la
« lettre, il faut assimiler le cas où une partie essen-
« tielle a été effacée, car ce qui est biffé n'a aucune
« valeur juridique », dit H. Thoel (*op. cit.*, 172, p. 147).
Borchardt se prononce dans le même sens : « Une

« lettre qui contient des modifications ou ratures dans
« ses parties essentielles et qui par suite a subi un
« changement, encore qu'il ne soit pas préjudiciable
« aux obligés, manque de pleine force probante et en
« général de validité » (*op. cit.*, art. 7, 186 *a*). Quant
aux modifications qu'a subies la lettre, le tireur n'en
est pas responsable, ni les endosseurs et accepteur, si
ces altérations sont postérieures à leur engagement;
ils ne sont tenus que de l'obligation primitive, au cas
contraire, ils répondent du contenu falsifié de la lettre.
(Voir lois *hongroise*, art. 6 et 82, *anglaise*, art. 64;
Code *suisse*, art. 802.)

Suppositions. — La supposition n'est pas le défaut
d'une des énonciations exigées par la loi : elle a lieu
quand, au contraire, toutes les mentions requises se
trouvent sur le titre, mais que l'une ou plusieurs
d'entre elles ne répondent pas à la réalité des faits. La
grande différence pratique entre l'omission et la supposition, c'est que le premier vice est apparent, saute
aux yeux; toute personne par conséquent est à même
de le constater; la supposition, au contraire, implique
une traite régulière en apparence, et peut laisser place
à la bonne foi de la plupart des intéressés.

Les suppositions les plus fréquentes portent sur le
lieu de création, le nom ou la qualité des personnes,
la valeur. Nous avons déjà vu l'importance capitale
qu'il peut y avoir pour le tireur, sous l'empire de notre
législation, à dater sa traite d'un lieu autre que celui où

elle est effectivement tirée : cette fraude lui permet de remplir la condition de remise de place en place. La supposition de nom se produit quand on crée une lettre sur un tiré imaginaire ; si le tiré existe, mais sans rapport aucun avec le tireur, il y a supposition de qualité. Quant à la supposition de valeur, elle s'explique par l'obligation que notre loi fait au tireur d'exprimer la valeur par lui reçue en échange de la lettre qu'il passe au preneur.

Quel est l'effet de la supposition ? En résulte-t-il nullité absolue ou simple promesse ? On ne peut guère se prononcer *a priori* : tantôt l'une, tantôt l'autre ; cela dépend de la nature de la supposition. Si par exemple le nom du tireur est supposé, évidemment la lettre sera nulle, puisque l'engagement du seul obligé disparaît. Au contraire, que la supposition porte sur les nom ou qualité du tiré ou sur les lieux de création ou d'échéance, la lettre se transforme en simple promesse (art. 112). La supposition de date n'a pas la même gravité ; c'est qu'en effet son importance touche presque exclusivement à une question de fond, la capacité des parties. Aussi la lettre conservera sa validité, sauf faculté à tout intéressé de prouver par tous modes de preuve la véritable date. Nous savons qu'il en est tout autrement pour l'antidate de l'endossement, considérée par notre loi comme un faux, bien qu'elle ne remplisse pas les caractères ordinaires de ce délit.

La déchéance prononcée par l'art. 112 est-elle ab-

solue? résulte-t-elle nécessairement de ce fait qu'il y a
eu supposition? ou bien les juges ont-ils pouvoir de
rechercher si, nonobstant la supposition, la lettre réu-
nit ou non les conditions requises? Voici par exemple
une lettre tirée sur Paris et datée de Bordeaux, bien
qu'en réalité créée à Lyon : la supposition existe, mais
la condition exigée par la loi de remise de place en place
est néanmoins remplie, et en rétablissant l'expression
exacte des faits, la traite serait parfaitement valable.
Suivra-t-on la lettre ou l'esprit de la loi? S'en tiendra-
t-on à la matérialité du fait ou recherchera-t-on la
fraude qu'il peut dissimuler? La jurisprudence est dans
le premier sens : il y a eu supposition, la lettre devient
simple promesse (1). Nouguier embrasse l'opinion contraire, et nous nous rangeons à son avis, croyant que
dans son art. 112 la loi a eu plutôt pour but de prévenir les fraudes qui peuvent se dissimuler sous certaines
suppositions que de punir le fait même de la supposition, qui peut être fort innocent en soi (2).

La supposition pourra être prouvée par tous modes
de preuves : mais l'effet se produira-t-il *erga omnes*?
Non, à cause de la bonne foi des intéressés postérieurs,
qui pouvaient n'avoir aucun moyen d'en être avertis.
Admettre la règle inverse serait empêcher toute circulation des effets de commerce et faire disparaître pres-

(1) C. de Metz, 1er décembre 1836.
(2) Nouguier, *op. cit.*, I, 287.

que toute leur utilité. Qui donc recevrait une lettre de change avec cette perspective qu'elle contient peut-être des suppositions, et qu'alors, s'il y a des recours à exercer, les garants pourront se retrancher derrière le vice de la lettre pour s'affranchir de leurs obligations. Ainsi la supposition peut être invoquée contre celui qui en est l'auteur, ou l'a connue avant de recevoir la lettre, non contre les tiers de bonne foi.

Quant au tiers porteur, pourra-t-il se prévaloir de la supposition, par exemple au cas où il aurait été négligent et aurait perdu son recours contre les endosseurs? Pourra-t-il prétendre que l'effet à lui remis n'étant pas une véritable lettre de change, il ne saurait encourir la déchéance, peine ordinaire de la négligence en cette matière? Il nous semble que non : c'est en faveur des débiteurs seulement que tombe la qualité de lettre de change, et quand ils sont de bonne foi vis-à-vis de l'auteur de la fraude. Dans le cas dont il s'agit, le porteur est en faute : pourquoi la fraude d'un tiers le relèverait-elle du dommage qui lui vient de sa faute?

APPENDICE II

DES CONFLITS DE LOIS

C'est seulement en ce qui regarde la forme des lettres de change que nous avons à étudier ces conflits; nous laissons donc de côté toutes les difficultés qui peuvent se produire à propos de la capacité ou du fond du droit.

En ce qui touche la forme des lettres de change rédigées en pays étranger, nous avons pour nous guider une grande règle de droit international privé : *locus regit actum*; l'acte doit être rédigé conformément à la loi du lieu où se trouve celui qui le fait. Ce n'est point ici le lieu de montrer la sagesse de cette disposition, et de quelle sauvegarde elle est pour les gens qui, loin de leur pays, n'ont, la plupart du temps, aucun moyen de savoir les formes exigées pour tels ou tels actes par leur propre législation. « L'exigence d'un législateur, « qui ne reconnaîtrait la validité des actes juridiques « accomplis en pays étranger, qu'autant qu'ils seraient « revêtus des formes exigées par lui pour les actes faits « sur son territoire, serait complètement déraison-

« nable. Souvent, en effet, il est difficile, pour ne pas
« dire impossible, de connaître les formalités exigées
« par la loi du pays où l'acte doit produire ses effets »
(Despagnet, *Précis de dr. internat. privé*, § 267).
Donc, en l'absence de tout texte législatif, nous appliquerons d'une façon absolue le principe que nous venons d'énoncer ; nous déciderons que pour qu'une lettre
soit, quant à la forme, valable dans notre pays, il suffira qu'elle ait satisfait à toutes les conditions exigées
par la loi du lieu de création.

Dans une lettre de change, il n'y a pas que l'émission ; nombre d'autres opérations peuvent intervenir
postérieurement, ne formant qu'un seul et même tout
avec le titre primitif. A ces contrats annexes, nous
appliquerons la même règle qu'au contrat principal, en
remarquant que chaque opération est distincte à l'origine, et doit être considérée comme telle : pour chacune, il faudra suivre la législation du lieu où elle
prend naissance. C'est ainsi que, pour une seule et
même lettre, on pourra être obligé de recourir à cinq
ou six lois différentes : si, par exemple, une lettre,
créée en Allemagne, est endossée successivement en
Belgique et en Angleterre, avalisée en Suisse, acceptée
et payable en France.

Ces diverses solutions, que nous venons d'exposer,
et qui ne font pas l'ombre d'un doute dans l'état actuel
de notre législation (1), ont été formellement adoptées

---

(1) C. de cass., 25 septembre 1829 ; 10 août 1856.

et consacrées par la plupart des lois étrangères. Nous prendrons comme type l'art. 85 de la loi *allemande* : « Les énonciations essentielles à une lettre de change « ou autres déclarations de change sont réglées par la « loi du lieu où s'est faite la déclaration ». Sur ce modèle, sont rédigées les lois *hongroise*, art. 96 ; *anglaise*, art. 72-1° ; *suisse*, art. 823. La même règle a été reconnue en Espagne par le tribunal suprême : « Chacun « des contrats qui touchent à la lettre de change se « règle, non seulement quant aux effets juridiques et « à la substance, mais quant à la forme, par les lois du « lieu où s'est passé l'acte » (*El nuovo Codigo de commercio publicado por la Revista de los Tribunales*, 2° éd., art. 467, note 2).

Et, dans les diverses lois que nous venons de citer, on a soin d'indiquer que ce n'est pas seulement la forme des actes, mais leur interprétation qui ressort de la loi d'origine (1). Si donc un terme, ayant signification différente dans deux pays, vient à être employé, il faudra s'en référer à la loi du lieu où l'on s'en est servi.

Une difficulté se présente, qui est de savoir pour certains actes en quel lieu ils sont passés. Cette diffi-

---

(1) De même, C. de Paris, 26 août 1836 : « Les obligations « sont déterminées par la législation du pays où la lettre a « été tirée. » Exception est faite au principe par la loi *anglaise*. Si une lettre intérieure est endossée à l'étranger, l'endossement doit être interprété d'après la loi *angl.* (art. 72-2°, Barclay, ch. xxi, IV, p. 177).

culté n'est pas neuve en droit; on la retrouve chaque fois qu'il s'agit de contrats passés entre personnes non présentes. A quel moment et en quel lieu la convention a-t-elle été conclue? Voici le porteur d'une lettre de change, qui, à Paris, l'endosse au bénéfice d'un banquier de Londres : l'endossement devra-t-il remplir les formalités exigées par la loi anglaise ou par la loi française? C'est cette dernière solution qui nous paraît la bonne; c'est, qu'en effet, dans l'usage du commerce, c'est l'endosseur qui fait seul l'endossement, sans le concours du bénéficiaire; celui-ci peut refuser, il est vrai, mais son acceptation est présumée, et son refus peut être regardé comme une sorte de condition résolutoire tendant à annuler l'acte régulièrement accompli. Du reste, c'est l'endosseur qui remplit les formes de l'endossement, c'est donc sa loi qu'il doit suivre pour cette rédaction.

Nous avons vu jusqu'ici l'acte passé selon la loi du pays où il a lieu : *locus regit actum*. Mais cette règle, toujours applicable, est-elle seule applicable? L'emploi en est-il obligatoire? Ce serait aller trop loin que d'adopter une règle si rigoureuse : « Si les parties peuvent « toujours adopter la forme du lieu où elles se trou- « vent, cette forme ne saurait dans tous les cas être « obligatoire pour eux », dit Dalloz (n° 879), et M. Despagnet nous en donne la raison (*op. cit.*, 280) : « La « règle *locus regit actum* n'étant justifiée que par sa « nécessité, il n'y a plus de raison pour l'imposer tou-

« tes les fois que les parties trouvent le moyen à l'é-
« tranger d'observer les formalités prescrites par leur
« loi nationale pour les actes privés. » Dans quels cas
cesse pour l'auteur de l'acte l'obligation de se conformer à la loi du pays où il se trouve? Ici encore, devant
le silence de notre législateur, il nous faut recourir aux
principes généraux du droit international privé. Or, il
est de règle que, lorsque deux nationaux d'un même
pays se trouvent à l'étranger et veulent accomplir un
acte juridique, il leur est loisible de suivre soit la loi
étrangère, soit leur propre loi. Dans le cas qui nous
occupe, supposons un Français en Allemagne voulant
tirer une lettre payable en France à l'ordre français, il
aura le choix entre la forme de la traite allemande et
celle prescrite par notre Code de commerce. Mais qu'on
remarque bien les conditions exigées pour autoriser
cette exception à la règle générale énoncée plus haut :
il faut que les parties entre qui intervient le contrat
soient françaises, et que la lettre soit appelée à avoir
son exécution en France.

La loi *allemande*, plus complète que la nôtre, exprime formellement cette règle : « Sont valables les
« déclarations de change faites à l'étranger entre deux
« Allemands, pourvu qu'elles soient conformes à la lé-
« gislation allemande » (art. 85 *in fine*). (De même,
lois *hong.*, art. 96; *scand.*, art. 85; *angl.*, art. 72;
suisse, art. 823.)

Enfin, il peut se présenter un troisième cas, celui

25

d'une lettre tirée à l'étranger et irrégulière d'après la loi du pays où elle a été créée, conforme au contraire à la législation du pays où elle est payable. Qu'adviendra-t-il des diverses déclarations qui pourront y être apposées dans ce dernier pays? Ainsi une lettre, faite en Allemagne, et qui n'y est pas régulière, est conforme à la loi française, elle est endossée et acceptée en France : que deviendront ces endossements et cette acceptation? Il ne semble pas qu'on puisse les attaquer, et leur validité ne sera pas contestée. C'est qu'en effet tous les intéressés, aux mains de qui passe la lettre, sont de bonne foi : la lettre est valable à leurs yeux, puisqu'elle est conforme à la loi qui les régit, quel moyen pour eux de savoir qu'elle ne remplit pas toutes les conditions exigées dans le pays où elle a pris naissance? Il serait par trop injuste de leur faire subir un préjudice qu'ils n'ont pas été à même de prévoir, partant de prévenir. « Si les énonciations sont « conformes à la loi allemande, leur défaut de formes « d'après la loi étrangère ne peut donner ouverture à « la demande en annulation des déclarations de change « écrites postérieurement en Allemagne », dit la loi *allemande*, art. 85; de même, Code *suisse*, art. 823.

APPENDICE III

DU TIMBRE

Nous tombons ici dans un ordre d'idées tout nouveau, ce n'est plus de mentions essentielles, d'énonciations touchant à la nature même ou à la forme de la lettre de change que nous allons nous occuper, mais d'une formalité tout externe. On conçoit très bien une lettre de change non timbrée, on n'en conçoit pas une où manqueraient les formes nécessaires à la constatation de l'obligation qu'elle renferme. Nous ne sommes plus sous le coup de la loi commerciale, mais de la loi fiscale. Cependant, malgré le caractère éminemment contingent de cette formalité du timbre, il ne nous semble pas possible d'en négliger l'examen : c'est qu'en effet nous nous sommes proposé, au début de cette étude, de prendre la lettre de change telle qu'elle se présente au jour de l'échéance, et une lettre, arrivant ainsi à l'échéance non revêtue du timbre, ne serait pas nulle, il est vrai, comme nous allons le voir, mais du moins perdrait certains de ses effets les plus particulièrement caractéristiques.

L'origine du timbre est très controversée : l'opinion
la plus répandue veut que cette forme d'impôt ait été
découverte en *Hollande*. Les *Provinces Unies*, à bout
de ressources, avaient mis au concours la découverte
d'une contribution nouvelle, qui fut productive sans
être vexatoire, bref la réalisation de cette utopie, qui
s'appelle le meilleur impôt possible. Le timbre semble réaliser les conditions du programme, mais à condition que le tarif en soit très réduit; élevé à un taux
exorbitant, il devient au contraire une des entraves les
plus gênantes à la facilité, par suite à la multiplicité
des transactions.

Le timbre, qui frappe les lettres de change, est,
avons-nous dit, une condition purement fiscale. « Oc-
« cupé à atteindre les capitaux dans leur transmission,
« dit de Parieu (*Des impôts*, ch. ii, sect. i, art. 7), le
« législateur a dû se préoccuper des valeurs commer-
« ciales, valeurs considérables tout aussi légitimement
« imposables que les autres, mais bien plus difficiles à
« saisir dans la circulation ». Le principe du droit de
timbre fut posé dans l'art. 14 de la loi du 13 *brumaire*
an VII : « Sont assujettis au droit de timbre, en raison
« des sommes et valeurs, les billets à ordre ou au por-
« teur, les rescriptions, mandats, mandements, ordon-
« nances et tous autres effets négociables ou de com-
« merce, même les lettres de change tirées par 2e,
« 3e et duplicata, et ceux faits en France et payables à
« l'étranger ». Une autre disposition restée dans notre

législation est celle de l'art. 6 de la loi du 1er *mai* 1822 dispensant de timbre les seconds exemplaires d'une lettre de change, tant qu'ils circulent avec le premier.

En dehors de cette disposition, c'est la loi du 5 *juin* 1850 qui forme encore aujourd'hui la base de notre législation en matière de timbre ; car si la quotité du droit a varié depuis à plusieurs reprises, du moins les principes alors posés sont toujours en vigueur. C'est le souscripteur qui doit payer le droit, mais toute personne qui reçoit un effet non timbré est tenue de le faire viser pour timbre dans les quinze jours de sa date, et ce visa pour timbre s'ajoute au montant de l'effet nonobstant toute stipulation (art. 2). Donc ces quinze jours écoulés, pour éviter amendes et déchéances sur lesquelles nous aurons à revenir, le bénéficiaire d'un effet non timbré n'aurait qu'à ne pas le recevoir. Le timbre est dû pour tous les effets créés et payables en France, ceux tirés de France sur l'étranger, et réciproquement ceux tirés hors de France et qui y sont payables ; dans ce dernier cas, le droit doit être acquitté avant négociation en France (art. 3 et 9). Si une lettre est tirée à plusieurs exemplaires, un seul est soumis au timbre ; toutefois si l'exemplaire timbré n'est pas joint à celui mis en circulation, et destiné à recevoir les endossements, le timbre ou visa pour timbre devra toujours être apposé sur ce dernier (art. 10).

La loi du 11 *juin* 1859 introduisit en France le timbre mobile, déjà connu et usité en Autriche et en Angleterre. Suivant les cas, le souscripteur ou l'endosseur de la lettre l'appose sur le titre, l'annule par l'inscription de la date (jour, mois et millésime) suivie de sa signature. La griffe à encre grasse des maisons de commerce suffit pour cette annulation.

La *loi de* 1850 considérant l'intérêt, qu'il pouvait y avoir pour un pays, à ce que les lettres étrangères, c'est-à-dire tirées et payables hors de France, y circulent, comme pour ainsi dire des marchandises en transit, les dispensait du timbre. Mais cette exemption ouvrait la porte à la fraude : les négociants voisins de la frontière, et ayant à tirer sur l'étranger, dataient leurs lettres d'une ville au delà de la frontière, parfois même allaient les y créer, et échappaient ainsi à l'impôt. Cette considération, jointe aux besoins d'argent après nos malheurs de 1870, donnèrent naissance à la loi du 23 *août* 1871 qui, voulant guérir le mal par un remède radical, assimila les titres sus-énoncés à ceux créés ou payables en France, et les déclara passibles des mêmes droits de timbre (art. 4). La *loi de budget* de 1875 (20 décembre 1871) revint sur cette assimilation absolue : son art. 3 déclara que les effets, tirés de l'étranger sur l'étranger, et circulant en France, ne seraient plus assujettis qu'à un droit de timbre proportionnel fixé à 0,50 pour 2,000 francs et par fraction de 2,000 francs.

A la même époque, et sous le coup des mêmes be-

soins financiers, le droit de timbre avait été successivement porté du pied de 0,50 pour 1,000 d'après *la loi de*
1850 (1) au double par la *loi de* 1871, puis à moitié en
sus, soit le triple du taux primitif ou 0,15 pour 100 par
celle du 19 *février* 1874 ; comme légère compensation
le tarif était gradué de 100 en 100 jusqu'à 1,000 francs
au lieu de ne l'être que jusqu'à 500. Ces surtaxes ex-
cessives appelaient un dégrèvement : c'est ce que fit
la *loi du* 22 *décembre* 1878, complétée par la *loi de*
budget de 1882 (art. 5, al. 2), qui ramena le taux au
chiffre de 0,05 pour 100, avec gradation proportion-
nelle pour toute somme de 100 fr. en 100 francs.

Chose assez curieuse, dans presque tous les pays, le
timbre sur les effets de commerce est à peu près
le même, c'est-à-dire correspondant à une quotité d'en-
viron 0,50 pour 1,000. Nous ne citerons que l'exemple de deux pays, l'*Allemagne* et l'*Angleterre*. En *Al-*
lemagne la *loi sur le timbre de* 1869, modifiée par celle
du 4 *juin* 1879 frappe la lettre de 200 marks d'un timbre de 0,10 pfenningen, de 200 à 400 m. 0,20 pf.
et ainsi de suite par fractions de 200 m. pour chacune
desquelles le droit augmente de 0,10 pf. Le timbre
minimum est donc un peu plus élevé qu'en France,
mais comme nous le disions plus haut, la quotité
est exactement la même. A un autre point de vue

(1) La proportionnalité n'était pas rigoureuse : 0,05 p. 100
jusqu'à 500 fr., 0,50 de 500 à 1,000 fr., 0,50 par fraction de
1,000 fr.

la loi *allemande* est plus libérale que la nôtre ;
c'est ainsi que son art. 1 dispense de timbre les
effets tirés de l'étranger et qui y sont payables ; et
de même, disposition originale, les effets tirés de l'Allemagne sur l'étranger à vue ou au plus à dix jours de
date, s'ils sont directement remis par le tireur à l'é-
tranger. En *Angleterre*, la matière est régie par une *loi
de* 1870 (art. 33 et 34 Vict., c. 97) : le tarif est de
1 penny au-dessous de 5 livres, 2 de 5 à 10 livres,
3 de 10 à 25, 6 de 25 à 50, 9 de 50 à 75, 1 schelling de 75 à 100, puis par chaque 100 livres ou
fraction de 100 livres, 1 schelling. Le tarif se trouve
donc un peu plus élevé qu'en France ; le minimum
du droit au lieu d'être 0,05 c., est 1 d., soit 0,11 c.
Mais quand on arrive aux traites de grosses sommes,
le droit redevient ce qu'il est en France, calculé sur le
pied de 1 p. 2000. Il y a cependant dans la loi anglaise
une exception au principe de la proportionnalité du
timbre aux sommes, exception qui n'existe pas en
France : c'est à propos des lettres payables sur demande ou à vue, qui sont soumises à un droit fixe de
1 penny, comme le chèque ; d'où il suit qu'il n'y a
plus d'intérêt pour le souscripteur à créer un chèque
au lieu d'une lettre de change, et que cet effet spécial
est absolument réservé aux usages particuliers pour
lesquels il a été inventé.

La conclusion, qui ressort de l'examen de notre
droit du timbre et de sa comparaison avec celui exis-

tant à l'étranger, est que ce droit est aussi modéré que possible. Le taux de 0,05 0/0 ne saurait être considéré comme une entrave à la création des effets de commerce, d'autant qu'il ne frappe que cette création, et que la circulation de ces mêmes titres est absolument indemne de tout nouvel impôt; de même pour la quittance donnée par le porteur au moment du payement.

Sanction de la loi fiscale. — Reste à examiner brièvement quelles sanctions le législateur a mises à l'obligation du timbre : car ce n'est pas le tout que de créer une loi, surtout en matière fiscale, encore faut-il en assurer l'exécution, et obtenir que ses dispositions ne resteront pas lettre morte.

« La plus convenable sanction d'une loi fiscale, « dit Demante (*Princ. de l'enreg.*, 3ᵉ éd., t. II, nᵒ 497), « c'est l'amende, juste application de la vieille peine du « talion ». C'est ce qu'a compris le législateur de 1850, et la première sanction par lui mise à l'application de la loi consiste en une série d'amendes contre les contrevenants. « En cas de contravention, dit l'art. 4-1ᵒ « de la *loi de* 1850, le souscripteur, l'accepteur, le bé- « néficiaire ou premier endosseur de l'effet non tim- « bré ou non visé pour timbre seront passibles chacun « d'une amende de 6 0/0. » Voilà donc trois personnes qui ont à répondre aux yeux de la loi du défaut de timbre, et à juste titre, car il eût dépendu de la volonté de chacune d'elles d'empêcher la contravention. Nous savons que si l'effet a été créé à l'étranger, il doit être

timbré à son entrée en France : « A l'égard de ces
« effets, dit le § 2 de l'article précité, outre l'applica-
« tion, s'il y a lieu, du paragraphe précédent, le pre-
« mier des endosseurs résidant en France, et à défaut
« d'endossement en France le porteur sera passible de
« l'amende de 6 0/0. » — Enfin, la même amende de
6 0/0 frappe « toutes personnes, sociétés, établisse-
« ments publics qui encaisseraient ou feraient encais-
« ser pour leur compte ou le compte d'autrui, même
« sans leur acquit, des effets de commerce non visés
« pour timbre » (art. 7). Outre cette peine personnelle,
le porteur doit encore faire l'avance des amendes en-
courues par les personnes ci-dessus énumérées, c'est-
à-dire les souscripteur, accepteur, bénéficiaire ou premier endosseur, et aussi du droit de timbre qui doit
être acquitté indépendamment des amendes. Mais ce
n'est là qu'une avance pour faciliter les recouvrements
du fisc, et le recours du porteur contre les véritables
débiteurs est formellement reconnu par l'art. 6, qui
établit même solidarité entre ces derniers.

Nous avons supposé jusqu'ici l'absence complète de
timbre, mais il se peut que l'effet fût seulement insuffi-
samment timbré. L'amende frappera les mêmes personnes, mais ne portera que sur la somme pour laquelle
le droit de timbre n'aura pas été payé (art. 4-3°).
Ainsi pour une traite de 1,000 francs, revêtue d'un
timbre de 500 francs, l'amende sera de 6 0/0 sur

500 francs, différence entre le montant du timbre et la somme totale.

A côté de cette sanction toute naturelle des dispositions fiscales, l'amende, il est une autre peine contre la contravention, plus énergique encore, partant plus propre à empêcher la fraude au fisc : nous voulons parler des nullités ou déchéances, dont seraient frappés les actes qui n'auraient pas acquitté le droit. Une telle sanction est-elle légitime ? Laissons répondre Nouguier (I, 1688) : « L'amende, qu'ils encourent « pour la contravention aux lois destinées à assurer le « recouvrement des droits dus au Trésor public, est la « seule punition qu'ils aient à subir, et le législateur, « au lieu de la réprimer, encouragerait la mauvaise « foi, si la violation des droits du fisc devenait le signal « de la libération des débiteurs au grand détriment « des créanciers..... Payez le Trésor, mais aussi payez « votre dette. » Cette dernière phrase nous paraît résumer le débat, et poser nettement le principe ; annuler la dette sous prétexte qu'on n'a pas obéi à la loi fiscale, c'est encourager la fraude. « En refusant sa « sanction à une convention d'ailleurs licite, le législateur ne se rend-il pas complice du manquement à « la foi promise ? » dit Demante (op. cit., II, 498). Il semble donc que la règle soit bien formellement établie : à une disposition purement fiscale, on ne saurait donner comme sanction des nullités portant sur le fond même des conventions. Malheureusement, en fait, le législateur ne s'en est pas tenu à un principe si éminemment rationnel et équitable, et en dépit des remarquables discours qu'ont prononcés, lors de la discussion de la loi, les vrais défenseurs des saines notions juridiques (1), il a sanctionné par des déchéances diverses le défaut de timbre sur les effets de commerce.

La première nullité consiste dans l'annulation de la mention *sans frais* (art. 8). Nous n'entrerons pas dans les détails de la grave discussion, qui s'est élevée à ce sujet sur la validité de cette mention *sans frais*. L'Assemblée elle-même n'a pas voulu trancher la controverse à propos d'une simple disposition fiscale, et a déclaré réserver la question. Mais en fait elle se prononçait ; annuler le *retour sans frais* dans les effets non timbrés, n'est-ce pas affirmer qu'en tous autres cas la mention est parfaitement valable et produit tous ses effets. Quant à la raison de cette annulation, elle est donnée en termes très clairs et très nets par le rapporteur de la Commission (séance du 18 mars 1850) : « La « mention de retour sans frais serait un obstacle invincible à l'exécution de la loi nouvelle. En effet, « tous les commerçants ne manqueraient pas de mettre « sur leurs billets la mention de retour sans frais, et « cette mention dispensant de la formalité du protêt, « et par conséquent de l'enregistrement, il en résulte

(1) V. séances des 18 mars et 3 juin 1850, Discours de MM. Valette et Bravard-Veyrières (*Moniteur* des 19 mars et 4 juin).

« que le droit de timbre ne serait presque jamais payé.
« La mention de retour sans frais serait un moyen
« trop facile d'éluder la loi ». Ces raisons s'appuient
sur une vérité indiscutable ; aussi quoique l'art. 8 soit
en contradiction flagrante avec ce grand principe exposé plus haut, que la loi fiscale ne doit pas envahir le
domaine des conventions privées pour les annuler, il a
été adopté presque sans discussion. On peut aussi dire
pour sa défense que la mention *sans frais* n'est qu'une
clause accessoire et plutôt exceptionnelle ; que bien
loin de tenir à la nature intime de la lettre de change,
elle a au contraire pour effet d'en empêcher les conséquences ordinaires ; que, par suite, le législateur devait
avoir moins de scrupule à la sacrifier au besoin de voir
payer régulièrement l'impôt.

On n'en peut dire autant de la seconde déchéance
qui sanctionne le défaut de timbre ; elle consiste dans
la perte du recours du porteur, qui se trouve ainsi assi-
milé au porteur négligent. Ce dernier, en effet, s'il n'a
pas fait dresser protêt en temps utile, est privé de son
recours contre ses endosseurs. Il s'agit donc ici d'une
déchéance grave qui fait perdre au porteur un des
droits essentiellement inhérents à la nature même du
titre, celui d'avoir pour garants solidaires au cas de non
payement tous ceux qui, à un titre quelconque, ont
mis leur signature sur la lettre.

Cette déchéance, édictée par l'art. 5, renverse, on le
voit, le principe posé plus haut et jusqu'alors toujours

appliqué dans notre législation, que les sanctions de la loi fiscale ne doivent pas toucher au droit privé. « Annuler le recours du porteur contre les endosseurs, « ce n'est rien moins que la subversion d'une règle « fondamentale de notre législation, de cette règle que « les prescriptions fiscales ne doivent jamais être sanc-« tionnées par des nullités d'actes, par des annulations « de conventions..... C'est oublier que les lois en gé-« néral doivent être sanctionnées par des mesures en « rapport avec leur nature propre, avec leur caractère « particulier ; si ce sont des lois fiscales, par des « amendes ; mais que les contraventions quelles « qu'elles soient à ces lois et à ces règlements ne peu-« vent jamais influer sur la validité des actes, sur le « maintien des conventions » (Disc. de M. Bravard-Veyrières, séance du 3 juin 1850. — *Moniteur* du 4 juin).

Nous ne nous arrêterons pas aux autres arguments, qui ont été développés contre l'art. 5, par exemple celui d'être illogique, puisque profitent de cette dé-chéance du porteur les endosseurs tout aussi coupables que lui d'avoir fait circuler l'effet sans timbre ; d'être contradictoire avec la première sanction, celle de l'a-mende, cette peine frappant le premier endosseur, tandis qu'il se trouve libéré par la déchéance. Si malgré ces graves reproches l'art. 5 fut adopté, c'est exclusivement dû, ce semble, à ce qu'il parût néces-saire pour assurer l'application de la loi, toutes les

amendes prononcées contre le défaut de timbre ayant
été jusqu'alors insuffisantes à protéger le fisc. A cette
raison d'utilité s'ajoutait cette considération que la déchéance prononcée par la loi ne troublerait pas trop le
commerce, comme n'étant pas neuve dans notre législation, mais existant déjà contre le porteur négligent.

Malgré ces raisons, nous n'en persistons pas moins
à regarder l'art. 5 comme contraire à l'équité et destiné à disparaître un jour ou l'autre de notre loi. En
fait, il est hors de doute que si la *loi de* 1850 a produit
tous les effets qu'on en pouvait attendre, cela est dû
pour la plus grosse part aux déchéances par elle prononcées ; il ne circule plus, ou pour ainsi dire plus, en
France d'effets non timbrés. Maintenant que cette habitude est prise, enracinée, pourrait-on dire, chez les
commerçants, pourquoi conserver dans notre législation une disposition qui y fait tache, contradictoire
qu'elle est avec les principes généraux de notre droit.
Pour empêcher que la fraude vînt à reparaître, resterait toujours la sanction de fortes amendes.

A côté du système français punissant la contravention aux règles du timbre d'amendes et de certaines
déchéances, il faut placer un autre système en vigueur
en *Angleterre*, et qui fut proposé sans succès lors de la
loi de 1850, c'est la nullité radicale de la lettre de
change. Outre une amende de 10 livres sterling,
édictée par l'art. 15, l'art. 17 de la loi *anglaise* de 1870,
qui ne fait que confirmer les dispositions déjà exis-

tantes sur le timbre des effets de commerce, dispose :
« Tout écrit, dont il est fait usage dans le Royaume-
« Uni, ou qui se rapporte, quel que soit le lieu de la
« signature, à une propriété située dans le Royaume-
« Uni, ne peut être produit en justice et être considéré
« comme valable en droit ou en équité, s'il n'a pas été
« timbré conformément à la loi », et l'art. 54 fait spécialement à la lettre de change l'application de cette
règle générale.

Les explications que nous avons ci-dessus données,
suffisent à faire connaître que nous admettons moins
encore la nullité prononcée par la *loi anglaise* que les
déchéances qui résultent de notre *loi de* 1850. La seule
chose qui puisse excuser en Angleterre pareille disposition, c'est qu'elle fut établie à un temps où l'on
n'avait pas encore sur la distinction entre les lois fiscales et civiles des idées aussi nettement arrêtées
qu'aujourd'hui, où l'on croyait beaucoup plus à l'om-
nipotence de la loi, où par conséquent la liberté des
conventions entre particuliers était infiniment moins
respectée, à une époque enfin où pressée par d'é-
normes besoins d'argent, c'était lors de sa lutte de la
fin du siècle contre la France, l'Angleterre n'avait plus
qu'un but qui primait tous les autres, assurer le recouvrement intégral des impôts créés. Puis la règle est
entrée dans les mœurs, si bien que même aujourd'hui
dans ce pays, qui est par-dessus tout pays de coutume

et de tradition, on n'en voit, ou du moins on n'en ressent guère les graves inconvénients.

En nous replaçant au point de vue exclusif du timbre, il est encore une difficulté sur laquelle on s'entend à désirer une solution. Nous avons vu que les lettres, qui ne faisaient que traverser le territoire, étaient soumises à un droit, moindre il est vrai ; mais s'il leur arrive de traverser plusieurs pays différents, et que dans chacun elles doivent acquitter un droit semblable, l'impôt qui pèse sur la traite finit par être très élevé. En tout cas, un effet quelconque a toujours à payer le timbre du pays de création, le timbre du ou des pays de transit, le timbre du pays d'échéance : ce sont là des droits assez forts, entrave incontestable à la facile circulation des effets de commerce. Aussi le *Congrès international d'Anvers* de 1885, qui s'est réuni dans le but de travailler à l'unification des lois commerciales, en matière de droit maritime et d'effets de commerce, et a pris dans ce sens une série de résolutions sous forme de projet à soumettre à l'adoption des diverses puissances, a émis en même temps un vœu tendant à la création d'un timbre unique et international pour les effets tirés d'un pays sur un autre. Ce projet se heurte surtout à des difficultés nées de considérations fiscales, mais il est à espérer qu'il viendra à réalisation, et qu'il en sera sous peu des effets de commerce comme des lettres missives, dont l'expéditeur se débarrasse de tous frais postérieurs par le

26

payement d'un timbre unique au bureau du départ.

De l'enregistrement des effets de commerce nous n'avons rien à dire, puisqu'ils n'y sont pas soumis en règle générale, mais par exception seulement, lorsqu'il y a protêt. Il est un cas cependant où une lettre de change devrait être enregistrée pour circuler valablement, c'est lorsqu'elle est notariée, tout acte notarié devant être immédiatement enregistré. Que l'enregistrement ait lieu au moment de l'émission du titre, ou après protêt, le tarif a été fixé par la loi à 0 fr. 50 0/0.

CONCLUSION

La conclusion générale, qui ressort de cette étude, est le besoin qu'a notre législation sur la matière d'être remaniée et mise au courant des utilités nouvelles du commerce. Il est inutile de revenir sur les critiques diverses par nous faites au Code de 1807; nous nous contentons de rappeler les nombreux points où nous l'avons trouvé en désaccord avec les règles admises dans les pays voisins. Et sur presque tous ces points, c'est à notre loi que la critique s'est attachée, tandis que nous n'avions qu'à approuver les dispositions étrangères. Cette manière de voir, M. Lyon-Caen la développe dans un article du *Journal du Droit international privé*, intitulé : « *De l'unification des lois relatives aux lettres de change* » (1884, p. 359 et 360) : « Si au-
« cune proposition n'est faite pour modifier nos lois
« sur les lettres de change, c'est que leurs dispositions
« en constitueraient pour le commerce une telle gêne,
« si elles étaient observées, que les commerçants sa-
« vent dans la pratique, par suite d'une sorte d'en-
« tente commune, faire abstraction du plus grand
« nombre d'entre elles..... Il est toujours fâcheux

« qu'une loi soit assez en contradiction avec les be-
« soins des intéressés pour que ceux-ci ne l'observent
« plus. En outre, ces usages, contraires au Code de
« commerce, n'offrent pas aux commerçants les ga-
« ranties que présenterait une bonne loi nouvelle.
« Il est donc à désirer, dans l'intérêt des commer-
« çants, dans l'intérêt des relations entre la France et
« les pays étrangers, que la législation française sur
« les lettres de change soit modifiée, et que le légis-
« lateur cherche à la rapprocher de celle des princi-
« paux pays de l'Europe et de l'Amérique..... En
« matière commerciale surtout, les meilleures lois
« sont celles qui se bornent à consacrer des usages.
« En effaçant de notre Code les dispositions surannées
« relatives à la lettre de change, le législateur français
« ne fera guère que consacrer des usages qui se sont
« introduits dans le commerce contrairement à la
« loi. »

Mais au moment d'opérer pareille refonte, ne peut-
on pas se demander s'il n'y a pas mieux à faire,
comme d'établir une loi, qui soit commune à tous les
peuples.

Dès longtemps l'unification des règles du droit entre
les divers pays a été le rêve de bien des jurisconsultes.
Utopie irréalisable, il est à craindre : les peuples dif-
fèrent trop par leur caractère, leurs mœurs, leurs traditions, pour qu'on puisse jamais espérer voir le monde
entier soumis aux mêmes institutions juridiques.

Mais ce qui n'est qu'une utopie pour l'ensemble de la législatiou devient, au contraire, un espoir réalisable, quand on borne le vœu d'unification à certaines matières, qui, comme le droit commercial, présentent presque partout les mêmes besoins et les mêmes usages. Et, parmi les diverses matières commerciales, il en est deux qui s'offrent plus que toutes autres à l'unité, nous voulons parler de ce qui touche au droit maritime et aux effets de commerce. Il s'agit là, en effet, de règles essentiellement internationales. A chaque instant un navire passe d'un pays dans un autre, tout comme une lettre de change, et s'il faut chaque fois se régler d'après les principes d'une loi nouvelle, quelles entraves pour les négociants (1)!

Le travail d'unification des lettres de change en particulier a exercé bien des esprits (2). Plusieurs congrès

(1) « Tirée dans un pays, fréquemment la lettre de change « est l'objet d'endossements successifs dans plusieurs autres, « avant qu'au jour de l'échéance elle soit présentée pour le « payement dans un dernier Etat. Il est évident que si la « création de la lettre de change, chacun des endossements, « les recours des signataires les uns contre les autres à dé- « faut de payement, sont soumis à des lois différentes et « contradictoires, il y a là une cause d'infinies complica- « tions » (Lyon-Caen, loc. cit., p. 350).

(2) « La facilité relative de l'œuvre à entreprendre résulte « de ce que les différences principales qui existent entre les lois « sur les lettres de change ne tiennent pas à des motifs fonda- « mentaux. Elles proviennent pour la plupart de ce que cer- « taines législations, spécialement la législation française,

internationaux ont été réunis, pour discuter sur ce
grave sujet, qui a donné naissance à nombre de publi-
cations. Nous nous contenterons de citer, avec le travail de M. Lyon-Caen, auquel nous venons d'emprunter plusieurs extraits, la remarquable étude de M. G.
Kohn, intitulée : *Beitraege zur Lehre vom einheimtlichen
Wechselrecht.* Enfin, en 1885, s'est réuni à Anvers un
congrès international de droit commercial, qui a fait faire
un grand pas à la question. Ce congrès s'est, en effet,
mis d'accord sur une série de résolutions destinées à
former un projet, pour être soumis aux diverses puissances, et qui, une fois accepté par elles, aboutira à
cette unité tant souhaitée. L'unité, cependant, n'est
pas encore parfaite, et, dans le projet, il est toute une

« ont négligé de tenir compte des modifications qui se sont
« produites dans l'usage qu'on fait des lettres de change, ou
« n'ont pas remarqué que les causes, qui pendant longtemps
« avaient fait réglementer d'une certaine façon ces effets de
« commerce, avaient disparu....... On craignait que la lettre
« de change ne fût employée pour déguiser un prêt à inté-
« rêt; on redoutait aussi qu'un débiteur tenu d'une obliga-
« tion civile ne souscrivît une lettre de change, afin de don-
« ner à son créancier la garantie de la contrainte par corps,
« et n'arrivât ainsi à violer la disposition de l'art. 2063 du C.
« de comm., qui défendait aux particuliers de se soumettre
« par convention à la contrainte par corps » (Lyon-Caen, *loc.
cit.,* p. 331). — Mais aujourd'hui le prêt à intérêt n'est plus
défendu, et la contrainte par corps a totalement disparu de
notre législation : pourquoi conserver encore des entraves à
la création des lettres de change ?

série d'articles que le congrès a émis en double, voyant l'impossibilité d'obtenir l'accord sur une seule rédaction. C'est tout ce qui a trait à la provision, que le système allemand repousse comme absolument étrangère à la lettre de change, tandis que la législation franco-belge en fait l'essence même de ce titre.

Quant à ce qui touche à la forme de la lettre de change, seul point qui doive ici nous occuper, l'accord s'est fait sur les bases que nous avons laissé entrevoir par nos appréciations dans le courant de ce travail.

C'est ainsi que le congrès rejette le système français, en tant qu'il exige la *remise de place en place* et l'*expression de la valeur fournie* : ce sont désormais mentions inutiles, et dont l'absence ne saurait entraîner la nullité du titre. Inutile également, et dérogation sur ce point au système allemand, l'énonciation dans le corps de l'effet des mots *lettre de change*, enfin la lettre peut être à personne dénommée à ordre ou au porteur (art. 3). Le nom du preneur peut être laissé en blanc; la lettre de change à l'ordre du tireur n'est parfaite que par l'acceptation ou l'endossement ; la clause à ordre n'a pas besoin d'être expressément mentionnée, elle est sous-entendue (art. 4). Le défaut de date n'entraîne pas nullité; s'il n'y a pas d'indication de l'époque de payement, la lettre est payable à vue; du lieu de payement, la lettre est payable au domicile du tiré (art. 6). En cas de différence entre la somme écrite en toutes lettres et en chiffres, on s'en tient à la première (art. 7).

Quant à ce qui est de la provision, objet du titre II de la 2ᵉ section, nous avons déjà laissé entendre qu'il y avait une double série de dispositions, suivant que le tireur était obligé de faire à échéance provision aux mains du tiré (*syst. français*), ou que les rapports entre tireur et tiré se réglaient d'après le droit commun (*syst. allemand*). Pour le premier système, la provision, qui existe aux mains du tiré à l'échéance de la lettre, est l'objet d'un droit exclusif pour le porteur vis-à-vis des créanciers du tireur, tandis que, dans l'autre théorie, la lettre de change n'entraîne ni cession, ni affectation privilégiée de ce que le tiré peut devoir au tireur.

Le titre III traite de l'acceptation. Entre commerçants et pour dettes commerciales, le créancier a le droit, sauf convention contraire, de tirer sur son débiteur une lettre de change pour une somme qui n'excède pas le montant de la dette, et le tiré est tenu de l'accepter (art. 12). La présentation à l'acceptation n'est obligatoire que pour les lettres payables à un délai de vue (art. 13). L'acceptation doit être écrite sur la lettre même (art. 14), dans les vingt-quatre heures, ne peut être conditionnelle, mais seulement restreinte quant à la somme (art. 15). Le tiré peut, s'il n'est pas dessaisi du titre, biffer son acceptation pendant les vingt-quatre heures (art. 15-2°).

Quant à l'endossement (titre IV), les formes com-
pliquées et gênantes disparaissent, la simple signature
au dos de la lettre vaut endossement (art. 19) ; l'endossement postérieur à l'échéance confère au tiré
contre le cessionnaire toutes exceptions qu'il avait à
faire valoir contre le propriétaire de la lettre au moment de l'échéance (art. 21). L'endossement au profit
du tireur, ou d'un endosseur extérieur, ou de l'accepteur, laisse tous les endosseurs tenus vis-à-vis du porteur (art. 22). Les mentions restrictives ajoutées par
un endosseur à l'endossement lient tous endosseurs
ultérieurs (art. 24).

L'aval est donné sur la lettre ou par acte séparé
(art. 26); la simple signature par un tiers sur le recto
de la lettre vaut aval (art. 27).

Les juges ne peuvent accorder aucun délai pour le
payement d'une lettre de change (art. 34).

La clause *sans protêt* ou *sans frais* a pour effet de
dispenser le porteur de l'obligation de faire protester
la lettre ; elle ne le prive pas du droit de faire dresser
le protêt et d'exiger le remboursement des frais
(art. 37).

Telles sont, non pas toutes les dispositions admises
dans le projet du Congrès (il comprend 57 art.), du
moins les principales, ayant trait aux points que nous
avons discutés, et, tranchant les controverses, on
peut le voir, dans le sens auquel nous nous sommes
rangé et qui est le plus souvent, il faut bien le re-

connaître, le contrepied de notre loi française. Nous n'avons donc guère à faire ici la critique de ces diverses résolutions, que nous avons déjà rencontrées en chemin, et sur lesquelles nous nous sommes suffisamment expliqué. On nous permettra, cependant, de ne pas accepter la dernière règle par nous citée, et en vertu de laquelle la clause du *retour sans frais* est simplement facultative, non obligatoire pour le porteur. Avec cette seule faculté, dont le porteur peut à sa fantaisie ne pas user, toute l'utilité de la clause disparaît : le tireur ou l'endosseur qui voulait éviter au tiré le discrédit d'un protêt, et s'en épargner à lui-même les frais, se trouve à la merci d'un inconnu. Pourquoi donc ne pas décider que la lettre transmise sous certaines conditions, qui ne blessent en rien l'ordre public, oblige le bénéficiaire sous ces conditions, ou tout au moins que s'il lui est permis de passer outre, il portera la responsabilité de son acte, et n'aura contre son endosseur de recours aucun pour les frais qu'il aura fait faire.

Laissant de côté ce point de détail, et remarquant que le projet a omis de trancher les difficultés sur plusieurs autres points, d'importance moindre, il est vrai, tels que validité de la clause *sans acceptation*, des jours de grâce légaux, du simple visa pour les lettres à délai de vue, de l'endossement partiel, falsification des signatures, etc., etc., on peut dire d'une façon générale qu'en ce qui touche la forme, le Congrès s'est efforcé d'établir la législation la plus libérale, évitant autant que possible les nullités, et ne cherchant qu'à faciliter la création et la circulation d'un titre si éminemment utile au commerce.

Il est à souhaiter que ce grand progrès, fait dans la voie de l'unification aboutisse à un succès complet, et qu'à l'exemple des accords internationaux, qui dans ces dernières années sont intervenus sur un certain nombre de matières, comme les *Postes* (Union postale universelle 1874) et *Télégraphes* (Union télégraphique 1865), la *Propriété industrielle* (Union de 1883), la *Propriété littéraire et artistique* (Union de 1887), la navigation de certains fleuves (*Rhin*, convention de 1868 ; *Danube*, acte public de 1865 ; *Congo*, acte général de 1885) : sous peu d'années, les négociants n'auront plus le souci de consulter une loi toujours nouvelle suivant le pays où ils se trouveront, pour émettre des effets de commerce réguliers et valables en tous autres pays.

POSITIONS

PRISES DANS LA THÈSE

DROIT ROMAIN

I. L'action exercitoire est de création antérieure à l'action institoire (V. p. 30).

II. L'*institor* restait tenu de l'obligation par lui contractée, même après l'expiration de son mandat (V. p. 73).

III. Le préposant était tenu des obligations nées, non seulement des contrats, mais aussi des délits de son *institor*, en tant qu'ils ont un point de contact intime avec les fonctions dont il est chargé (V. p. 97).

IV. L'obligation du préposant du fait de son *institor* figurait dans l'*intentio* de la formule, et non seulement dans la *condemnatio* (V. p. 106).

DROIT FRANÇAIS

I. Le porteur de la lettre de change est propriétaire de la provision (V. p. 316).

II. L'acceptation d'une lettre de change fausse oblige l'accepteur (V. p. 253).

III. L'exigence de la remise de place en place n'a plus de raison d'être dans l'état actuel des usages commerciaux (V. p. 262).

IV. On aurait avantage à supprimer les formes de l'endossement exigées par l'art. 137 (V. p. 337).

DROIT ROMAIN

I. Dès la période classique, on commence à exiger du mandataire, qui n'était tenu à l'origine que de son dol et de sa faute lourde, tous les soins d'un bon père de famille.

II. Même dans les contrats de droit strict, en ce qui concerne la condition, le juge a le droit de déterminer si elle a été ou non accomplie d'après l'intention des parties.

III. Dans une stipulation de peine, le juge ne peut réduire la *pœna* fixée par les parties, sous prétexte qu'elle est supérieure à l'intérêt en jeu.

IV. Sous Justinien, comme dans le droit classique, les pactes et stipulations ne suffisent pas à constituer un droit réel de servitude.

DROIT CIVIL

I. Sous le régime de la communauté, le mari peut valablement, avec le consentement de sa femme, faire les donations qui lui sont défendues par l'art. 1422.

II. Le mari, qui procure à sa femme le remploi d'un propre qu'elle a aliéné, fait acte de gestion d'affaires.

III. De simples offres verbales, faites avant l'expiration du délai assigné à l'exercice de la faculté de réméré, ne suffisent pas à mettre le vendeur à l'abri de la déchéance de cette faculté.

IV. L'enfant naturel, en concours avec des neveux et nièces du défunt, n'a droit qu'à la moitié de la succession.

DROIT COMMERCIAL

I. Dans toute remise d'effets de commerce en compte courant la clause, *sauf encaissement*, est sous-entendue.

II. La faillite d'une société en nom collectif entraîne celle de tous les associés.

III. Le dessaisissement du failli, qui résulte du jugement déclaratif, s'applique même aux biens déclarés insaisissables par le Code de procédure.

DROIT CONSTITUTIONNEL

Le pouvoir de revision de l'Assemblée nationale est limité aux points de la Constitution visés dans les résolutions conformes des deux Chambres.

SCIENCE FINANCIÈRE

L'amortissement à intérêts composés prête à des illusions dangereuses.

Vu par le Président de la Thèse,
CH. LYON-CAEN.

Vu, pour le Doyen de la Faculté, l'assesseur,
J.-E. LABBÉ.

Vu et permis d'imprimer,
Le Vice-Recteur de l'Académie de Paris,
GRÉARD.

TABLE DES MATIÈRES

DROIT ROMAIN

PARIS. — IMPRIMERIE MOQUET, RUE DES FOSSÉS-SAINT-JACQUES, 11

www.ingramcontent.com/pod-product-compliance
Lightning Source LLC
Chambersburg PA
CBHW060956220326
41599CB00023B/3732